AS BRUXAS QUE VIVEM DENTRO DE NÓS

Uma história de busca e iniciação

Dados Internacionais de Catalogação na Publicação (CIP)
(Câmara Brasileira do Livro, SP, Brasil)

Garroux, Baby
    As bruxas que vivem dentro de nós : uma história
de busca e iniciação / Baby Garroux — São Paulo: Ágora,
1998.

    ISBN 85-7183-641-8

    1. Autoconsciência   2. Experiência religiosa 3. Garroux, Baby 4. Mistérios religiosos 5. Ritos iniciáticos 6. Vida espiritual I. Título.

98-3509   CDD-131

Índices para catálogo sistemático:

1. Caminhos espirituais : Ciências ocultas 131
2. Transformação interior : Ciências ocultas 131

AS BRUXAS QUE VIVEM DENTRO DE NÓS

Uma história de busca e iniciação

Baby Garroux

EDITORA
ÁGORA

AS BRUXAS QUE VIVEM DENTRO DE NÓS
Uma história de busca e iniciação
Copyright © 1998 by Baby Garroux

Capa:
David Garroux

Foto da quarta capa:
Stefan Leslie Patay

Copidesque:
Regina Azevedo

Editoração eletrônica e fotolitos:
JOIN Editoração Eletrônica

Proibida a reprodução total ou parcial
deste livro, por qualquer meio e sistema,
sem o prévio consentimento da Editora.

1ª reimpressão

Impresso na Gráfica Sumago

EDITORA AFILIADA

Todos os direitos reservados pela
　　　Editora Ágora Ltda.
　　　Rua Itapicuru, 613 – 7º andar
　　　05006-000 – São Paulo, SP
　　　Telefone: (11) 3872-3322　　Fax: (11) 3872-7476
　　　http://www.editoraagora.com.br
　　　e-mail: editora@editoraagora.com.br

Este é um dos caminhos...
Pode não ser o seu, mas jamais se
arrependa de não haver tentado...

SUMÁRIO

Prefácio	9
Introdução	11
A senhora dos cantos	17
Os ventos, a mãe, Santa Bárbara, a guia	23
Os caminhos da iniciação	27
Magia e transformação	30
Entidades espirituais	33
Em defesa da minha fera	36
O despertar da mulher-búfalo	45
O encontro com a tradição navajo	50
Viagem ao desconhecido	56
A jornada no grande túnel	64
O último adeus	71
Um mergulho nas tradições	75
Conhecendo os rituais	83
Que ninguém se ofereça para experiências	91
Viagem à ilha de Páscoa	94
Grandes encontros	99

Os mistérios nunca poderão ser explicados ... 105
A mulher-pássaro ... 110
Atrás das montanhas há outras montanhas... ... 116
Rituais vodu. ... 124
Olhos de quem vê, olhos de quem nada vê ... 132
Vivenciando um ritual nas terras dos *Lwa* ... 141
Vó Mariana, o primeiro contato ... 146
As senhoras dos pássaros escolhem seus filhos ... 150
Invocando o poder feminino ... 155
A dança da consciência ... 163
O *bale* decide o futuro ... 168
Morte e renascimento ... 173
A roda da vida ... 178
O encontro com a deusa dos ventos ... 183
Posfácio ... 188
Glossário ... 190

PREFÁCIO

Conheci Baby Garroux quando ela era uma audaciosa jornalista de 17 para 18 anos, redigindo uma coluna diária sobre Bauru, onde morava. Misturava tudo (no bom sentido), falando de sociedade, política, economia, buracos, gente bonita e gente criativa. Enfim, já fazia o embrião das atuais colunas que deixaram de ser somente sociais para serem gerais. Baby tinha a voz rouca, o riso franco, adorava a vida (apesar de sempre me parecer possuída por inexplicável angústia), era cheia de curiosidade por tudo, louca por conhecer pessoas, conversar. Existia nela a saudável ambição de se atualizar, de se informar, de descobrir-se, ser alguém, fazer alguma coisa. Nossa amizade se solidificou, estivemos próximos, mas, por razões que só a vida sabe (diz o clichê), nos separamos, não mais nos vimos. Eu a surpreendia de vez em quando em seus programas de televisão, o ar inquieto, os olhos ansiosos. Sempre existiu em Baby um mistério que não consegui compreender, até ler este livro. Então, descobri o fascínio da vida, dos destinos do ser humano.

A Baby que se revela neste livro, atravessando o mundo em busca de uma verdade, passando por experiências profundas e transformadoras, talvez não tenha me surpreendido. Quem sabe aquele olhar inquieto

9

apenas revelasse que Baby sabia que seu mundo era outro, que a vida como é não é a vida verdadeira, que o íntimo dos homens ainda é um poço insondável. Ao terminar a leitura de *As bruxas que vivem dentro de nós* lembrei-me imediatamente de Carlos Castañeda. Acho natural a aproximação. Às vezes, eu precisei ler a mesma página três vezes (e vou ler mais, tanta coisa me escapou), outras, adorava reler o capítulo. Rituais, cerimoniais, tradições, cultos, símbolos, signos. Baby penetra em longos túneis, dialoga com os xamãs, abre portas desconhecidas, quer encontrar a força divina. Atravessa o mundo. Ah!, como é pobre e precária essa minha apresentação diante da avalanche de informações, fatos, ritos, conhecimentos e experiências. Como é bom perceber que eu desconhecia Baby; a que reencontrei é outra, inexiste, a nova acaba de nascer. E ela propõe isso: que cada um provoque o próprio renascimento. Não confundam este livro com auto-ajuda, com esoterismo, como magos à Paulo Coelho, com gurus. É mais, muito mais. Para saber, basta percorrer as páginas seguintes. Elas exigem tempo, paciência, concentração e, principalmente, crença. E vontade de mudar, de se conhecer, de desvendar mistérios, de viver outra vida!

Ignácio de Loyola Brandão
Escritor e jornalista

INTRODUÇÃO

O livro *As bruxas que vivem dentro de nós* nasceu ao cair da noite, nas andanças de muitos caminhos percorridos por estradas frias e desconhecidas, porém reais. Nasceu do retorno ao ponto de partida, do reencontro com minhas próprias raízes. Nasceu como deveria ser, entre divindades, entre o absurdo e a vivência em que nos encontramos subordinados a leis de um mesmo planeta, filhos de vários seres, frutos de um mesmo universo.

Eu não podia mais aceitar o homem como produto de sociedades industrializadas, tornando-se parte de uma elite conflitante com ele mesmo. Homens como modelos individuais, separados por universos próprios. Seria o mesmo que glorificar eternamente a ciência que, a partir de então, se constituiria no único instrumento para explicar o mundo físico. Impensável essa possibilidade. Desde épocas passadas, vêm-se adotando teses e concepções teóricas logicamente coerentes, cujos fundamentos nem sempre são aceitáveis. Apenas "decidiram que assim fosse...".

Essas *Bruxas* deram início ao seu vôo, vivenciando um mundo nada homogêneo, contrapondo-se às imposições daqueles que tentaram predeterminar tudo. Surgiram em meio à natureza, que não oferece avaliações de identidade nem interpretações, apenas aponta para a única força que permite a cada ser buscar ou reencontrar a própria essência dentro de sua infinita potencialidade.

Não apresento conclusões, pois elas seriam meras definições mediadas por recursos ou instrumentos culturais disponíveis em determinados momentos históricos, que não dão a ninguém o direito de interpretar o mundo vivido pelo outro. Nada é conclusivo quando visto em sua intimidade. Supor a vida em comunidades especializadas ou em setores isolados é fundir-se a eles e viver externa e interiormente experiências preestabelecidas. É tornar-se apenas receptáculo de registros sem as vivências internas, guardando em si conteúdos laboratoriais que coincidem com as mesmas técnicas de textos ou livros ultrapassados.

Viver apenas em um grupo específico, adequando-se a ele, é reaplicar resultados de situações já vividas em novas experiências, é reeditar teorias incansavelmente repetidas que pretendem ser objetivas ou definitivas. E mais: é impossível que se dê conta da totalidade ou da complexidade de cada indivíduo porque quaisquer recursos ao nosso dispor são apenas expressões de verdades parciais ou provisórias acerca do mundo natural que cada um possui.

Atualmente, o mundo quantitativo substitui o qualitativo. O capitalismo dá lugar ao surgimento das religiões institucionalizadas. E quem somos nós dentro dessa era? Quem sou eu? Quem é você? Somos frutos de um fantástico caso genético ou seremos as conseqüências desse meio século de vidas transformadas e interpostas entre a filosofia, a ciência, a arte e a religião? Viemos de caminhos múltiplos, procurando crescer de dentro para fora ou nos contentamos com o crescimento de fora para dentro? Somos vontade de ser ou mera expectativa de ter?

É preciso coragem para estudar os fenômenos que poderão contribuir para sanar as incoerências das fórmulas que não funcionam mais. A vida é dinâmica e as teses vão sendo ultrapassadas pela própria natureza. Devemos lutar pelas nossas verdades, quaisquer que sejam as conseqüências, dando espaço aos nossos sentimentos e assumindo nossa parcela de responsabilidade para mudar o que já não nos serve mais.

Este é o momento que estou vivendo e, assim, nasceram essas *Bruxas,* que talvez possam dizer ao homem que existem fenômenos no universo que a mente humana pode desbravar, sem ter de confrontar-se com eles. Nasceram para confirmar que o mundo quer superar o mistério da existência e que cada cultura criou — e pode continuar criando — um estilo próprio de espiritualidade, que se manifesta das mais variadas formas.

Contatar o desconhecido poderá gerar dentro de cada ser várias sensações e, em alguns casos, o medo que desenvolve um tipo de consciência. Se cada pessoa possui em seu universo os encantos e os mistérios da vida, a luz não é apenas o que enxergamos, mas, sim, o que somos

12

capazes de ver um no outro. Se ninguém conseguiu ainda solucionar todos os fenômenos do universo por meio de suas próprias experiências, cada um tem sua história, que pode ser vista, individualmente, como o princípio de tudo.

Todos querem ir ao encontro da luz universal da criação, buscando encontrar sua própria verdade, que dará a consciência da realidade individual a cada ser. Essa luz existe em todas as expressões da vida; o homem pode entrar em contato com ela e também com a luz do próximo. Nos fragmentos de cada história, existe a estrutura do todo. Sou contadora de histórias à beira de fogueiras há muito tempo, mas também sou boa ouvinte. Aprendi a simbologia de cada uma delas com os navajos que as interpretam como bálsamo, como cura, como orientação às complexidades da vida. Minha passagem pelos pueblos e seu misterioso e fascinante mundo do *pólen* libertou o xamã que fez expandir a libertação da polaridade de Scherezade que em mim habita. Porque na intuitiva alma feminina moram as bruxas que correm em nossas veias e que representam a origem natural de cada mulher através dos séculos.

Com os homens-pássaros da Ilha da Páscoa, fui além do cárcere, aprendendo a renovar os valores que ficam parados no tempo e voltam à tona tão logo se abrem as gaiolas enferrujadas pelo bolor do inconsciente. Percebi, antes que fosse tarde, que temos nossas bruxas que nos protegem do homem-predador e fogem do fogo perpétuo para não penetrar nas trevas que pulsam nas profundezas da alma. Elas morrem e vivem no dia-a-dia procurando refúgio para renascer novamente.

Experimentando a vida cigana, permiti-me não ter passado ou futuro, esperando que a lei eternal decidisse por meio da transformação, da liberdade e da tolerância. Assim, pude entender o mestre romeno e mensageiro da paz, médico da alma sem prescrever receitas médicas e, sim, orientações convergidas para a cura corporal por intermédio do conhecimento, sobre o comportamento astral e terreno do consulente. Praticamos ritos a seu modo, mas sempre aguardando a piedade da mãe-natureza em tudo: nas danças, nas canções, no clarão da lua. Aprendi a ser como um deles, criatura errante, desarrumando e arrumando malas e bagagens até me despojar de tudo, pois nada mais era necessário, a não ser o gosto pela tradição.

Vivi em cidades-passagem, já que eles nunca têm morada fixa. Dormi protegida apenas pelas rodas das carroças que mudam de cor como a *Roda de Ashock* e seus 12 raios que representam as 12 tribos dos viajantes. As horas do dia corriam, e eu algumas vezes ficava coberta pelo azul do céu, pelo verde da mata e dos campos, ou mesmo envolvida pela intensidade do vermelho — o sangue derramado nas perseguições vividas durante séculos. Essas cores estão sempre presentes na bandeira das tribos ciganas. E foi assim que me consagrei no fogo purificador, dançando e cantando com louvor e alegria.

Senti dificuldade em voltar de um grande mergulho nas trevas, onde nossos sonhos mais elevados não têm morada ou ressonância, onde o mental se torna um vazio absoluto e nada mais nos resta. Morri onde não havia dia ou noite, e as trevas eram eternas. Vivi o medo, a angústia, o remorso, o desejo, a ilusão, a fúria de despertar para o outro lado de minha janela que é escuro, assustador, mas que é parte de mim mesma, como é parte de todos nós. Mas houve um momento em que percebi que nada mais restava. E, sempre que uma mulher descobre que nada mais lhe resta, ela deixa aflorar a bruxa que mora dentro dela. Então, mais uma vez sobrevivi.

Convivi com sábias velhas e sábias feiticeiras, vorazes habitantes do subterrâneo mundo das mulheres isoladas dos cantos, tão velhas que só restava a elas permitir que a morte lhes falasse bem de perto. Aprendi que é preferível viver assim a ser acalentada pelos milagres de falsas mudanças. E, então, elas chegaram, as *Iyàmi*, as *opiki elese osùn* que pintam seus pés com *osùn*, cultuadas como *olokiki oru*, as que vivem nas madrugadas, donas do ar e dos ventos, senhoras dos pássaros, que saem do corpo e estão em todos os lugares ao mesmo tempo, protetoras das mulheres injustiçadas, as *òsòròngà* que escolhem as juramentadas sob seu poder, que viajam entre o *òrun* e o *àiyé*, descansando nas *apáòkà* ou *irokó*, onde se transformam em aves noturnas, respondendo aos chamados de muito longe e que chegam para ficar. Chegaram, ficaram e nos transformamos em uma só.

Com os guerreiros da paz cavalguei pela eternidade dos desertos infindos à procura de meus ancestrais, magos encantados das estrelas do sol da meia-noite. Determinada a levar tudo em frente, mesmo que as barreiras fossem o mais resistentes possível, abri mão do direito de dormir o sono dos justos, descobrindo que: "além das montanhas há outras montanhas...". E há, também, uma velha negra africana que me ensinou a virar borboleta e alçar o vôo impossível do desejo de morar dentro de todos os olhos, de percorrer todos os caminhos apagados pelas chuvas antigas, de caminhar pelas ruas vazias para espantar os fantasmas que fizeram a tristeza entristecer, e, enfim, descobrir em cada ser uma fonte de bondade e de paz.

Também comprovei que é impossível reformular algo tão antigo como o xamanismo, a não ser para ampliar e aprofundar-se na consciência supranormal dessa arte milenar. Sendo brasileira, com múltiplas influências, percebi que a magia corre em nossas veias como perspectiva de vida. Descobri a terra mágica de muitas abordagens, solo dos índios que andam na calada das matas, noturnas, sombrias e misteriosas. Vivenciei, no encontro com a voz do silêncio, a propagação dos mistérios. Hoje sei que, quando amamos a natureza, ela também nos ama; quando amamos um animal irracional, à sua maneira, ele retribui com seu amor.

Com os babais cheguei à profundidade dos juki, almas encarnadas em corpos de matéria grosseira de animais altamente desenvolvidos, com capacidade de pensar, mas sem o direito de nunca olhar para o sol. Foram viagens que me proporcionaram submergir no continente polinésico dos marae, entre os soterrados habitantes claros e de olhos azuis, entre os thule, os bronzeados povos arzawa. E permitiram-me passar noites gélidas com os contemplativos yoni no deserto de Gobi, admirar a herança dos avari no Havaí, contatar com os tholo que insistem em repovoar o Quênia e Kilimandjaro, sentir o brilho dos homens dourados de ophir que submergem pouco a pouco em Gondwana.

O grande mistério de cada viagem, ninguém saberá como divulgar. Quem viver todos, nunca os revelará, porque um mistério deve ser vivido, nunca revelado. E foram muitos os trabalhadores que me acompanharam nesta jornada: guardiães da luz, das trevas, das estrelas, dos ventos, do mar, do espaço-tempo, da volta e outros tantos. Espíritos portadores de um ou vários mistérios naturais, capazes de movimentar energias ou mesmo alterar o magnetismo local ou pessoal, que irradiam padrões próprios de seus mistérios.

Foram inúmeras as possibilidades que explodiram, dando-me a condição de transcender meu estado de consciência ordinário, minha vida cotidiana e as oportunidades de caminhar na direção de uma transformação interior. E eu aproveitei cada uma delas quando me foram oferecidas.

O que estou contando não são sonhos, mas fatos que elucidam uma viagem ao meu interior e evidenciam a capacidade que temos de descobrir uma parte importante de nossas vidas — o mapa que todos devem conhecer e guardar em seu cofre de segredos, já que nenhuma pessoa é igual à outra. Não se trata de viagens cósmicas por vários lugares do Brasil ou fora dele, mas de vivências internas de grande complexidade que capacitam o mergulho no âmago dos problemas de outras pessoas; de sentir a rachadura que está destruindo um ser interiormente e transportá-la para dentro de nós mesmos a fim de que ele não sinta mais sua dor. Só assim podemos saber como descarregar esse peso da vida que nos propomos a reconstruir, não permitindo, nem por um milésimo de segundo, que essa dor do outro permaneça em nós.

Este é o meu caminho. Pode não ser o seu. Mas jamais se arrependa de não haver tentado.

Baby Garroux

A SENHORA DOS CANTOS

De nada vale inventarmos pássaros e declamarmos poemas se arrancarmos a ternura de nossas almas...

... A deusa dos ventos trouxe uma estrela e disse: "Estou aqui presente, em torno da Terra, dentro da chuva dos muitos aléns que trago dentro do peito". Nada compreendi por estar distante de mim mesma, marcada pelas cicatrizes e, muito fortes, das tardes interrompidas e das noites vazias. Olhou a paisagem do meu interior e disse: "Venha para mais perto de mim...". Chegou com a ternura de uma planta que nasce no começo da noite e beija o sol das manhãs para se transformar em gotas de orvalho, lágrimas do sofrimento da Terra... Faz alguns dias, faz alguns séculos, voltou novamente e disse: "Tenho dentro de mim um pássaro morto. Ele é você. Deixe que eu faça dele o sol de todas as manhãs, que você traz guardado debaixo dos caracóis de seus cabelos...". Trouxe a ternura da infância, o silêncio do pomar com cheiro de fruta madura, o gosto branco das ausências, e trouxe ainda o livro da entrega. E deu-se toda, num abraço do tamanho do mundo, pássaro da transformação que ficou para sempre.

Este livro já estava escrito em minhas entranhas, mas foi tomando forma nos idos de 1986, quando fiquei um mês trabalhando com um grupo que buscava experimentar a essência da espiritualidade em Gaillard, na França. Talvez o ambiente tenha despertado o espírito de meus ancestrais, visto que sou descendente, pelo lado paterno, de tradicional família radicada em Marselha. Entre meados de setembro ao início de outubro, as folhas amarelas e vermelhas caem em cima do verde amanhecido pelo tempo.

Da janela do porão onde me encontrava, durante o dia podia ver aquele melro, um pássaro preto de bico claro, que eu já considerava meu amigo. Todas as manhãs ele vinha beijar o orvalho da rosa que insistia em dominar a estação fria, esperando a neve reinar plenamente, a perder de vista. O melro batia o bico no vidro da pequena janela, como se quisesse entrar e partilhar comigo tanta vivência adquirida em tão curto tempo de vida. Quando ele partia, eu ficava observando, da mesma janela, duas velhas senhoras com seus corpos curvados pelos noventa e poucos anos, cuidando da horta à frente da casa, como se não existisse à sua volta qualquer outro ser vivente a não ser seus tomates e as poucas verduras, já que o frio não permitia que durassem muito tempo.

Mergulhada nesse contexto, eu me punha a pensar se a natureza manteria por muito tempo o que elas fizeram em consideração à sua idade avançada, se as levaria logo em sinal de respeito, ou, talvez, pela vontade de reencontrá-las. Todos os habitantes daquela pequena viela sem saída eram muito velhos.

O vento ensaiava sua dança. Às vezes, bem forte, ele insistia em ficar três dias; depois se dirigia rumo ao sul, girando em torno de si mesmo como num ziguezague, desfolhando quase toda a *peuplier*, árvore-símbolo da França, minha companheira de tantas lembranças engasgadas na garganta. Pouco a pouco, inteligentemente, ela cedia seus frutos para que os galhos suportassem o peso gelado da neve que subiria pelos tetos, cobriria as ruas e as pessoas. E a árvore, assim, permanecia em seu tempo de espera, até o manto branco desaparecer para, mais uma vez, a vida renascer.

O aquecimento interno não me permitia sentir a mudança da temperatura, refletida no balançar das folhas e dos pequenos galhos da macieira. Em meus momentos de descanso, na ruela ao lado da alfândega, eu sonhava ir outra vez a Genebra para sentir o vento bater no rosto e, assim, despertar mais uma saudade.

. Às vezes, o melro batia na janela fora do horário habitual. Acho que nos acostumamos um com o outro. Ele bicava a janela e voava para beliscar a maçã que começava a perder cor. Quando tentava me encontrar, na sala dos fundos da casa, estava querendo alguma coisa. Não por acaso! Talvez não tivesse gostado de não receber atenção ao nascer do dia.

Mas eu já não podia mais ficar ouvindo seus gorjeios; ele me encantava e desviava minha atenção da enxurrada de informações que eu vinha recebendo todas as noites, participando daquele grupo de estudos. Troquei-o por Claudio Monteverdi e suas fantásticas obras *Verperae Mariae Virginis* e *Missa in illo tempore*. Um impulso que me inspirou a aceitar o convite para estar, por uma semana, na Casa dos Templários, em Grimaud, onde outrora se reuniam os membros da Ordem dos Templários, os Pobres Cavaleiros de Cristo, fundada em 1119, em Jerusalém.

Assim que nos instalamos, fui atraída para o castelo de Grimaud e suas ruínas povoadas de arte, folhas, árvores, natureza fascinante, onde nada é igual e tudo cresce em direção ao sol, como se fosse para a própria liberdade. Tudo estava indo muito bem até a noite chegar. Uma inexplicável sensação da presença daqueles que lá habitaram invadia aquele espaço. Ali, em meio aos objetos autênticos da época, cada um deles parecia aguardar, assim como eu, a batida dos sinos da igreja, de meia em meia hora, durante as 24 horas do dia, para deixar todos despertos para que não se entregassem aos seus destinos. Os habitantes do lugarejo eram muito velhos e, talvez, por isso, eu não me fixara muito neles. Tinha a impressão de que não olhavam para lugar nenhum e eram a reencarnação das forças que residem nos muros, nas ruelas e no próprio ar da cidade.

O tique-taque do relógio marcando 21 horas confundia-se com o toque-toque da bengala de um homem muito idoso e bem trajado que passava todas as noites pela ruela da casa em que eu estava hospedada. A passos lentos, com a batida da bengala, ele parecia seguir o compasso de sua própria respiração. Todos os dias a mesma coisa, à mesma hora. Fiquei três dias observando sua difícil e compassada caminhada. Seu olhar profundo mirava sempre o infinito. Mais tarde, soube que o ecoar do seu toque-toque marcava a hora do recolhimento, momento de fechar as portas e guardar silêncio. Um costume antigo da aldeia.

Sentada no bulevar Micocouliers, viajando pelas asas da imaginação pelas paisagens da Córsega, eu fazia algumas anotações e não percebi o velho se aproximar:

— O que você tanto escreve se seus olhos não se fixam em nada? Estive observando você há dias e sei que não é da aldeia.

Fiquei surpresa quando o estranho senhor sentou-se ao meu lado. Ele teria vindo de algum lugar ou já estava ali quando cheguei? O velho iniciou um diálogo estranho. Ele fazia e respondia às próprias perguntas. Acertou os ponteiros do relógio, como era costume todos os dias, segundo me disse. E falou também que não entendia o porquê de tanto barulho de tambor na casa onde eu me hospedava.

— É um desrespeito ao povo que habita a noite. Aquela casa pertence ao guardião da passagem.

Fui percebendo que a "passagem" a que ele se referia era um vão misterioso, embaixo, no porão da casa. Fiz várias tentativas para entrar naquele mundo subterrâneo na esperança de percorrer o caminho que, eu sabia, conduzia à igreja no alto da montanha.

— Não tente entrar lá, estranha, porque eles não permitirão que você cruze o primeiro portal. Ali os mestres se reúnem, e a cada badalada, de meia em meia hora, um deles permanece em missão de guarda.

Ele parecia ler meus pensamentos! Tentei falar algumas vezes, mas foi impossível. O velho não permitia interrupções.

— *Quando a noite chegar e você ouvir o som da minha bengala, vá para o quarto azul e estenda suas mãos. Ele virá para lhe dizer onde estão guardadas as chaves que abrirão as portas para o futuro. Simplesmente escute, não se amedronte e não chame ninguém. Feche seus ouvidos aos sons que vêm de longe, porque eles estão ligados ao segundo portal. Tudo o que está longe estará bem perto se permitir a passagem até a última morada. Estarei lá à sua espera, e você me reconhecerá pela marca do anel que carrego.*

Dizendo isso, mostrou-me o anel e saiu no seu toque-toque. Tentei levantar-me da cadeira, mas estava grudada. Parecia um sonho. Não sei quanto tempo se passou até a senhora que me hospedava aparecer. Então, narrei a ela o acontecido e lhe perguntei se estava passando por um processo de loucura devido ao silêncio local ou às evocações feitas à noite com os cânticos místicos e toques de atabaques. Ela me tranqüilizou: o local era mesmo misterioso e ninguém sabia de onde vinha — e muito menos para onde ia — aquele velho depois das 21 horas. Ela o conhecia de vista por ter morado durante algum tempo em Gougolin, um local de trabalhos ligados à espiritualidade, próximo a Saint-Tropez. Era onde o velho morava.

A casa onde eu estava hospedada fora realmente um ponto de encontro dos templários e, por esse motivo, os proprietários a adquiriram. Quis saber mais sobre eles, pois eu mal os conhecia. A mulher me explicou que eram profundos estudiosos dos mistérios da vida, e conheciam o mundo todo. Possuíam várias propriedades, uma em cada local, sempre ligados à arte e à tradição de antigas civilizações.

Quando começou a escurecer, pedi licença e me recolhi dizendo estar com sono. Um tanto temerosa, deixei a porta destrancada e me propus, como em todo trabalho jornalístico que fizera até então, a viver cada detalhe ou sair de vez daquela loucura que invadia todos os meus poros. E, eu vivi...

Na hora certa, conforme o previsto, uma nuvem azulada começou a tomar conta do ambiente, aquele pequeno quarto com cama de casal e uma minúscula janela que me deixava ver a torre da igreja na montanha. Nem mesmo o vozerio tradicional do grupo de que eu participava todas as noites conseguiu interromper a grande viagem. Eles deveriam estar mais uma vez falando da possibilidade de reencontrar os ancestrais que, eventualmente, ainda habitassem a casa.

Quando chegou o momento, o que era esperado aconteceu. Ainda que eu quisesse gritar, a voz não sairia. Nitidamente, pude ver aquele rosto com uma espécie de turbante branco na cabeça e um pássaro no ombro esquerdo.

— *Abra seu cofre. Ele está repleto de informações que poderão libertá-la da gaiola de seu mundo. Saia da sombra, saia do canto, fuja agora da teia em que está sendo atada, siga seus instintos e desate as cordas do mundo subterrâneo. Vá e caminhe bem longe, na direção do conhecimento* — ele me disse.

Suas vestes não eram medievais nem inspiravam medo. Ao seu lado, muitos cavaleiros protegendo sua presença, imaginei. Na época eu não soube definir se eram peregrinos cristãos. Mas o homem do turbante branco era alguém muito familiar, embora eu não me lembrasse de onde o conhecia. Do lugar em que eu estava era possível tocá-lo, mas quando tentei um homem vestido como um cavaleiro medieval, com a roupa toda branca e uma cruz vermelha no peito, tomou-me a frente em sinal de proibição. Só então pude identificar o anel do velho da bengala. E a cada questão que eu formulava em pensamento, ele me respondia mentalmente.

— *Faremos uma cerimônia esta noite e seu grupo deve estar bem longe daqui, até a última badalada.* — E emendou:
— *Você foi apontada por um dos guerreiros da paz, um grão-mestre. No decorrer de sua missão, você fará contato com vários representantes dos dignitários da ordem; muitos negarão e duvidarão de sua batalha. Na primeira hora da manhã, entre na igreja e, na escuridão, ao lado da pia batismal, um escudeiro irá aproximar-se de você. Então, ajoelhe-se para receber uma medalha, que você deverá usar como símbolo de um primeiro encontro.*

Parecia um sonho muito louco. Ao mesmo tempo, era absolutamente real. A informação do cofre ficou confusa; o fato é que ele carregava em suas mãos um cofre dourado com a chave à mostra. Voltei dessa comunicação em estado de choque, quando a senhora que me hospedava entrou no quarto e perguntou-me por que eu ainda não descera para jantar. O teto girava. Eu estava nauseada e minha vontade era sair dali e correr para a direção indicada. A mulher me explicou que o local era habitado por espíritos e que era melhor andarmos um pouco pela cidade. Seguindo a sugestão dada pelo cavaleiro, sugeri que todos jantássemos fora. E consegui fazer com que estivéssemos ausentes até a última badalada.

A casa ainda cheirava a vela e suor de cavalo quando retornamos. Todos riram de meus comentários e pedi para me recolher porque as emoções tinham sido muito fortes. Tentei contar-lhes que eu vira bem nitidamente o pai de minhas filhas, já falecido, e que ele me mostrara um cofre onde eu deveria encontrar alguns papéis que seriam muito preciosos. Foi o máximo que consegui dizer. Ao mesmo tempo, fui orientada para não fixar a mente em nada do que se havia passado, porque, por ter uma ligação com espíritos por meio de algumas práticas rituais, poderia estar invocando forças que não teria como dominar. Recomendaram-me que procurasse pensar em outras coisas e tentasse dormir.

Tudo em vão. A noite toda eles estiverem bem próximos e a cada instante vinham mais e mais informações sobre futuros acontecimentos que não seriam tão saudáveis como eu previra, muitas batalhas sem causa justa que eu viria a travar. Um caos. Pensei em descer para tomar água ou algo que me aliviasse um pouco, tirar-me da tensão, mas o medo era maior do que a necessidade.

A meta era uma só: bem cedo eu estaria na igreja e poderia, então, verificar se passara por um grande pesadelo ou se tudo não teria sido fruto de minha imaginação.

OS VENTOS, A MÃE,
SANTA BÁRBARA, A GUIA

Chorava, sim, por ter permissão de sonhar tão alto, por sentir uma energia pura, o abraço daquele vento forte e poderoso me acolhendo como a uma filha, abrigada em seu colo rendado de neve e pontilhado de cristais de gelo...

Eu sabia que os templários haviam atuado no período posterior à primeira Cruzada. A Ordem dos Cavaleiros Pobres do Templo de Salomão era um grupo de soldados piedosos que se reunia em Jerusalém, durante a segunda década do século 12, com a obrigação de proteger os peregrinos que percorriam os perigosos caminhos que iam de Jafa à costa palestina. Seus membros viviam conforme a ordem religiosa que leva o nome de San Agustin, recebendo ajuda e orientação dos canônicos da igreja do Santo Sepulcro, localizada em Jerusalém. Os templários representavam o renascimento das idéias clericais e, por isso, eram considerados favoráveis às novas tendências teocráticas.

Tenho certeza de que, na noite da minha comunicação com o homem do turbante branco, ninguém naquela casa dormiu. Era como se eles nos quisessem dizer mais alguma coisa. Duas bandeiras cruzadas acima da lareira da grande sala tremularam a noite toda sem que nenhuma janela estivesse aberta. Parecia que os cavaleiros voltavam de seus torneios e decidiram, naquela noite, mostrar a brutalidade da igreja contra eles, tentando provar que a coisa não era tão feia quanto apregoavam.

Logo que amanheceu, fui até a pequena igreja, a poucos metros da casa. A escuridão chegava a ser tétrica e havia alguns visitantes no local, já que aquele lugar representava um marco do período de guerra. Existe até um monumento, bem em frente ao prédio, em homenagem às inúmeras crianças que ali tombaram mortas. Muitos turistas passam naquele local para reverenciá-las. Demorei um tempo até me habituar com a fraca luz de velas. Por fim, localizei a pia batismal. Como não havia ninguém ao seu redor, ajoelhei-me em frente ao altar. Alguns segundos se passaram, e eu não conseguia rezar ou me concentrar, até sentir alguém muito próximo a mim. Prendi a respiração e aguardei, mas nada aconteceu. Fui ficando cada vez mais tensa, só ouvindo o abre-e-fecha da porta de entrada, movimentada pelos visitantes que iam e vinham.

Depois de um tempo, notei a imagem de Santa Bárbara no altar e fiquei imaginando como, na realidade, teria sido sua batalha, quais teriam sido seus desejos e suas necessidades. Nunca compreendi por que os heróis da fé cristã eram imortalizados na forma de figuras de barro ou gesso. Sempre achei que o reconhecimento a um gesto de coragem ou bravura deveria ser demonstrado ao herói enquanto vivo. Um tanto ansiosa pela espera, elevei meu pensamento à santa e comecei a travar um diálogo interior:

— Por que a senhora está aí? — A resposta veio como um raio em minha cabeça:

— *Porque devo espalhar a água do amor aos que têm sede de vida.*

Admirada, continuei:

— Mas por que cada um não procura criar sua própria fonte?

— *Certas coisas a terra não entenderá. Ninguém tem o direito de fazer infeliz aquele que já é. Se eu posso dar de beber, não quebrarei o encanto nem farei outras pessoas infelizes.*

— E, o que mais a senhora faz dentro desta fria, enorme e triste casa, além de dar água aos que têm sede?

— *Ofereço silêncio e privacidade. São os principais motivos pelos quais as pessoas se colocam à minha frente; cada uma delas abre seu coração e eu apenas escuto, tentando levar paz a suas almas.*

— E, quanto à sua alma, ela está em paz? Alguém cuida da sua alma? Como é seu mundo?

— *Este caminho leva apenas a um único destino. Somos peregrinos aguardando os caminhantes que necessitam de paz, aqui e em outros tantos pontos da terra. Você vai precisar de muita paz. Este é o seu destino. Leve água aos que têm sede, mas não lhes dê tudo,* porque *um dia você irá precisar e seu pote não deverá estar vazio. Vamos nos encontrar mais vezes. Isto é tudo.*

— Espere, minha senhora, uma coisa me intriga: existe alegria no coração dos que por aqui passam?

— *Eu não gostaria de tocar nas suas mágoas, mas vejo que se aproxima o despertar de seus dias mais sombrios. Alguém irá ensiná-la a substituir muitas dores, mágoas, remorsos e vergonhas por meio das experiências por que irá viver. Ninguém poderá passar por isso em seu lugar. Esta foi a sua decisão quando chegou seu momento de voltar. Sinto ter de lhe dizer tudo isso, mas cada ser que se coloca à minha frente questiona o porquê de tanto sofrimento. Para despertá-la, devo tocar nas feridas e fazê-la acreditar que existem outras realidades no caminho da vida, e que todos podem ser curados.*

— E agora? Sinto-me totalmente abandonada...

— *Não. Ninguém está ou é totalmente abandonado. A sorte consiste em poder despertar e saber que existe a liberdade do sofrimento. Caso contrário, o mundo seria apenas uma passagem para as trevas, onde não existiria ninguém para chorar ou sofrer por você.*

— Mas eu posso estar aqui à sua frente dando-lhe todo o amor que possuo sem esperar nada em troca...

— *Devo-lhe dizer que nunca esqueço uma dívida de amor. Quando doamos com espontaneidade, aquele que recebe não fica em dívida. Uns foram preparados para doar, outros apenas para receber. Esses são os que mais sofrem e não saem da escuridão. Mas existem muitas formas de doar amor. Doe e nunca espere nada em troca. O retorno virá por outro lado, de outra forma, num momento inesperado. Na maioria das vezes, nem se percebe e, então, passa-se uma vida toda aguardando a retribuição daquele a quem o amor foi dirigido.*

Aquelas palavras calaram fundo em meu coração. Emocionada, perguntei: Quem é a senhora realmente?

Não houve resposta. A luz que brilhava em torno de sua cabeça escureceu e tudo voltou a ser como era no momento em que entrei. Ninguém veio ao meu encontro conforme eu esperava tão ansiosamente. Senti um peso nas costas, na altura dos ombros, e levei minha mão ao pescoço. Ali estava uma medalha, como o velho dissera. Não tinha a imagem de Santa

Bárbara, apenas um símbolo que me vem acompanhando desde aquele dia que transformou minha vida. A decisão de escrever este livro demorou muito tempo. Eu esperava um sinal, um aviso explícito como aquele, mas ele estava dentro de mim.

Como um pássaro em ninho estranho, parti de Grimaud no dia seguinte, após o misterioso encontro. Decidi observar a escultura que os ventos são capazes de criar no alto do Mont Blanc, em Chamonix, quando a tempestade de neve deixa de ser um amontoado de ventos frios para se transformar na mais pura energia do ar. Aquele contato com a natureza foi como um encontro amigável. Conforme vem me ensinando o velho xamã, o vento nos oferece a oportunidade de nos transportarmos através do tempo, dentro de nós mesmos.

Sempre que posso volto àquele lugar encantado. Nunca consegui entender aquele amontoado de cores sobre os esquis de madeira que descem e sobem sem pedir licença a Deus, flutuando no ar, sorrisos largos, força total da juventude habituada a buscar novas jornadas através de longas caminhadas. Talvez eles também não entendessem meus longos momentos de reflexão lá em cima, permitindo que aquela água fria escorresse sobre minha cabeça. Por dentro eu sentia como se Deus quisesse me fazer entender o porquê de tanta emoção e sentimento nesse reino só d'Ele, abençoado pela deusa dos ventos.

OS CAMINHOS DA INICIAÇÃO

...Tenho um índio, um xamã, que me rodeia, me proporciona o silêncio e me cobre de ternura quando exponho minhas carências, quase sempre enterradas debaixo das pedras. Ele me faz abri-las e aprender a lidar com essas consciências antigas como se fossem peças de um jogo de xadrez. Tenho um xamã que me leva para o meio da mata da qual ele faz parte, e me ensina a ser líder sem valentia ou combate. Que me ensina a falar com as árvores, com as folhas, com a vida. E faz tudo sempre ali, como se fosse uma velha árvore, abandonada à sorte do tempo, vendo suas folhas cair e penetrar a terra como sementes para fazer brotar novas vidas... Eu tenho esse índio dentro de mim. Ele me fez seguir seus passos sem eu saber quem ele era — ele nunca é visto quando não quer. E torna-se um tronco velho de existência, buscando, na essência de todos, a meta do renascimento... Eu tenho esse índio ao meu lado. Cabelos brancos como as nuvens, como as cinzas da vitória centenária, pele enrugada e despida de todos os receios. Ele cria vida onde não há vida, por meio de gestos que nascem naturalmente do peito e das mãos e me pede que fique. E nunca me pediu nada em troca, nem fez promessa... Eu tenho um índio de frente pra mim. Que guarda a pureza do branco no fundo das mãos e que pode ser minha chuva, fazendo-a cair em gotas para me devolver a paz, lavar-me por dentro e por fora, as portas, as vidraças, as cicatrizes, os cadeados, meus segredos, só.

Viver o mundo das formas é percorrer um longo caminho entre séculos, eras. Longa jornada, momento de decisões de libertar-se ou submeter-se a outros valores. Abrir os braços, os olhos, o peito e todos os portões que insistam em permanecer fechados pelas marcas dos tempos escuros, marcados por muitos receios. Chegar como o vento, assumindo o passado para se fazer presente nos desencantos e desencontros, importantes portos que abrigam todos os sóis e trevas do "voltar a ser". Ter muita coragem para abrir as janelas do apartamento, do cotidiano, e exibir o alucinante poema que nasce nos vãos de nossos dedos e que temos medo de colocar sobre a mesa. Sair na chuva, molhar os cabelos, deixar o sol entrar depressa, que ainda é tempo.

É preciso abrir o jogo e jogar a sorte sobre o pano verde que envolve muitas promessas. Apostar tudo, até mesmo nossas cicatrizes, silêncios, justificativas, entranhas machucadas. Arquivar todas as desconfianças e embrulhá-las junto com os antigos enganos, jogando fora a grande mala de incertezas. Arrumar a casa para o que vem vindo, plantando na terra as raízes dos segredos, mantendo-os vivos em todo o seu encanto de criança. Desatar os nós da garganta. É preciso tanto e, na verdade, tão pouco: apenas deixar a vida acontecer. E isso só depende de nós.

Há várias formas de Iniciação que podem dar um novo sentido à vida e constituir motivo para uma nova existência. Chegar à transformação pode nos custar muito caro. É muito importante procurar entre diversos rituais ou formas iniciáticas e mágicas aquilo que seja parte de nós mesmos, tentando não analisar, apenas sentindo como as visões do mundo tradicional e do espiritual podem ser combinadas à perspectiva científico-materialista.

Descrença em tudo não leva a lugar nenhum. Por um lado, existe a ciência dominante fincada no *status quo* político e econômico, reprimindo, desconsiderando qualquer tipo de saber alternativo. Por outro, a sabedoria popular, o homem comum, reprimido enquanto permanece como guardião da tradição religiosa original, embora a menospreze.

A perspectiva científica se estabelece na sociedade convocando adeptos para o seu meio, considerando inaceitáveis as crendices e as práticas de cura populares que "ignoram" os códigos institucionais da medicina. O homem comum, de objeto de investigação, passou a ser o sujeito de uma tendência de revalorização da medicina popular, provando que a ciência pode enriquecer-se em contato com as práticas não-científicas.

No âmbito da medicina popular, os trabalhos são amplos, sejam fundamentados em crenças, em curadores populares, em benzedores, espiritualistas, espíritas, cultivadores de ervas ou o que se possa imaginar. E, dentro dessa área, também existem a disputa pelo poder, a síndrome da liderança, a política dos bastidores. O fiel seguidor das práticas populares deve-se afastar disso e nunca entrar nesse jogo se quiser viver bem com suas crenças.

Entre os que se doam a esse tipo de trabalho, alguns lideram naturalmente devido ao seu carisma, e aquilo que disserem formará a crença do povo. Pesa muito, também, o resultado positivo alcançado. É aí que sociólogos, antropólogos, cientistas, psicanalistas e psicólogos tentam explicar os porquês dos rituais místicos ou espirituais. Para encontrar a resposta é preciso entrar por inteiro no universo a ser pesquisado.

Todo trabalho ritualístico — seja iniciático ou não — deve ao menos esboçar a possibilidade de novas experiências sem estabelecer uma relação igualitária. Se ele conseguir quebrar as barreiras do mundo das formas, será possível sair dos limites das teorias importadas para a compreensão, sem reservas de pensamentos diferentes dos nossos. Mesmo que alguns rituais sejam citados durante a trajetória que fazemos, sempre ficará uma porta aberta para o "não-convencional". Ou para a dúvida: aquilo, de fato, existiu?

Um fenômeno, por exemplo, pode ser estudado exaustivamente pelo método científico comum como objeto inerte da pesquisa. Mas é preciso perceber que a compreensão de um fenômeno também pode envolver outras faculdades que não a racionalidade analítica. Será que tudo precisa ser analisado e explicado? Será que o mundo todo existe no limite da ponta de nosso nariz? Não existiria outro mundo mais profundo, dentro de nós mesmos, diferente deste imposto pelas leis, dogmas, determinações patriarcais ou matriarcais, que carregam dentro de si frustrações como a de "não poder ter sido", ou do "gostaria que tivesse sido"? Ou, ainda, quem sabe, a do tipo: "se não fui, por que o outro não poderá ser?".

Em nome dessa cultura popular autêntica que não se curva à superioridade intelectual nem ao jugo econômico ou religioso dos poderosos, é necessário coexistir o pluralismo no interior de nossa sociedade. Por causa desses valores, que são tantos e, apesar da adversidade, ainda sobrevivem, decidi submeter-me a uma Iniciação naquilo que buscava como forma de espiritualidade. Um encontro, ou talvez um reencontro com muitos valores ancestrais que deixei perdidos no tempo. O resto ficou para trás, como bagagem de vida, ou pedágio pago para que eu pudesse passar para o outro lado da solidão...

MAGIA E TRANSFORMAÇÃO

Ela veio pesada nas formas e leve como a borboleta na fala do coração. Pediu que juntasse meu riso branco e corajoso de paz e guerra ao brilho de seus olhos cegos e quietos, faróis atentos em descobrir a luz nas coisas mais simples que a vida esconde em suas dobras. Declarou-se negra como a luz do sol, cabelos brancos, parte da sabedoria do tempo, heroína que perde seu filho no parto. Heroína-mãe, que gera o filho de um filho que será sempre um rei... Assim ela veio. Ensinando a existência da luz na escuridão. Pés tortos pelo pisar nos pregos da escravidão, passo certo no caminho dos "guerreiros da paz". Todos que a rodeiam chamavam-na de "Vó". E ela, com sua ternura simples, que na vida pode ser um rumo, silêncio do saber esperar, esperanças onde não mais existe a fé. Informando ser a noite a confirmação da luz...

Minhas experiências começaram muito cedo. Trilhei um percurso longo e duro até a compreensão dos fatos, dos sentimentos, das visões, das premonições, um contato de frente com a força dos elementos. Fui descobrindo que não existe ninguém semelhante ao outro, assim como não existe uma folha igual à outra. A natureza é tão perfeita que nunca exigiu que as coisas fossem absolutamente iguais. Cada elemento teve a chance de ser livre dentro de suas próprias formas, para que todos pudessem caminhar e subir em direção ao sol.

Para mim, as manifestações começaram de forma natural, embora incompreensível. Depois veio a maratona, a procura de uma "casa", um local que me desse respostas e oferecesse a possibilidade de continuidade dos aprendizados. Fui sentindo que todas as comunidades ou instituições religiosas se prevalecem em relação ao uso dos fundamentos recebidos e seus adeptos, automaticamente, devem seguir à risca suas regras, do contrário não recebem a Iniciação prometida. O sistema é de obediência total, sempre. Alguém criou, alguém decidiu, mesmo que os resultados venham a ser tratados individualmente.

Dependendo do grau de desenvolvimento, os fiéis seguem à risca as determinações, o que justifica a instabilidade dentro de muitas comunidades. Mas por se tratar de um fenômeno que envolve a inteligência do coração, a inteligência espiritual intuitiva, muitos saem machucados do sistema e buscam outros grupos, estudam outras leis e, novamente, submetem-se a sistemas diferentes, a novos fundamentos e poderes, estando sempre desencontrados.

Tratando-se de um sistema espiritual autêntico, existirá uma sabedoria que transcenda as limitações de espaço e estaremos cientes de que qualquer pessoa é um ser espiritual por essência. Este princípio é válido para qualquer organização humana, não só para aquelas que se formam em torno de determinada religião.

Muitos são os modelos e inúmeras as técnicas de perfeição que buscamos para chegar ao equilíbrio. Cabalas esotéricas à parte, pedrinhas milagrosas, seixos benditos, movimentos rítmicos, energéticos, jejuns de aprendizado, alucinógenos viajantes, há de tudo. Experiências se dizem válidas enquanto usufruem seu tempo de vivência. E as seqüelas disso? Ao se ficar submisso a essas forças naturais durante um tempo, em local fechado, corre-se o risco da individualização e de tudo passar a ser visto na primeira pessoa.

Quando o ser é colocado no seu limite, deixando a essência individualista para encontrar a essência real, a tendência primeira é a de se proteger das forças da natureza, até ocorrer a quebra dos bloqueios, entrando então em harmonia com o que já existe. É muito difícil começar sozinho. É preciso que alguém nos dê a direção. Por quanto tempo, depende de cada um. Uns quatro dias, talvez, como ponto de partida, porque o início nos enche de dúvidas. Após dez dias, a transformação se faz clarear ainda no espaço horizontal. Após 21 dias, ocorre uma sensação vertical, um contato com planos superiores diferenciados. Depois de vinte anos, não dá mais para voltar atrás.

Quando pequena, eu não conseguia entender o posicionamento de mulheres submissas a tudo, heroínas apagadas no tempo, segunda pessoa no trato patriarcal, cobaias de experiências involuntárias, até mesmo nas sociedades antigas, em que eram iniciadas para cumprir o papel de doação, quase sem nenhum sentido de vida própria. Eram as "senhoras dos cantos", sempre no aguardo de recompensas ou reconhecimento. Eu buscava respostas, até que um dia vó Mariana chegou, curvou meu corpo em direção à terra, tão curvado que senti seu cheiro penetrando em meus poros, o adorável cheiro de chuva na terra. Chegou para me trazer a decisão de voar como o pássaro ou de ser um passarinho preso na gaiola. Ela, um de meus guias, que conseguia fazer florescer o trigo no deserto.

Ela me mostrou como é imenso o papel da mulher dentro desta ou daquela sociedade! Ela existe por si só, sendo sua própria fonte geradora, transmitindo grande parte de si na formação social. Talvez por isso tenha entendido o porquê de me curvar tanto durante suas aproximações, compreendendo o que vem da mãe-terra. Em contato com ela, capto a essência da vida, o mesmo impulso que se sente quando é chegada a hora de vivenciar os variados rituais ao percorrer os caminhos da Iniciação. Nesse momento, a mulher transcende seu próprio limite e eterniza-se. A magia é uma arte oculta, impossível de ser ensinada, porque a sabedoria está dentro de cada um. Não basta invocar forças fora de nós e estranhas ao nosso mundo; o importante é desenvolver qualidades que existem em nós e por meio das quais as oportunidades possam fazer-se presentes. Ela ocorre quando as forças espirituais internas se relacionam com as forças universais, transformando sensações em vibrações. Quando cada agente intermediário universal vibra ao mesmo tempo em nossos movimentos e formas, os fluidos essenciais se espalham como uma matéria sutil por todo o espaço, transformando-se em veículo direto de nossos desejos e necessidades equilibrados.

O verdadeiro mago trabalhará a si, primeiramente, para chegar a um nível elevado de consciência e, por meio da prática, do conhecimento, descobrirá seu "mago", seu ser essencial. Cada um é seu próprio mestre e discípulo, astrólogo e alquimista, bruxo ou profeta. Cada um é sua própria sociedade secreta, inventor do seu labirinto, da sua própria magia.

ENTIDADES ESPIRITUAIS

... É tempo de renascer entre as plantas, mas é preciso, no entanto, conhecer a sabedoria dos caules, da seiva, da terra, da chuva, o tempo de voltar entre as árvores, folhas e raízes do sempre. Tempo de amanhecer no mundo e ver o sol findando lento, ressaltando o verde da semente plantada nos vãos dos dedos. Tempo também de temer as tempestades e os raios, muito mais fortes do que os que determinaram minha pretensão de me dizer "marcada"... Tempo de dizer que agora eu sei quando o dia vai amanhecer. Como eu sei! Nascer lá fora como única testemunha de uma vontade de inventar nuvens para um possível passeio no qual talvez encontre, no caminho, as estrelas que procuro dentro do peito... Agora eu sei que é tempo de cada um ser a grande gaivota, idéia ilimitada de liberdade. E espero ser a grande gaivota que, finalmente, está nascendo...

Existem um princípio etéreo e várias qualidades de energia da natureza que podem ter consciência por meio de uma energia elemental. Esse teor de luz e consciência, desenvolvido na energia interior do homem, é conhecido por vários nomes. No momento e no local de onde escrevo minha Iniciação, essa força é chamada de eledá, que cumpre a mesma função do anjo da guarda cristão.

A qualidade da relação entre o eledá e as vibrações do mundo exterior é caracterizada pelo bom ou mau desenvolvimento da sensibilidade de captação de energia (mediunidade), da transformação em energia consciente (idealização) e da transmissão horizontal (realização), que também representa características de planos espirituais. O mundo da espiritualidade é habitado por seres dos mais diversos planos, que podem ser denominados entidades de luz, aquelas cujo grau de sabedoria espiritual e sensibilidade estão acima dos padrões considerados normais no plano físico. Quando observamos a relação específica de cada elemental com um setor do ciclo da vida energético, entendemos que, a exemplo das forças da natureza, toda entidade espiritual (energia consciente das forças elementais) afina-se com determinada linha doutrinária de trabalho, apesar de sua sabedoria generalizada.

Existem seres espirituais oriundos das mais diversas camadas sociais e nacionalidades, que habitavam a terra em períodos distintos; após desencarnarem, eles mantêm comunicação com seres encarnados por meio dos canais mediúnicos para ensinar a importância da relação espiritual entre o homem e determinada vibração. Um espírito encarnado tem um lugar em algum ponto neste universo. Por isso, todos atuam para a transformação não só de forma energética, mas também sutil. O que se procura saber exatamente é qual a sua essência espiritual e onde ela está localizada. Todos estão conectados com essas forças e cada qual tem sua luz. Onde a luz se manifesta é que muda a qualidade. Para que se manifestem no plano físico, na Terra, essas entidades se defrontam com várias camadas muito densas. Por isso, nem todo ser consegue esse tipo de manifestação. A incorporação de uma energia da natureza irradia no sistema do ser, que sofre a influência dessa transformação por meio de uma energia consciente, vinda de um espírito, uma entidade.

Este é um tipo de conexão com um espírito que já teve consciência. Todos têm seus protetores, seus guias, que influenciam o indivíduo, mesmo não incorporando no plano físico. Não é a incorporação que define a qualidade do espírito de alguém. É a relação com a qual se envolve. Existe o desenvolvimento do ser e o desenvolvimento interior. Muitos, no caminho de uma evolução correta e da conexão com essas forças, cometem o erro de, ao incorporar, quererem transformar esse contato em poder.

A mediunidade pode ser um instrumento que dá subsídios à evolução, e a incorporação de uma entidade de luz pode ser transformada em crescimento espiritual. Mas não é preciso incorporar. Quando alguém incorpora conectado com uma entidade, recebe informações. Na incorporação o contato é do mestre para a consciência. Já o contato intuitivo é outra coisa.

A entidade não é somente uma forma mental. Existe um teor mental e a consciência desse teor. O espírito pode ou não ter consciência; se tiver, possui luz.

Duas dimensões se fundem numa relação espiritual. No início, muitos demonstram a essência e a luz espiritual; depois, as entidades espirituais se manifestam e, pouco a pouco, o ser vai mesclando seu eu com a sabedoria e a capacidade de trabalhos dessas entidades. Quando o indivíduo incorpora, recebe uma entidade que carrega a essência de determinado espírito que pode ter tido uma função na terra. A função pode mudar, mas a essência não. Tudo está contido na essência.

A consciência pode existir mesmo com ausência de luz, porque todos têm consciência. Se não há a luz, não se vê nada. A luz que incide sobre ela é que permite a percepção. Sua ausência pode caracterizar um plano de baixa consciência. Existindo algo muito negativo entre a luz e a

34

consciência, ocorrem os maus contatos nas incorporações. Se o indivíduo é negativo e tem medo, ansiedade, angústia, quando a luz incidir na consciência recairá sobre esse negativismo criado por ele mesmo.

Todo ser tem consciência, mas nem sempre possui luz sobre ela; então, o que o ser busca nesses contatos com uma entidade é a luz, pois cada indivíduo já tem a sua própria consciência.

Na materialização há uma dissociação da luz e da consciência e pode ocorrer a cristalização próxima à luz ou abaixo dela. A cristalização de um ser não existe em função do que ele faz. A qualidade da essência é que importa. A constituição do ser é a essência em que ele se integra com todas as forças, sofrendo os efeitos disso. A função da consciência do ser durante uma incorporação, no início, dá-se como uma forma de interligação com forças incomuns, que provocam uma insegurança natural em quem está sendo conectado, e que pode vir da semiconsciência ou da inconsciência total. Quando um espírito se manifesta, dá-se a comunhão com o espírito do ser e existem três coisas que se alteram ao mesmo tempo: luz, consciência e energia. A luz é uma só. A diferença está na consciência, que pode ser pura ou não.

Ao descrever minhas experiências por meio de várias manifestações, desde minha infância até os momentos de minha Iniciação no Brasil, deixo claro o contato com várias formas de consciência. É bom saber que existem muitas vidas dentro de cada ser.

EM DEFESA DA MINHA FERA

Ali havia somente a presença de uma percepção aguçadíssima, de uma curiosi-dade além da resistência, de uma coragem múltipla de adaptar-se a qualquer tipo de situação, e de uma determinação até então desconhecida e ilimitada de mim mesma.

Esses fatos aconteceram em meados dos anos 60. Minhas reporta-gens terminariam em Fort-de-France, Martinica, no aeroporto Lamertan. Eu tinha a certeza da missão cumprida nessa pequena, misteriosa e fan-tástica ilha, que parecia caber na palma da minha mão. Descanso mereci-do, após trinta dias no Haiti, tendo escapado de uma zumbificação. Apesar de tudo, perdurava uma estranha sensação de ainda não ser tempo de voltar. Idêntica intuição havia tido no Musée Volcanologique de Saint-Pierre.

Os objetos ali expostos, fascinantes, lembravam toda a tragédia da montanha Pelée, em 1902, quando milhares de pessoas morreram, víti-mas dos gases do vulcão. E os olhos profundos cor-de-jade daquela peça me seguiam de um lado para outro, acompanhando meus movimentos no interior daquela sala.

Foi tão marcante a sua presença que ela me acompanhou no vôo sobre as ilhas, nos passeios de barco, na balsa de Fort-de-France, tal qual uma energia que emitia sua presença a todo instante e que me induzia a perguntar a mim mesma, de quando em quando, por que voltar.

Estava imersa nessa sensação, até que um lamento vindo de uma jovenzinha só ao meu lado me distraiu. Minha cabeça viajava por Dia-mant, Pte. Borgnese, Rivière Salée, quando meus olhos se prenderam à imagem daquela menina vestida de maneira engraçada, agarrada a um livrete que escondia um símbolo pendurado em seu pescoço.

Comecei a me preocupar e perguntei a ela seu nome, em inglês e em francês; não obtive nenhuma resposta. Levantei-me, fui à polícia local, identifiquei-me como jornalista e perguntei se ela estava só, onde estavam os seus familiares. Pediram meu passaporte e apontaram-me um homem alto de cabelos grisalhos e longos, presos à nuca por uma tira colorida. Ele se vestia como um indígena, gente não muito comum naquele local. Talvez fosse o pai dela, pensei.

Depois de um bom tempo aguardando no balcão, decidi-me sentar a seu lado. Ofereci-lhe uma barra de chocolate. A menina aceitou e, antes mesmo de comer, deu-me a entender que iria ao toalete, entregando-me o livrete. Por um momento, aquela curiosidade que sempre atribuíra à vocação de jornalista prevaleceu e tive tempo suficiente — ou a intuição necessária — para descobrir seu segredo. Naquele instante, a única certeza que eu tinha era a de estar terrivelmente assustada.

Ao abrir o livrete constatei tratar-se de uma carta-autorização dirigida a um homem chamado Pueblo, da cidade de Santa Fé, no Novo México: "Leve minha filha a Pueblo. Entregue-a a ele. Ele te espera para encontrar seus ancestrais. Não é tempo de voltar".

Minha cabeça virou um turbilhão; pelo conteúdo — e pela inquietação que havia sentido minutos antes —, aquela carta-autorização era a mim dirigida. Ainda meio atordoada, olhei ao redor várias vezes para ver se alguém me esclarecia sobre o que estava acontecendo. Mas meus olhos cruzavam-se apenas com os daquele homem de cabelos grisalhos que se fixavam em mim sem expressão, como se olhassem para o nada.

Aguardei a jovem voltar e devolvi seu livrete. Ao fitá-la de perto, percebi que seus olhos pareciam atravessar minha mente. Mais do que depressa pensei: vou reclamar meu passaporte de volta, pois o problema dela diz respeito aos policiais locais. Foi o que imediatamente fiz e me assustei mais ainda quando me comunicaram que deveria entregar a jovem a um Pueblo, em Santa Fé. Fiquei um tanto confusa, pois sabia que ali existiam inúmeros pueblos, pequenos povoados habitados por índios da tribo navajo. Disseram-me, ainda, que a Air France se encarregaria das transações necessárias, o que, aliás, já estava sendo providenciado. Insisti em telefonar para o Brasil, pois precisava comunicar o fato ao jornal *Diário de São Paulo* para o qual eu trabalhava, uma vez que estava ali para realizar várias reportagens sobre aquelas ilhas.

Meu chefe de redação sempre esperava novidades quando anunciavam meus telefonemas. Gordo e calmo, ele possuía uma bondade e um amor únicos na profissão, que realizava de forma idealista — o que não se vê mais nos dias de hoje. Fiz um breve relato da situação e percebi que ele estava satisfeito com a série "zumbificação", que eu enviara do Haiti. Senti algum alívio para lhe falar da nova situação, pois reforçara, com o

37

relato, a máxima de que eu era uma "jornalista-aventureira" que sempre encontrava surpresas pela frente. Lembro-me de ele ter dito: "Oh, furacão, veja se não vai provocar um daqueles tufões quando estiver por lá". Ele me chamava assim devido à quantidade de tarefas que, na época, eu acumulava no jornal. Na verdade, o grande furacão estava acontecendo comigo, ali mesmo. Eu só poderia estar sendo um grande ponto de convergência, captando os acontecimentos da ilha.

Naquela oportunidade, ele chegou a me pedir material sobre a região e as tribos que, possivelmente, estivessem sob a direção do governo local, transportando peças de escavações por meio de estudantes — o que era comum na época, em toda a Europa. Pela necessidade em dar continuidade a suas pesquisas, os estudantes passavam parte do dia fazendo investigações sobre as peças encontradas nos museus, que acabavam sendo vendidas para colecionadores ou para atravessadores, repassando-as aos interessados pelo triplo do valor.

Minha cabeça rodava e eu já não sabia se estava sob o impacto dos acontecimentos inesperados, sob a influência dos rituais que dominavam o Haiti e a Martinica, por mim presenciados, ou mesmo pelos olhos verde-jade, na ilha também verde, como disse um poeta: "engastada no meio do mar, filha de um tufão".

Das Antilhas para Santa Fé, com uma jovem totalmente desconhecida ao meu lado, que segurava o livrete com os olhos voltados para baixo, eu não poderia sentir-me propriamente como Colombo nos idos de 1492, ao descobrir Martinica, pois a partir de então muita coisa mudara. O povo, a forma de vida, os costumes. Apenas o mar das Caraíbas continuava turquesa e lindo, embora o seu interior contivesse a energia de um passado marcado pelos rostos dos que encontrei, com quem falei, vivi e deixei saudades.

Saudades de muitas passagens, andanças de jegue e tap-tap — um coletivo típico pintado em cores vivas, lotado de gente, animais e carga, criando uma confusão que dava gosto. Quem quiser conhecer aldeias de inspiração africana, com toques indígenas, casas de pau-a-pique cobertas de folhas de palmeira deve caminhar muito. Rodeadas por cercas de cactos, mangueiras e bananeiras, são animadas pelo som do merengue, que se dança no salão e em pátios de terra batida, com toda a influência africana deixada como herança.

Aquela menina ao meu lado me fez reviver todos esses momentos, trazendo de volta o passado dos índios exterminados no século 16, que deixaram na terra desenhos rupestres, ossos decompostos em algumas grutas, machados polidos, fragmentos de cerâmica decorados com desenhos estranhos, que os camponeses chamam de "olhos-da-terra", além da cultura do milho, da mandioca e da batata.

Depois de um rápido lanche no avião, antes da escala prevista, vi um folheto que narrava passagens da vida do rei Quetzalcóatl, que decidiu deixar de viver por causa da traição de Tezcatlipoca, que tanto amava. Nas margens das águas celestes, ele chora, enfeita-se com ornamentos de penas, põe sua máscara verde, imola-se nas chamas e, ao ascender ao céu, transforma-se na Estrela-da-manhã. Lenda que pretende mostrar a história cósmica da alma humana que, não tendo corpo, adquire uma forma representada pela máscara. Unindo-se a máscara à dança — indispensável —, vivenciam-se experiências dos primitivos índios maias.

Ocorreu-me que eu poderia estar servindo de bode expiatório, o que não era muito agradável. Uma idéia de transferência de culpas e sofrimentos para algum outro ser que, por isso, será sempre considerado selvagem. Um princípio primitivo de transferência que existe até hoje não só sobre animais, mas também sobre pessoas. E o bode expiatório é, em alguns segmentos, considerado um homem divino. Não sendo divina nem pretendendo ser, minha proposta de vida ficava um pouco distante da função à qual estaria me submetendo.

Penso que estava falando comigo mesma, como se quisesse ignorar o que se passava entre mim e aquela jovem. Não era a primeira vez que eu entrava no México, e eu tinha conhecimento da representação sagrada do espaço antes da conquista espanhola. Mas o olhar da menina era bem mais forte quando a vi agarrada ao seu patuá. Sem abrir a boca ou emitir qualquer som, ela transmitiu-me mentalmente a dramática conquista e derrota de seu povo, índios espalhados por todo o mundo e parte dele fixado em Santa Fé, no Novo México. Ela me disse:

— As danças e as máscaras têm grande representação para todos nós e você poderá senti-las ao participar do encontro. Iniciamos sempre com a representação das dramáticas e trágicas conquistas, a luta entre índios e conquistadores; depois, entre aqueles que se somaram à luta do bem contra o mal. Nos "sete pecados", as máscaras dançam mostrando ao homem que ele pode cair em tentação. Existem também as "pastoris", que não são nossas, foram introduzidas pelo clero missionário. Por fim, vieram as máscaras, com desenhos de animais, já que cada um de nós tem um animal com quem compartilhamos nossos destinos.

Ainda sem abrir a boca, sorrindo, ela passou-me a realidade que escondia de Huehueteótl (cultuado como o deus do fogo), de Tlalóc (deus da chuva), de Tamohanchán (céu), os ensinamentos sobre a lua, o sol, a terra, Deus e o diabo, contidos em uma só força não-manifestada.

Fixei-me em seu patuá para ver se não imaginava coisas e observei que se tratava do calendário asteca com o deus-sol segurando corações humanos. Ela tirou de dentro dele um pequeno papel, com uma escrita diferente e totalmente desconhecida para mim, que só fui entender bem depois, em uma visita ao Instituto Nacional de Antropologia do México: falava de um rei que surgira e determinara as leis aos escravos, que tudo aceitavam, sob domínio de sangue e poder. Até vir a rebelião que culminou com a troca da liberdade deles por sua filha única, para que se tornasse mulher do chefe dos astecas. Para eles, pouco importava a criatura ser filha de um rei. Tiraram sua pele de princesa para servir de adorno ao sumo sacerdote, e seu corpo foi devolvido ao rei como resposta às suas maldades. Após luta sangrenta, o rei também foi sacrificado e os astecas acabaram dividindo-se em dois reinos rivais: Tlatelolco e Tenochtitlán. Este venceu o primeiro, e Maxtla tornou-se, então, o primeiro rei dos astecas.

Enfim, chegamos, e eu me identifiquei como portadora de missão ao chefe Pueblo. Não demorou muito, veio um índio 'navajo, de que já ouvira falar, conhecendo um pouco de sua vida por reportagens. Para aumentar a confusão, ele próprio era chamado de Pueblo, misturando em minha cabeça a tribo, a localidade e o nome em si. Ele apenas me olhou, mais uma surpresa: vi em seu dedo um anel idêntico ao objeto do Museu de Saint-Pierre, com a pedra de jade cobrindo uma espécie de jacaré. Ele percebeu e eu esperei a resposta. Ao mesmo tempo, ouvi o burburinho de turistas brasileiros comentando as aulas sobre o México, a expansão e o declínio do Império asteca. Enquanto isso, refletia sobre o mundo do qual agora fazia parte, onde tudo, ou quase tudo, era fruto de sacrifícios, sofrimento, derrotas e escravidão; concluí que não seria possível as coisas acontecerem de outra forma.

O navajo me recebeu dentro de uma sala onde tive uma surpresa ao perceber a ausência da jovenzinha. Comecei a falar compulsivamente, como uma matraca, e ele, sem qualquer expressão no rosto, me olhava sem piscar. Sentia-me totalmente perdida, pois só a menina justificava minha presença naquele lugar. Corri os olhos ao redor e, talvez por nervosismo, abri a bolsa. Fiquei atônita ao perceber que dentro dela estava a medalha do deus-sol, aquela que pertencia à jovem.

Mas o que fazia aquele amuleto em minha bolsa se não o vi ser colocado ali?

Pensar em voz alta é coisa que acontece com qualquer pessoa, mas pensar em voz alta e só eu mesma ouvir cheira a desequilíbrio. Tentei justificar o fato de não saber como a medalha foi parar em minha bolsa, até que entrou na sala o mesmo homem de cabelos branco-acinzentados que havia visto no aeroporto. Pois, se estava ali, por que não acompanhara a jovem?

Na verdade, não sabia mais raciocinar ou o que perguntar. Lembrome de ter seguido o índio navajo por um caminho e, por sinal, não me lembro de ter andado tanto em minha vida. Ele entrou em um microônibus e eu fui atrás dele. Ele desceu distante, e eu também desci. Entramos na mata fechada, passando por povoações sobre as quais nunca ouvira nada a respeito, templos cobertos por vegetações, caveiras humanas por toda a parte. Sentia um cansaço brutal. Eu estava de botas e não sabia se as arrancava e jogava na cabeça daquele homenzarrão, ou se voltava. Mas voltar para onde? Eu não tinha a mínima idéia de onde estava. Parei. Tirei as botas e o que pude da bagagem, e larguei ali mesmo. Ele, de longe, me observava.

Com péssimo humor, olhando para lugar nenhum, quando me voltei, não havia mais ninguém ali: nem o índio velho, nem o navajo, ninguém. Fiquei parada, pensando, sem ter a mínima noção de tempo. De repente, ele voltou e tirou de dentro de um saquinho pendurado no ombro esquerdo vários vidrinhos com pós coloridos.

Jogava um pouco do conteúdo de cada um daqueles vidrinhos em uma das mãos e, ao levantá-la, fazia com que a mistura escapasse pelos vãos dos dedos, caindo na terra. Cada uma das cores, ao cair, formava parte de um traçado, sem se misturar entre si, criando desenhos de animais, de pássaros e de pessoas. Eu não podia acreditar no que estava vendo. Cada coisa ocupando seu lugar sem que ninguém as houvesse separado ou lhes conferido aquelas formas. Até que ele se virou em minha direção e, com olhar profundo, falou: "Você está sendo esperada em Gallinas". O que quer que fosse, eu não tinha mais dúvidas. Ele me deu pão e uma bebida tradicional entre eles, o que foi suficiente para que eu dormisse ali mesmo, em cima da bagagem.

Despertei com o dia já claro, o amuleto pendurado no pescoço, bem protegida por uma barraca, e coberta por uma manta de lã grossa, que tenho até hoje entre os meus guardados. Fazia frio, muito frio. Ao sair da barraca, lá estava ela, a jovenzinha, que sorria estendendo-me a mão com o chocolate que eu lhe oferecera no aeroporto. Desandei a chorar e parecia que não pararia nunca mais. Não sei se pela situação indefinida, pela fragilidade perante o desconhecido ou pela impotência de tomar alguma atitude. Tentei devolver-lhe o amuleto, mas ela não permitiu, pressionando-o sobre meu peito, dando a entender que era meu.

Só então notei que ela não era tão jovem, embora tivesse traços de adolescente. Imóvel ao meu lado, cabeça baixa, ela esperou a crise passar. Agora era eu quem me perguntava onde estava aquele furacão capaz de enfrentar qualquer jornada nas estrelas...

A jovem pegou uma bolsinha branca, com bordados coloridos, os mesmos que ornamentavam sua saia e blusa; entendi que devíamos abri-la. Ao fazer isso, descobri muitas folhas e flores secas, que exalaram um excelente aroma. Apesar de nada compreender, percebi que a emoção havia passado e dado lugar a uma disposição imediata de seguir em frente. Foi o que fizemos por quarenta minutos ou mais, quando alcançamos umas ruínas de pedras com os mais diversos formatos, verdadeiras torres silenciosas. Só então me dei conta de que havíamos caminhado sozinhas, sem a presença do índio Pueblo.

No verão, o curso d'água deve tornar-se uma torrente, ali, devido ao degelo das montanhas, que passavam a ser intransponíveis. Era outono e havia a possibilidade de um número maior de pessoas participar dos rituais de invocação praticados pelos nativos navajos — os tradicionais rituais ligados a ancestrais — por meio dos herdeiros sobreviventes das tribos. É algo decidido pelos anciãos das comunidades que, segundo a tradição dos pueblos, colocam mensageiros pelo mundo afora para trazerem as pessoas para ali sem saber como nem por quê, conforme aconteceu comigo.

Eu não havia notado nenhuma abertura para entrar naquelas misteriosas construções, mas caminhei com firmeza sobre entulhos, pedras, ossadas, seguindo sempre a jovem, até avistar, de longe, o índio Pueblo em cima de uma enorme pedra, como se fizesse parte dela. Pensei, naquele momento, o que estaria sentindo com minhas enormes botas apertadas, substituídas a tempo por um sapato típico dos índios que a jovem me cedera. Senti-me ridícula.

Um vão se abriu em uma das rochas e a jovenzinha me convidou a entrar, junto com algumas pessoas que fomos encontrando pelo caminho, embora fosse muito difícil enxergar alguma coisa, pois a escuridão era total. Difícil, também, era saber que tipo de comportamento eu deveria adotar. Continuei caminhando no escuro, pois, com certeza, chegaria a algum lugar. Por sorte, uma luz fraca iluminou o ambiente, e percebi tratar-se de uma espécie de arena, ao redor da qual as pessoas que entraram comigo foram sentando-se em silêncio. Eu não fazia a mínima idéia de onde elas teriam vindo, pois ao longo do caminho não havia visto ninguém, e me deparei com aquelas criaturas somente na entrada da grande rocha.

Lentamente, meus olhos se acostumaram àquela luz e pude observar o local, cercado de paredes decoradas por pinturas e desenhos que teriam sido feitos em épocas remotas e possuíam um colorido que eu jamais vira. Seres, metade animais, metade humanos, sendo atacados por deuses que devoravam seus corações. Embora eu não soubesse descrever muito bem o desenvolvimento das seqüências, era como se aqueles seres criassem asas.

Os tons eram turquesa e verdes, assemelhando-se aos das pedras preciosas, como se elas estivessem ali incrustadas. Em outra parte, pinturas de homens-pássaros, com predominância da cor vermelha. Alguns traços verde-amarelados como filetes de ouro. Atrás, onde eu me sentara, desenhos de mulheres sendo entregues a animais, nos quais o tom ocre se tornava mais forte, representando o sangue que escorria. Eu estava admirando a arte que havia naqueles desenhos quando fomos avisados que era proibido fotografar os rituais. Mas que rituais?

Confesso nunca ter visto um salão tão grande, pois mais parecia um grande palácio do que propriamente uma caverna. O piso era trabalhado em cerâmica vitrificada e havia desenhos espalhados por todos os cantos. Como a arte chegara até ali, até aquele local, ou como sobrevivera, era impossível imaginar, uma vez que o povoamento da América remontava havia milhares de anos. Se vieram da Ásia ou atravessaram o Estreito de Behring, tratava-se de outra questão. Os povos nativos desenvolveram-se longe do contato e da influência dos europeus, quase que isolados. E, comparadas aos maias, aos astecas ou aos incas, as tribos norte-americanas eram muito pobres. Mas, pensava eu, o que os navajos tinham que ver com aquela região e com Gallinas? Não saberia responder.

Muito tempo havia se passado, todos ali admirando o que viam, quando surgiu um velho índio, que só então percebi ser enorme. Ele disse ser um pueblo. Tentei abrir a bolsa para anotar suas explicações, mas não encontrei absolutamente nada, parecia vazia, e eu tentei entender por que as coisas sumiam e voltavam como que por encanto. Percebi então que, embora estivéssemos estabelecendo nosso primeiro contato, eu ainda adotava a postura da jornalista que não pode perder um só lance da notícia. Ficou claro para mim, naquela oportunidade, que ou eu me entregava ao processo pelo qual estava passando ou corria paralelamente, vendo a coisa pelo lado de fora.

O chamado "selvagem", quando entra em algum lugar estranho, se prepara de todas as formas para não perder a magia ao usar a sua força. Uma das cerimônias é o *urura-whenua*. E, se uma pessoa nunca esteve ali nem atravessou um lago ou uma montanha da região, é preciso submeter-se a uma limpeza, para que seus bichos ou demônios entrem em paz naquele local e venham compor com os dali, passando efetivamente a "ser" ou a "entrar" de fato "na terra". O significado é esse mesmo: tornar-se "da terra". Se eu não tinha o que oferecer ao espírito da terra, até então estranha para mim, é óbvio que eu seria a oferenda. Por dentro, sei lá para quem, pedi licença para entrar no que viria pela frente e soltei as amarras.

Éramos quinze ao todo e Pueblo convidou-nos a entrar numa área da caverna que, conforme caminhávamos, esquentava até tornar-se quase insuportável. Um cheiro nauseante de incenso tomou conta do ambiente e uma índia bem velha, com o rosto marcado pelas rugas do tempo, pedia por meio de gestos que cada um de nós girasse pela esquerda diante do seu incensário — um pequeno pote de cerâmica. Era um ritual para afastar a mosca-negra que atacava os não-aceitos pelos espíritos dos antepassados.

Pediu que nos sentássemos em qualquer canto daquele espaço. Escolhi um lugar bem próximo ao índio que observava imóvel cada gesto nosso diante das pinturas, chegando a dar a impressão de ser uma estátua. Nem bem me havia instalado, um dos presentes, uma mulher alta e loira, bem encorpada, começou a se contorcer, como que em transe. Só faltava essa! Meu primeiro impulso foi segurar a proteção dada pela indiazinha

43

— onde estava ela? —, apertando-a ao encontro do meu pescoço a ponto de sentir o amuleto me sufocando.

Senti uma forte pressão no peito e quando percebi não era mais eu. Um enorme bicho com chifres de búfalo entrara pela minha cabeça ou pelos meus pés, não sei. O que sei é que meu corpo não era meu, minhas mãos, meus braços e minhas pernas eram patas, assim como meus pés. Eu emitia sons terríveis, embora permanecesse calada. O corpo estava coberto de pêlos que brotavam aqui e ali naturalmente. Percebia que um fenômeno muito louco acontecia! Queria calar, sair daquele lugar ou de dentro daquilo. Ou tirar aquilo de cima de mim, mas era tudo uma só coisa. Eu blasfemava, vociferava, brigava comigo mesma. Eu deflagara uma guerra contra mim. Eu era uma fera, com agressividade incontrolável. Já não sabia se ela queria me dominar ou se era eu quem estava procurando destruí-la. Saltava e pulava em direção ao nada.

Fiquei ou me senti assim até que um nativo se aproximou com uma enorme faca nas mãos. Ele veio em minha — ou em nossa — direção. Já não sabia de nada. Procurava dizer para mim mesma que eu estava louca, que nunca saíra do aeroporto, que precisava acordar, mas, ao mesmo tempo, quanto mais o nativo se aproximava, mais eu procurava proteger minha fera e a mim mesma daquele nativo.

Comecei a raspar as patas no chão e a bufar. Não sei se a reação de me abraçar e abraçar a fera foi tão forte a ponto de afastar o homem dali. Depois da incansável defesa — da fera ou de mim mesma —, silenciamos as duas e nos tornamos uma única coisa. Uma relação estranha de proteção tomou conta do meu corpo e eu ouvia a voz do animal falando através de minha voz, seus movimentos se transformarem nos meus, numa espécie de dança.

Tornei-me esse ser durante três dias, como vim a saber depois, quando fui acordada por um berro ensurdecedor dado pelo meu próprio animal. Após despertar, tive tempo apenas de vê-lo afundar-se sob meus próprios pés e desaparecer como que por encanto. Tentei agarrá-lo com as mãos, mas a terra fechou-se sobre ele. Um misto de proteção e de saudades apoderou-se de meu espírito. Talvez fosse medo, pois eu tinha certeza de que uma fera havia saído de dentro de mim.

Comecei, intuitivamente, a entender o processo. Deveria aprender com as pinturas primitivas, e não apenas com as artes antigas, mas também com o homem e com a mulher ali transformados, cravados nas paredes, em uma eterna aliança com o espírito protetor, como parte integrante de sua alma. Aquelas pinturas podiam ter sido feitas por meio de uma iluminação espiritual sobre uma real iniciação, e isso nenhuma história poderá contar. Igualmente, minhas mensagens e meu animal ficaram ali cravados como símbolos que passaram a fazer parte da minha história. Eu também deveria "aprender com os animais, com as estrelas, com o sol e com a lua".

O DESPERTAR DA MULHER-BÚFALO

Só queria dizer-lhe que embora você não sinta minhas mãos fazendo gestos na tentativa de um aceno, nem sinta o impulso de meus pés na tentativa de caminhar, há dentro de mim uma legião de pássaros querendo voar seu infinito vôo nas brumas das manhãs, que são chegadas de todos os portos e que trazem em si as palavras de todas as infâncias... Eu queria dizer-lhe isto neste começo de novos dias...

Eu passara por uma total mudança interior. Lentamente, me dei conta de que estava só, de que já não havia participantes, pois não se encontravam mais ali aqueles que estiveram comigo no início. Só percebi a presença de uma velha índia convidando-me a sair, entregando-me uma túnica branca e longa. Entendi que deveria vesti-la. Senti o mesmo perfume presente naquele saquinho misterioso oferecido pela indiazinha na floresta, no momento em que eu ficara profundamente emocionada.

Subimos uma rampa e entramos em um ambiente refrescante para, em seguida, entrarmos num vão com um lago raso, cheio de estalactites dependuradas que formavam esculturas deixadas pelo tempo, e estalagmites no chão que pareciam tentar encontrar sua outra metade. A velha índia pediu-me que ficasse debaixo de um espaço gotejante, sentindo um fio de água correr pela minha cabeça e misturar-se às minhas lágrimas, em meio a um som repetitivo como um mantra que, pouco a pouco, foi tomando conta de tudo, como se aquilo fosse um inefável banho de purificação.

Eu já ouvira falar que quando algum membro da tribo fica um longo tempo fora de seus costumes e tradições, ao voltar, antes de ser submetido ao conselho-chefe, deve passar por várias cerimônias purificadoras, sempre sob o comando de um xamã que decidirá de que forma procederão os rituais. Muitas vezes, após um banho ritual, a criatura deve ser seca com fubá. Assim, segundo a tradição, as influências estranhas e negativas poderiam ser removidas. Só depois de tudo isso poderá aproximar-se de sua família, receber as boas-vindas e voltar para casa.

Mais uma vez Pueblo se aproximou, com o mesmo silêncio, e me levou, com o corpo molhado, a uma grande sala, enorme espaço com muitos altares onde estavam algumas das pessoas com quem eu havia me encontrado no início dos trabalhos ritualísticos. Ele explicou-me que todos haviam passado por um processo de despertar, unindo-se à sua própria força animal e que, a partir de então, após o banho de purificação, teriam início as invocações. Todos estavam tendo a oportunidade daquele encontro, não por decisão de cada um que ali se encontrava, mas por iniciativa deles, os índios.

Sentei-me em uma das pedras — havia sido determinada uma para cada participante — e vi a indiazinha vestida da mesma forma que antes, passando e oferecendo uma bebida ao grupo, numa pequena cabaça, pedindo que bebessem aos poucos.

Como mal saíra da experiência de zumbificação, decidi que não iria ingerir nenhuma bebida e procurei dar um jeito para que não notassem. Segurei com as duas mãos a pequena tigela feita de casca de coco, levei-a à boca e cerrei os lábios. Saindo da pedra, sentei-me no chão e joguei o conteúdo na própria pedra. O pouco que derramei na túnica branca deixou-a totalmente esverdeada.

Esta era uma opção que eu havia feito desde o início da carreira: nunca precisar ingerir algo para qualquer fim. O que tivesse de acontecer deveria ocorrer em plena lucidez, sem ajuda de lenitivos. O que ocorreu, aquela espécie de transe, deve ter sido provocado pelo incenso, pelo clima ou por forças que poderiam estar "no ar" e que retiraram de mim a possibilidade de escolha. Isso era diferente. No entanto, o fato de ter cerrado os lábios ao colocar a cabaça na boca em nada impediu que se estabelecesse em mim um novo estado. Eu estava completamente longe, mas possuía condições de observar uma mulher bem gorda, começando a ter espasmos e a rolar pelo chão, gritando histericamente. Foi a última visão que tive antes de iniciar a alucinante viagem.

O olhar foi ficando distante, pois algo entrara em mim pela nuca. Avistava de longe minha fisionomia muito velha, e era eu mesma, um velho índio, cabelos brancos, corpo curvado, nariz enorme, pele toda enrugada, falando através da minha boca num linguajar desconhecido, movendo-me de um lado para outro até entrar num círculo mágico e começar a dançar.

Por um momento, esse velho índio parou diante dos outros nativos e, de frente para Pueblo, fez riscos em cima de uma tábua desenhando alguns símbolos; imediatamente, acenderam-se as velas, recebendo este velho índio o axirê, uma espécie de chocalho com a finalidade de convocar os espíritos ancestrais, que levantava em uma das mãos, sacudindo-o vigorosamente em todas as direções. Juntaram-se a ele os nativos e todos dançavam em volta do círculo, no sentido anti-horário; um ou outro que estava sentado ali rolava pelo chão. E eu observava tudo aquilo sem manter o autocontrole, mesmo sem ter ingerido qualquer líquido.

Durante algum tempo dancei e emiti sons em uma linguagem desconhecida que, como vim saber dez anos depois, era o *papanokue — ijudice*, como chamam a língua dos espíritos, uma mistura da língua do espírito quando era vivo com a do ser que ele incorpora.

O velho índio foi até um canto e ali falou muitas coisas para o velho Pueblo. Entendi muito bem, por meio de minha consciência, tratar-se de um ancestral que me acompanharia, como vinha fazendo desde meu nascimento, e que se manifestaria em outra oportunidade, quando "ela" (eu, imaginei) abrisse o canal para a manifestação e ele desse seqüência à sua missão na terra. Um caminho de Iniciação, pensei, cujo elo de ligação fora feito ali no local.

Naquele mesmo dia, como vim a saber muitos anos mais tarde, ele entrara em uma comunidade no Brasil, o Templo Guaracy, quando um grupo de pessoas recebia suas obrigações espirituais e a porta do roncó (claustro sagrado de Iniciação) onde se encontravam abriu-se; assim que um dos iaôs (iniciantes) dirigiu-se para fechá-la, a entidade mentora da casa pediu que não o fizesse, porque acabara de chegar Papai Velho — um velho índio navajo — contando a todos sua história, ou seja, que uma médium estava sendo preparada. Portanto, dez anos antes de minha Iniciação no Brasil, tudo estava organizado pelo mundo espiritual ou subjetivo. Nada de alucinações, porque elas não levam a nada. Tratava-se, enfim, de um reencontro que ainda iria demorar muito tempo para acontecer e este fato eu só viria a saber muito mais tarde, e me foi contado pelos médiuns dessa comunidade que ainda se encontram na ativa.

O velho índio dançou a noite inteira, utilizando-se de meu corpo, sobre o qual, mesmo consciente, eu não tinha nenhum domínio; eu não conseguia controlar as minhas atitudes ou os meus gestos, e a cada volta procedia ao cerimonial da cura. De onde surgiram tantos nativos, eu não tinha a menor idéia, mas eles se aproximavam de mim, incorporada pelo velho índio, às vezes com crianças chorando no colo, rogando a ele por parentes doentes; e lhe entregavam amuletos, ora pedras preciosas ora bonecos representando o próprio doente, ou imagens desconhecidas, que ele manuseava com um pó contido dentro de uma cumbuca de cerâmica e como um velho feiticeiro ou curandeiro procedia aos trabalhos.

Em outro canto, outros nativos entoavam o Canto da Caça, levantavam suas armas, e ajoelhavam-se agradecendo a fartura que esperavam conseguir. A cada momento, essa figura que tomava conta de minha matéria pulverizava o chão com arenito, o que ocasionava a formação de imagens dos que estavam ali trabalhando. O arenito corria de suas mãos e, ao cair, já adquiria forma de bonecos, cruzes, ou seja, transformava-se em símbolos.

Pueblo era o representante de sua tribo em muitos outros locais. Da mesma forma que o encontrei em Fort-de-France, outros vieram, por seu intermédio, de outras partes do mundo. Ele está em muitos lugares, e quando deseja trabalha ligado aos navajos, procurando harmonizar a natureza com a sociedade e com o mundo sobrenatural. E, assim como ele, penso que os animais não devem ser considerados espíritos do mal ou fruto do inconsciente do ser humano; e muito menos o estado transcendental de uma consciência, uma vez que existe, em cada ser, uma essência original.

Acredito também que não seja mais necessário percorrer os mistérios que envolvem os seres femininos ou masculinos. Trabalhando com a alma reviramos baús de histórias antigas, com as quais é possível entrar em contato com o outro lado, ou seja, com o espírito que rodeia o ser em escalas infinitas. Mas é preciso que cada um saia do "mundinho" em que se encerra, pois, caso contrário, permaneceremos na dimensão da objetividade, na qual tudo o que a transcende é considerado absurdo.

Aprendi com os navajos que nunca deveria perder o que já é parte de mim mesma, o que em mim se encontrava cravado, o que estou vivendo agora e o que estou plantando para o amanhã vindouro. Ou eu sigo os meus passos ou ficarei, para sempre, enfeitando a cama com bonequinhas multicoloridas e bichos de pelúcia. Ao voltar do primeiro encontro com o velho xamã, eu guardava comigo a certeza de não mais estar sozinha. Fazia parte de meu ser o espírito dele encravado em mim.

Ele era a águia dos ventos em minhas asas, o esqueleto do búfalo em meus ossos, e a dança das tempestades, pois foi ele quem abriu minha clarividência, me deu um ritmo interior, me fez sair da sombra e conduziu minha alma por novos caminhos. Um animal que é parte de meus ossos, das minhas entranhas, da minha *dijina* — nome de batismo iniciático — que faz de minha essência uma fonte onde bebo minha própria saúde. Minha gruta secreta de desejos e sentimentos ocultos, naturais e selvagens, que dão força aos meus pensamentos e a mim, a certeza de continuar crescendo e pesquisando sem me sentir amordaçada, assustada ou reprimida. O deus entre meus deuses, que não permite que os meus próprios instintos percam o desejo de aventurar-se em novas viagens e a ansiedade necessária para experimentar o novo sem medo. O deus que me faz sentir uma autêntica selvagem, vendo o mundo com todos os olhos que são meus, que só conquistei depois de muito ter batalhado para possuí-los.

Depois de ter ficado aproximadamente três dias andando de Albuquerque até Santa Fé, é que pude comunicar-me com o jornal *Diário de São Paulo* e os encontrei preocupadíssimos, pensando que eu havia sido raptada, pois já se haviam passado 25 dias sem que tivessem notícias minhas. Tentei narrar-lhes o que havia acontecido, mas não levaram em conta, apenas pediram que, pelo menos, eu levasse algo interessante sobre os costumes do povo local — desde que eu não inventasse "essas maluquices" nem ficasse expondo-me "a esse tipo de coisas".

Os veículos de comunicação, tanto naquela ocasião como hoje, se preocupam mais com os assuntos do exterior que interessem ao grande público. Embora naquela época alguns fenômenos como esse que eu havia testemunhado recebessem uma cobertura precária da grande imprensa, tenho consciência de que deveriam ser divulgados para que, conhecendo-se o que acontecia lá fora, o debate pudesse ser ampliado no Brasil. Ao mesmo tempo, esse tipo de cobertura poderia servir internamente como instrumento para o aperfeiçoamento profissional.

Tentar fazer um bom jornalismo, e ao mesmo tempo ser uma profissional de confiança da direção, apresentava alguns aspectos complicados: eu era considerada uma protegida e, por este motivo, era vítima da falta de coleguismo. A situação, por certo, se complicaria ainda mais quando eu relatasse tudo o que havia acontecido nos 25 dias que estive ausente da redação.

Esses eram apenas alguns dos problemas internos, mas havia outros. A falta de liberdade de expressão, as posições divergentes das chefias entre si, e entre os proprietários dos jornais. Havia também a necessidade de conquistar autonomia para fazer um bom trabalho. E, se eu estava do outro lado do mundo, era porque a maioria dos profissionais daquela redação estava presa às suas origens, ao receio de aventurar-se, ao medo de iniciar uma viagem, à falta de ânimo e de criatividade, clamando pela presença dos superprotetores, pois muitos deles eram incapazes de gerir suas próprias vidas.

Decidi, pois, ir atrás da "notícia", uma vez que tudo aquilo que eu vivenciara pareceu desinteressante a meus colegas, sentados comodamente em suas mesas, pendurados aos telefones em busca de furos sensacionalistas ligados a assuntos "sérios" como política ou economia. A sabedoria ancestral de um velho pueblo e a vivência emocionante de uma correspondente não lhes parecia render uma reportagem, no mínimo, interessante. Passei a seguir aquele índio navajo que me levaria a novos caminhos. Mochila nas costas, às vezes montada em mulas, venci inúmeras trilhas de pedra até chegar ao Rio Colorado, com destino ao Navajo Tribal Park.

O ENCONTRO COM A TRADIÇÃO NAVAJO

... Ninguém é tão criança que não possa dar amor, e ninguém é tão velho que não possa trabalhar, pois o trabalho é o fruto do amor que se pode receber e dar... Existe outro jeito de vencer a tristeza: por meio da compreensão e da firmeza. Todos podem amar um ao outro com mais força de viver. Mas ninguém nunca será dono do fundamento e da missão de cada um... Sua vida não é receber, é dividir... O caminho mais bonito e mais difícil é o que se faz ajoelhado, que leva à luz... Sua luta tem sido dura perante tantos juízes. A força de Papai Velho *em sua coroa foi o que levou a sofrer tanto até aqui. Ele era um grande guerreiro. E, quando eu estava com muita dor ao perder a perna cortada pelo inimigo, ele apenas ficava olhando... Dizia que a dor era minha e ele não iria chorar; e dizia também que cada dor era um filho que eu iria ganhar e que eu não chorasse porque um dia ele reverenciaria tudo isso... Ele estava sempre por perto... Por isso, a floresta pode ser negra. Porque também existem muitos perigos na noite. Mas, quando amanhece o dia, como é bom ver o orvalho nas folhas, como é bom ver brotar as gotas que caíram durante a noite. E você, "Pó-de-ouro", é como as gotas de orvalho caindo sobre as pessoas que encontra pelo caminho...*

Muitas vezes era assim que o caboclo Guaracy se comunicava comigo, durante o período de meu desenvolvimento mediúnico em seu templo. Ele me contava histórias sobre Papai Velho e, aos poucos, fui sabendo mais e mais sobre aquela interessante figura. Os pássaros pousavam em seus ombros e deixavam penas num gesto de agradecimento pelos cânticos de proteção e permissão de um vôo seguro que Papai Velho entoava para eles; tinha as águias como suas protetoras, um sinal de alerta sempre presente nas caminhadas em busca de alimentação para o povo de sua aldeia; os peixes vinham brincar com a velhice de suas mãos quando ele se lavava no rio. Essas são algumas características de sua história, que fui aprendendo no tempo.

Partindo de River-Side, passando por Palm Springs, Highway 62, vê-se de tudo no silêncio de morte de um povo que parece desconfiar quando você está se aproximando. Desde Yucca Valley até Twenty Nine Palms, porta de entrada da região dos cactos, do Joshua Tree National Monument, entre os desertos de Mojave e Colorado, habitam esquilos e coelhos que vinham comer nas minhas mãos e os coiotes que, à noite, roubavam restos da comida.

Na Rota 66, rumo a Flagstaff, passando por Tusayan, indicaram-me uma parada num local que suporta o imenso Imasc Theatre para ouvir e ver durante meia hora, em um gigantesco cinema, os segredos do Grand Canyon. Histórias e mais histórias, incluindo as mais fantasiosas, passaram dali em diante a ser aceitas por mim como verdadeiras. Depois de percorrer as trilhas do South Kaibab Trail, a 1.500 metros de altitude das águas do Rio Colorado, armamos as barracas para o merecido repouso. No dia seguinte, finalmente, as mulas. Da ponte suspensa, consegui me transportar às antigas culturas proto-indígenas, origem dos pueblos e dos *hopi* e às reservas indígenas de Hava-Supai, Mooney Fall e Havasu Pall. É preciso calma para fluir tudo isso: o tempo, o espaço, a paisagem silenciosa, as reminiscências e as histórias, senão se explode ali mesmo. Mas foi preciso respirar fundo, pois ainda havia muito chão pela frente.

Na chegada ao Canyon de Chelly, no Four Corners State Point, encontram-se quatro Estados norte-americanos: Colorado, Utah, Arizona e Novo México. Nada se compara aos horizontes que se descortinam aos nossos olhos de San Juan River Navajo Tribal Park, quando, simultaneamente, se ouve o eco das batidas dos cascos dos cavalos em frente ao Monument Valley.

Existe toda uma cidade no interior de rochas escarpadas com terraços e santuários circulares que eles chamam de *Kivas*. Esta deve ser a morada de Xangô e Iansã, meu povo, presumo. Toda rocha do mundo ali se encontra esculpida pelos ventos da rainha. Frente a frente, as gêmeas Mittens e Totem Pole. Volto milhares de anos atrás, às construções dos Anazasi, povo ancestral dos navajos, aos 18 mil desenhos incrustados nas rochas das cavernas Carlsbad no Bosque del Apache, às ruínas de Chaco Canyon, dos chacos e astecas, e às neves que delineiam majestosamente Sierra Blanca. E ao mais incrível dos espetáculos: as artemísias que banham as planícies.

Apesar da disputa entre tribos indígenas, republicanos mexicanos e norte-americanos, os navajos ainda são capazes de dançar em suas feiras tribais, os *pow-row*, ao som de tambores, com vestes coloridas e emplumados cocares, demonstrando a influência dos vários povos gritando, em conjunto, um lamento pela defesa do solo que temem ser ameaçado, um dia, por novos ataques dos descobridores ou catequizadores cristãos.

As diligências foram substituídas pelos *trucks* — coloridas camionetas que transportam tudo, de mudanças a utensílios, artesanatos, mantas e bijuterias, que vendem em frente às casas de adobe, tijolos ocre feitos com lama e palha; ou nas vilas que se sucedem, cercadas de pequenas igrejas: Chimayo, Taos Pueblo, Las Trampas, entre as quais Acoma Pueblo — cidade do céu — ganhou importância, pendurada em um platô de rocha há mais de dois mil metros de altura, ponto de pouso da Igreja San Esteban, com sua primitiva arquitetura.

Desse local pode-se olhar para o outro lado do grande rio, sentir e avistar o país dos sábios e velhos homens das montanhas, que conheci muito de perto, e que se transformaram em mercadores, curandeiros, enganadores, por razões de sobrevivência.

O Canyon de Chelly é o marco desse povo: o misticismo de Chaco Canyon, Mesa Verde e Betatakin. É incrível pensar como misteriosamente essa antiga civilização Anazasi, de fins do século 13, ainda sobrevive nos petroglifos primitivos, na herança cultural que se manifesta pelas representações cabalísticas de cervos, ursos, águias e búfalos.

É também intrigante o fato de os navajos terem se decidido habitar o fundo do Canyon. Esse povo de pele vermelha sabia que novas investidas seriam feitas contra eles, uma delas deportando-os para 600 quilômetros além do seu território, nos limites entre Novo México e Texas, onde aguardaram autorização para poder voltar durante quatro anos, o que conseguiram não mais como donos da terra, mas em situação de reserva.

Hoje, mantendo acesos todos os cassinos de Las Vegas por meio da usina que produz energia a céu aberto, e que se encontra instalada bem no centro dessa reserva, obtiveram dinheiro para manter vivas a cultura, a religião e a língua, embora em posição de perigo-alerta em relação à civilização americana. E o fato de terem sido catequizados não os impede de praticar seus rituais a dois passos da igreja, como é visto às claras em São Pueblo, nas *hogan,* quartos tradicionais navajo em forma octogonal com a entrada sempre voltada para o leste.

Cada um com sua fé, é o que dizem. São cerimônias animistas com direito a transe, incorporação de seus ancestrais — sejam estes pássaros, animais, ou parentes mais distantes. Um pouco mais longe dali, nas fronteiras do Novo México com o Colorado, entre Antonito e Chama, um pequeno trem a vapor, antes destinado ao transporte de minério de ferro, concretiza as chances de se encontrar índios, que parecem surgir oportunamente para entrar em contato com os turistas e vender-lhes algumas pedras e roupas coloridas ou pedir-lhes algo para comer. Ou simplesmente observá-los, fingindo ignorar sua presença, talvez porque estejam em vigília permanente para proteger as terras que lhes restaram.

Considerado um Estado, o de número 51, tem seu próprio governo, sua polícia tribal, leis e escolas que ensinam desde informática até arte navajo, de tiro ao alvo a joalheria. E a polícia tribal, com suas barulhentas sirenes, vive à caça de traficantes de álcool. Esses índios tentam, a todo custo, manter sua cultura viva em seus territórios, venerando o pai-sol e a mãe-terra.

A riqueza de uma família, ali, se mede pela quantidade de ovelhas que possui. Todas as crianças montam a cavalo, com ou sem sela, usufruem do conforto das casas feitas com imensas e redondas toras de madeira, e da dança ao som dos tambores; gozam da proteção dos deuses, que guardam as quatro montanhas sagradas.

Não me surpreendi quando entrei na sala do presidente da nação navajo e deparei-me com um enorme búfalo pendurado na parede. E ele, ao me estender a mão, convidou-me a sentar exatamente na cadeira embaixo de meu animal, meu lado selvagem, e sorrindo falou um nome na língua deles, cujo significado vim a saber depois: "seu povo, sua história, sua terra, seus ventos que brilham pelas narinas".

Descobri que o contato com os ancestrais pode ser feito desta forma. Eles vêm, dizem o que está escrito, o que se passou com seus protetores e qual será sua missão após esse contato. Um templo ou algum local para incorporar esses espíritos faz parte da vida de um ser, desde o dia em que ele decide abrir as portas para executar seus trabalhos, seja homem seja mulher. Ao incorporar esse espírito, traz o seu passado à realidade; de formação indígena ou não, o iniciante continuará seu trabalho. Essas descobertas me deixaram um tanto aturdida.

Ainda sob efeito emocional de tudo o que acontecera, caminhei bom tempo até o microônibus. Com mais pessoas, parti rumo a Santa Fé, de onde cada um tomaria seu próprio destino. Sem muito o que dizer e com os olhos cheios de água, despedi-me de Pueblo doando à índia velha, que me banhara, parte de meus pertences e, desse modo, deixando algo do meu passado e do meu futuro naquele templo.

Aos que conseguirem chegar, ao menos para uma visita ao Wheelwright Museum, onde o mítico impera, há muito o que ver: seres sobrenaturais que caminham em volta de um lago, no qual nascem as plantas sagradas dos sobreviventes da tribo; a celebração da colheita para expulsar os demônios com O Canto da Pequena Estrela; e a louvação às cores e aos animais que a elas correspondem com O Canto do Coiote. Quem for escolhido poderá vivenciar tudo aquilo que a mim foi permitido. Mas é importante ter em conta que as coisas devem acontecer naturalmente; não devemos obrigar-nos a nada, pois os nativos reconhecem de longe os curiosos e, é claro, dificultam seus trabalhos. Fazer muitas perguntas também não é aconselhável. O silêncio é uma virtude que começamos a aprender ao viver ao lado desses sofridos índios que, sem pátria, se mantêm vivos pela força dos ancestrais.

Lembro-me de ter dito à jovenzinha que iria a San Juan Chámula, pelos lados de San Cristóbal de Las Casas e que, depois, iria para onde os ventos me levassem.

53

No avião eu tinha a sensação de estar perdendo alguma coisa e, ao mesmo tempo, a certeza de seguir em frente e de estar realizando um bom trabalho ou, pelo menos, tentando. Foi com esses sentimentos que cheguei em San Juan Chamula, a 12 quilômetros de San Cristóbal de Las Casas, pueblo entre montanhas, erguido a 2.300 metros acima do nível do mar e onde os chamulas não permitem que os brancos se aproximem. Eles demonstram essa recusa em outra língua que não a castelhana.

Ainda hoje, eles vivem como muitas organizações tribais. O Sol é seu deus maior e continuam mesclando ritos pagãos com os das divindades. Obtive autorização para fotografar o povoado e as edificações deixadas pelos maias — as ruínas de Palenque, no Estado de Chiapas, as de Chichén-Itza, a nordeste de Yucatán, as de Oaxaca e San Cristóbal de Las Casas, no centro principal deste Estado, os templos da Cruz Foliada e do Sol, o mercado, sua gente, enfim, o que interessava ao jornal naquela época.

Era noite e um colorido avermelhado anunciava uma tempestade. Sentada no banco do mercado — dizem os nativos que muitos de seus ancestrais foram sacrificados neste local —, eu fazia algumas anotações para as reportagens — o produto que levaria comigo ao voltar. Observava mais um Templo do Sol, em Palenque, região cuja principal idéia cultuada pelo povo é apoiar-se na força do sol e orientar-se por ela se quiser chegar a algum lugar.

Essa crença funciona como uma base, na qual se sustenta a escadaria da pirâmide e faz do Templo de Palenque um local sagrado totalmente diferente dos que vira até então. Diziam ser ele a única pirâmide-tumba encontrada no Novo Mundo. E, quando focalizei a laje de riqueza e beleza únicas, reconheci nela aquele mesmo animal em pedra-jade. Ele veio à minha mente na forma de um jaguar, e isso não podia ser mera coincidência, pois já acontecera três vezes.

Essa imagem se fazia acompanhar, com grande freqüência, por trechos das canções ritualísticas que os navajos haviam cantado em minha presença há tão pouco tempo. Eu não era capaz de entender, em toda sua complexidade, as referências que faziam, mas sabia que elas dizem respeito à conexão de tudo que existe com a natureza, à crença no totemismo que estabelece uma relação da tribo com um animal ou um fenômeno natural, que seria seu real ancestral e protetor do grupo não sendo nunca mesmo de outra tribo ou de outro grupo.

Eu perguntava a mim mesma, nessas ocasiões, quem estaria participando dos ritos secretos da invocação aos espíritos e qual o significado daquelas sílabas aparentemente sem sentido para mim, mas não para os que ali estiveram e ali viveram por tantas vidas. Ficava questionando sobre os caminhos que podem tanto nos levar a algum lugar como também a lugar nenhum.

Eu tinha a sensação de que havia uma presença ao meu lado, e vez por outra volto a sentir, depois de ter visitado os pueblos. Tudo se tornava mais claro, mais evidente, pois minha percepção havia se aguçado e meus instintos afloravam pelos poros. Mas sempre sentira indícios disso, mesmo entre os colegas da redação, quando insistia em que não deixassem rastros pelos caminhos a não ser aqueles vividos por eles mesmos. Sentia-me tal qual uma fonte que, mesmo calada, estava no meio deles, junto, caminhando ao seu lado, observando-os sem ser observada. Era como se fosse o múltiplo de suas idéias, até a mais íntima, como se para mim nada escondessem e tudo o que fizessem fosse sempre um mistério.

Costumo ficar escrevendo em qualquer lugar e a qualquer hora: penso que passei minha vida toda escrevendo e tentando vivenciar o que escrevia. Mas ela estava ali. Não era só intuição, era realidade. Sorrindo com seu jeito jovem e seguro, diante de mim surgiu a indiazinha que passei a chamar de Estrela-da-manhã. "Vou seguir caminho ao seu lado, se importa? Se puder, retire suas coisas da pousada porque vamos por muitas trilhas, numa longa caminhada."

VIAGEM AO DESCONHECIDO

Há desencantos, sim, por não acreditar, mas não faz mal. Pegue sua bolsa de luas e sóis e faça de conta que nada disso existe... Não espere que alguém bata à sua porta para quebrar uma possível solidão escondida no fundo do peito ou muito menos chamá-la de princesa dos dedos de marfim. Vá e não espere nada em troca.

Quando subimos as montanhas, Estrela-da-manhã armou uma tenda tão rapidamente que me envergonhei por não conseguir acompanhá-la. Falei de meus planos e dormi como uma criança, protegida por outra criança. Da mesma forma, amanheci tentando acompanhar sua dança e seus cânticos em louvor ao sol. Tudo era novo para mim.

Um misto de pirâmides escalonadas e palácios suntuosos provava que os nativos não poderiam ser chamados de primitivos, pois possuíam uma organização social bem-estruturada e desenvolviam, à sua maneira, determinada escrita, além de deterem o conhecimento necessário para construir imensas cidades de pedra. Essas constatações colocam em xeque a verdade da tradição, pois é sabido que os homens do clero fizeram de tudo para acabar com os registros daquela civilização, destruindo os livros impressos em folhas de madeira cobertas com gesso, numa tentativa de imortalizar a história daquele sistema. E, mais uma vez, com seu magnético poder, as pedras conseguiram resistir à barreira do tempo, mantendo tudo registrado nas entranhas das cavernas. Mesmo assim, centenas de livros foram queimadas pelos padres espanhóis depois de enriquecerem com a posse do ouro alheio, numa ação sanguinolenta, que justificavam tentando evitar a ascensão do povo maia.

Idolatria à parte, esses religiosos não conseguiram apagar das cavernas o sistema empregado pelos maias na elaboração de seu calendário e de seu sistema numérico há muito descobertos. É pouco crível também que esse povo, com condições para comandar social e politicamente outros povos e dirigir outras cidades, pudesse viver do modo como os padres espanhóis descreveram. Outro grave problema é que todas as descobertas levam a crer que os maias eram descendentes dos atlantas, seus sobreviventes.

Depois de uma longa caminhada, a jovem me perguntou: "É aqui que você quer chegar?". Pensei que ela se referisse a outra região, completamente diferente, mas tratava-se da mesma Chichén-Itzá — cidade das ruínas — sobre a qual eu deveria elaborar uma reportagem falando das divindades dos Toltecas e de seus sacrifícios humanos. A indiazinha comentou, em seguida: "Ao entardecer, haverá uma cerimônia ritual no Templo dos Guerreiros e, se você quiser, poderemos participar".

Já ouvira falar da divindade Chacmool e dos sacrifícios que lhe eram oferecidos em troca de sua proteção, mas não fazia a menor idéia de que aquele era o lugar onde ficava o seu templo. Depois de termos saboreado algumas carnes picantes pelo caminho, Estrela-da-manhã, como que por milagre, tirou de sua sacolinha algo precioso: ofereceu-me um cantil forrado com lã de um animal natural daquela região, com água suficiente para nos abastecermos até a hora em que se iniciassem os trabalhos.

Pouco a pouco, ela me ensinou a respirar para entrar em conexão com o sol, e a ouvir o silêncio natural, hábito que se criou entre nós duas, já que as informações não precisavam ser verbalizadas. Eu também não estava em busca de ouro, jade ou turquesas. A fortuna que buscava, embora bem maior que essa, constituía-se no fato de ter sido escolhida para aquela missão por determinações superiores à minha vontade.

Fiquei um bom tempo observando o caracol que deve ter servido como observatório astronômico. Novo ou antigo, ninguém sabe ao certo, porque, na verdade, até uma Chichén-Itzá nova e outra velha já haviam sido inventadas.

Na pirâmide-castelo havia quatro escadarias centrais, de noventa graus cada uma, perfazendo 360 degraus, e se contarmos os outros cinco que dão acesso direto ao templo somam-se, ao todo, 365 degraus. Trata-se, sem dúvida, de uma coincidência com o calendário solar e mais uma demonstração do adiantado estágio da cultura desse povo primitivo. Percorrer todo o Templo de Kukulkán, como se chama a pirâmide, requer quase um dia inteiro e o visitante fica intrigado com tamanha perfeição.

Só pude entender por que a cerimônia acontecia ao entardecer no momento em que ela teve início. Ao dar a volta em torno de uma casa mexicana típica, contornada por muros de madeira pesada, mais uma vez encontrei Pueblo, com os mesmos cabelos cinzentos, porém mais afável e receptivo. Ele apresentou-me uma senhora de pele tão enrugada que

57

tive vontade de tocar em sua velhice; talvez por saudades de casa, dos meus familiares que há muito não via. Ela permitiu, não demonstrando qualquer surpresa; pegou-me pelas mãos e conduziu-me a um bom banho. Sem cerimônia, tirou minhas roupas e mostrou-me um tacho com água quente que, de imediato, renovou minhas forças.

Por um bom tempo esfregou-me as costas; eu fiquei admirando seu rosto, que jamais saiu de minha memória. De vez em quando, ela dava uma pitada em seu pequeno cachimbo, exalando um cheiro estranho, e sorria ao ver a admiração com a qual eu a fitava. Entre as baforadas, entoava algo que mais parecia um gemido do que um canto, e o que fazia em meu corpo se assemelhava mais a um ritual do que a um banho. Ela abriu a toalha indicando que eu deveria sair da água. Enrolou-me nèla e deixou que eu me enxugasse.

Desapareceu por pouco tempo, mas ainda pude ouvir parte de um diálogo entre ela e o homem grisalho, um índio bem mais velho, muito forte, com um nariz pontudo, que já devia estar ali antes de o sol ter desaparecido. Quando retornou, colocou em meu corpo uma essência com perfume de almíscar, amarrou uma fita vermelha em meu punho esquerdo e lacrou-a com uma cabeça semelhante à de um objeto tolteca. Era a figura do mesmo animal que tomou conta de mim no ritual de Gallinas. Devo ter demonstrado insegurança, pois a velha índia apertou-me as mãos, em sinal de apoio. Colocou em mim uma veste toda preta, com um capuz de lã daquela região e, por cima, uma imensa saia bordada com cores berrantes: vermelho, preto, amarelo-ouro brilhante e um pouco de lilás.

Sem que eu notasse, ela amarrou uma fita vermelha em meus cabelos e em minha testa como se fosse uma coroa. Senti nesse momento algo escorrendo pelas minhas costas e ela me fez um sinal para que eu não me preocupasse. Com o mesmo lápis de consistência oleosa, ela desenhou alguns símbolos em minha mão esquerda.

Ao sair da casa observei Pueblo seguindo uma procissão, vestido como eu. Misturamo-nos a eles. Andamos muito até chegar ao Templo dos Guerreiros e nos embrenhamos em meio às colunas. O índio velho tomou a frente, tirou um pó que trazia em sua mochila e fez com que escapasse um pouco de seus dedos; ao cair no chão, tomou a forma de um desenho, o mesmo que havia sido riscado em minha mão. Todos se sentaram em volta. Eu os imitei e, por um bom tempo, ficamos olhando para o sol, até que desaparecesse definitivamente. Saímos desse rito e percebi que quatro pedras enormes haviam sido retiradas do chão. Não entendi como, pois, da mesma maneira que os outros ali presentes, eu estava dominada por uma força estranha.

Descemos por degraus de pedras e, embaixo, ouvi um murmúrio de águas. O ambiente era quente; e quanto mais descíamos, mais calor sentíamos. Avistei, então, um enorme templo com um piso extraordinariamente pintado com rostos que representavam signos do zodíaco, encontrando-se em um dos cantos um enorme calendário asteca do deus-sol, com tochas de fogo em volta. Setas de madeira apontavam em direção aos signos. Havia uma pedra gigantesca tendo ao centro um sol com rosto humano, um triângulo com o vértice para cima sobre a cabeça do sol, ladeada por quatro placas quadradas imensas, representando os elementos da natureza em equilíbrio. Um círculo central era formado por garras de jaguar; um outro no meio, reproduzindo os vinte dias do calendário, e, no círculo externo, duas serpentes de cujas bocas surgiam cabeças de deuses, simbolizando a faixa zodiacal em volta da terra.

O murmúrio das águas em meio àquele calor, ao mesmo tempo em que refrescava, causava certa estranheza. A profundidade alcançava o plano do procurado Cenote Sagrado, nome com que os maias designavam um poço natural onde existem mistérios escondidos, talvez riquezas, se é que ainda sobrevivem após tantas explorações. Quando olhei novamente para o símbolo de capricórnio, lá estava meu talismã, miniatura do ponto central, envolto por um incenso de aroma embriagante.

O índio velho indicou a mim e aos outros o local onde nos deveríamos sentar e ficar aguardando, ordem a que imediatamente obedecemos. Em seguida, ele se aproximou e colocou o talismã em meu pescoço, preso por um cordão. Depois, dirigiu-se ao centro cantando mantras, que eram respondidos por muitas vozes. O aroma ficava cada vez mais forte e as vozes se intensificavam. Fui levada para fora de mim mesma, e, do alto, observava o que se passava. Outra voz, que não era nem a que estava fora de meu corpo e muito menos daquela minha outra parte, que ficara com a mesma postura, sem sair do local, disse:

— *Venho dos ventos, venho do fogo. Giro em torno da terra, em meio às chuvas dos muitos aléns que trago dentro do peito. Na força do sol me torno lua, na força da lua me torno sol. Darei asas ao seu passado adormecido, mas deixe que eu faça dele o sol de todas as manhãs. Venho de terras distantes, onde o branco é permitido todos os dias, assim como o vermelho, o caminhar em areias claras onde os deuses podem brincar vestidos de árvores, onde os corpos se envolvem em abraços limpos que refletem o sol e os amores são plantados nos olhos de todos. Vá, voe e descubra o espaço que espera ouvir seu canto livre, que lhe devolverá a paz, que provará não haver mais descaminhos e que lhe irá tirar o medo do abraço. Assim será. Você encontrará tufões que irei tirando do caminho diante dos seus olhos espantados, tímidos e apressados. Você é forte. Não tanto quanto o vento. Eu lhe darei nove caminhos e nos encontraremos em solo distante para nos tornarmos uma só essên-*

cia. E não se esqueça de sobreviver às horas amargas que fazem parte dos caminhos para dias mais felizes. Você não estará só, mesmo nos momentos mais difíceis, que poucos conseguirão compreender ou mesmo aceitar.

— Cale-se ante as tatuagens com que queiram marcar seu corpo moldado pelos raios dourados com o pó de ouro que coroa sua cabeça. Não passarei apenas uma vez em seu caminho, que espero não seja vitrina ou modelo de ilusões. Você será bicho ou fera desamarrada quando for necessário. Há desencantos, sim, por não acreditar, mas não faz mal. Pegue sua bolsa de luas e sóis e faça de conta que nada disso existe.

— ... Não espere que alguém bata à sua porta para quebrar uma possível solidão escondida no fundo do peito ou muito menos chamá-la de princesa dos dedos de marfim. Vá e não espere nada em troca. Seus olhos dizem tudo porque são abertos como os das águias a caminho do sol, profundos e cálidos, diretos e certeiros, calmos ou agitados, alegres ou tristes como portas fechadas ou janelas escancaradas para o que der e vier. Não queira provar nada. Por muitos dias a vida lhe negou os direitos o mais simples possível. Quando a água quiser lhe afogar, chame por mim que eu a farei evaporar-se. Nunca responda às questões do ser humano, de sua origem, do passado ou do futuro, porque ninguém sabe se o tempo existe. Os dias não param de passar. Nós é que paramos as coisas só com um olhar, no fundo dos olhos, onde existe um lugar de muros estranhos, belezas que a aurora pode não levar. Venho com a espada nas mãos e trago comigo a luz maior que farei você encontrar.

Da mesma forma que começou a falar calou-se; eu fiquei em volta de mim mesma, só, aguardando a hora de partir. Já não era tão importante o desenho que se formara, a escada íngreme onde me encontrava, as riquezas inexploradas do subsolo e a força contida nas palavras do eu fora de mim. Chegara o momento de me tornar um magista — designação conferida ao médium iniciado em magia, aprendendo que determinadas coisas não devem ficar só no nível do mental e que, por meio de combinações de coisas, é possível movimentar uma série de outras. O tempo que fosse necessário, estaria à disposição da abertura para novos conhecimentos e sabedoria para utilizá-los. Deveria, a partir da Iniciação, estar preparada para entrar em um caminho e sair por outro, mesmo sabendo que muitas vezes as trilhas podem ser portas sem saída.

O grande mistério consiste em mostrar uma coisa quando a realidade pode estar nela embutida e ter a habilidade de se apresentar fazendo outra coisa. Comandar apenas o que souber; caso contrário, virá o retorno das próprias ações. Quando se pretende atingir um objetivo, para todo e qualquer trabalho, é necessário primeiro conhecer os métodos de quem irá realizá-los, porque deve existir uma base sólida na estrutura se a proposta for real.

A opinião dos que cercam os xamãs é fundamental, pela segurança e pelo nível de resultados já atingidos. Hoje, é mais fácil diferenciar um magista de um feiticeiro comum. Tudo é questão de bom senso, de plano, do imediatismo das respostas, da personalidade do interessado no método. Nada se aprende apenas em livros. A Iniciação é fundamental, de preferência oral, até o dia de receber a "ordem-dada" para pôr em prática o que se aprendeu.

Um magista interpreta o mistério do cosmos e o destino dos seres pela individualidade. Uma ordem vinda do astral, de acordo com a maturidade, uma ordem de confiança da confraria a que esteja ligado, exige toda uma constituição. Eu tinha certeza de que aquele grupo era uma confraria de bruxos, xamãs que compreendiam e exerciam com eficácia e um saber imenso, tudo o que herdaram de seus ancestrais; eles deixaram bem claro que eu deveria atingir a maturidade para poder executar tudo o que me fosse passado nesse primeiro encontro.

De mago se passa a magista por meio de operações mágico-ritualísticas, e da prática. Mesmo um processo iniciático de desenvolvimento requer ajuda e treinamento de rituais-mágicos com pontos de referências.

A magia usual dá-se quando os princípios nos quais se fundamenta constituem um conjunto doutrinário distanciado apenas em aparência do saber adquirido ordinariamente. O pensamento mágico é parte da mais remota evolução filosófica, seguido pela religião e pelo pensamento científico. Dois fatos preponderantes devem ser bem assimilados: força de vontade e imaginação.

Os métodos para a prática são vários e, como magista, deve-se ter meios adequados para chegar ao que, no momento exato, se pretende. A imaginação leva aos símbolos que são projetados no campo astral, dando a forma que se busca e sendo o próprio foco receptor.

Pode-se começar pelos mantras, sons invocados para atingir os quatro elementos. Dependendo do uso da palavra, pode ter mais poderes do que forças como a da terra, do céu ou das profundezas do inferno. A base primeira do aprendizado é o "desfazer" para depois adentrar no processo do que se vai atingir. Nunca se deve mexer com um homem sem antes constatar que ele é a própria síntese da natureza e que encerra, em sua forma, os três reinos materiais e, em sua essência, os três reinos transcendentais.

A mulher-bruxa, quando muito velha, tem como função mergulhar no reino dos espíritos, um reino de energias que penetra na matéria, na forma e no espírito. Energia que é capaz de persistir durante algum tempo, mesmo após ter deixado a matéria e a alma, e que pode habitar essa energia sem habitar o corpo propriamente dito. É capaz de subsistir por algum tempo, mesmo depois de destruída a forma. Ela sabe manipular o reflexo que insiste em continuar existindo, mesmo depois do desaparecimento do corpo que habitou. Ela tem a capacidade de conversar com o espírito ainda vivo e conduzir a energia vital mesmo que a pessoa esteja clinicamente morta.

Os xamãs mais velhos e respeitados, os que já estão em planos mais sutis, conseguem entrar no reino da alma e falam com os que já estão entrando em um plano de consciência universal superior e sutil, emanando da energia primeira. Um reino em que a alma atua no espírito e este atua na forma. O espírito dá vida à forma e a alma dá vida à consciência. Ela se despersonaliza ao deixar a forma, voltando à sua condição cósmica e ficando invisível, sendo percebida como reflexo por meio do elemento psíquico.

Cada grupo tem um objetivo e função recebidos como trabalho. Vivem assim, nesses encontros, quase sempre afastados da curiosidade turística e da civilização comum, porque têm conhecimento da importância do trabalho e das influências da natureza, cuja aplicação leva a uma compreensão precisa do valor oculto e interno de todas as coisas.

Todo elemento, ao ser manipulado, é transformado. Para que isso venha a acontecer, é necessário juntar a energia da transformação, seja por meio da mente, da dança, do canto, seja pelos símbolos que podem substituir qualquer elemento. A fórmula bem empregada atinge o mais alto grau, sobrepondo a esfera terrestre e chegando à esfera divina.

A ciência oculta se produz por meio de certos atos e palavras ou por interferências de espíritos e fenômenos extraordinários, contrários às leis naturais. É sempre regulada por uma tradição e constituída de práticas-ritos-cerimônias. Recorre-se a ela para alcançar o domínio do homem sobre a natureza ou sobre seu semelhante. Todo aprendizado ocultista é formado por partes causais, analógicas e místicas. Seja qual for o método, jamais deverá interferir na ordem universal.

Entre os vários grupos, sempre há aqueles da baixa magia com inúmeros e fascinantes adeptos, tentando fazer com que o sobrenatural se encaixe no natural. Bem, respeitando a individualidade, cada um decide em que plano ou profundidade de vida pretende estar. Pude observar muita fantasia nesses clãs, até um pouco de teatralidade; no entanto, seus praticantes sempre conseguem seus objetivos pelo fascínio que exercem sobre os adeptos. Só que, com uma vela apenas e o nome de uma pessoa escrito de baixo para cima, rodeado por algumas ervas caseiras, faziam o pior dos feiticeiros se submeter aos pés desses magistas.

A magia xamanística produz a vibração etérea enquanto o ritual combina certos elementos que se unem ritualisticamente e, quando projetados por meio do iniciado, resultam no retorno das forças associadas. O xamã capta a energia vertical, transforma-a em energia consciente e projeta-a no plano físico. Sendo de xamã para xamã, ficam na verticalidade.

Para movimentar qualquer força é preciso uma intenção; a partir daí, empregam-se a concentração e a mentalização de todas as forças ou de algo que se pretende atingir. Um dos processos mais difíceis é o da atração, do magnetismo como canal condutor da força, porque quem não tiver firmeza e domínio sobre o corpo e a razão poderá ficar preso em um dos lados mais fascinantes e sombrios da viagem, onde a rede é tão fechada que consegue prender em suas malhas o iniciado, mesmo que ele seja um xamã bem preparado. Muitas vezes, acaba ficando num determinado plano sem conseguir libertar-se.

Na maioria dos ensinamentos, vi que os xamãs se utilizam quase sempre das mesmas técnicas, principiando pelo bem-estar de suas comunidades. De primitivos eles não têm nada. Na verdade, o envolvimento entre o paciente e o xamã é uma grande aventura mental e emocional. No momento do encontro, nem um nem outro podem se sentir sós. De imediato, compartilham a doença, o desapego, a infelicidade, seja lá o que for. O mergulho é sempre muito profundo e dá-se pelos olhos.

Quando o velho índio me convocou para a primeira viagem, jamais poderia supor até onde eu poderia chegar. Até que ele me explicou que ninguém se torna um xamã apenas por desejo. É preciso adquirir o conhecimento por intermédio da experiência individual e, no meu caso, responder ao "chamado" do xamanismo, sem nenhum treinamento formal. Como também não haveria necessidade de tantas mudanças na mente-inconsciente, porque apenas iria despertar o que nela já existia. Uma passagem de vai-e-vem entre a consciência comum e a consciência incomum. Nem sempre por meio da prática ou do atendimento. É necessário mudar o estado de consciência.

A JORNADA NO GRANDE TÚNEL

Ninguém é tão bom a ponto de viver com o que não é parte de si, ou tentar extrair um imenso sentimento de amor, porque ao computar as transformações do outro sabemos que estamos completamente sós.

Os símbolos criados à minha frente mostravam que era chegada a hora de mergulhar na região dos mortos ou de um universo que está além de nosso túnel de percepção. Não me foi ensinado se deveria ir e voltar. Embora ainda estivesse no comando, tive a certeza de que era hora de relaxar a mente e sair de uma vez da realidade cotidiana se quisesse empreender uma viagem ao grande mundo desconhecido.

Fechei os olhos, respirei fundo como me ensinara Estrela-da-manhã, deitei por alguns instantes, confortavelmente, e comuniquei-me mais claramente com meu guardião. Os espíritos guardiães são os intermediários que tomam providências no mundo espiritual para que os resultados sejam alcançados. Contudo, eu sabia que ao lidar com ele como agente poderia também perder um pouco de meu controle. Não podia fazer exigências ou intimidá-lo e apenas ficar esperando resultados. Declarei que aceitaria o que fosse melhor para mim no momento. Nós sabemos tudo o que precisamos, não necessariamente tudo o que queremos.

Quando pedimos aos nossos espíritos guardiães para nos ajudar a conseguir algo, precisamos ao mesmo tempo abandonar qualquer controle de tempo. Eles são capazes de nos oferecer muita assistência, mas nunca anularão nosso sistema de crenças básicas mais do que somos capazes de ter em qualquer período de tempo.

A rede de poder invisível tem um potencial infinito. A partir do mundo espiritual, todas as formas físicas são sustentadas e impregnadas de energia vital. Não existem limites para essa fonte de poder. A natureza reflete a abundância do mundo espiritual em sua própria expressão generosa. Apenas duas coisas podem causar escassez e desequilíbrio: as limitações impostas pela imaginação da própria pessoa e sua ganância, seu egoísmo gerados pelo mundo (falta de poder).

Pessoas em desequilíbrio perpetuam atos de violência contra seu próprio ambiente, alterando o equilíbrio natural mantido pela tensão dinâmica entre o mundo ordinário (tonal) e o mundo espiritual (nageral).

A jornada seria feita por meio dos túneis ou das entradas para o mundo espiritual que existe em todo o meio ambiente: cavernas, buracos nas árvores, fontes de águas, orifícios do corpo, são algumas das passagens para o mundo dos espíritos. Os túneis mais importantes são encontrados dentro do próprio corpo espiritual humano, na forma de chacras, e para adentrar à grande viagem é preciso aprender a retornar antes de aprender a partir.

Pedi permissão para a passagem, pouco a pouco comecei a sentir a presença do guardião. Visualizei uma luz, a princípio difusa, como se houvesse nuvens ou fumaça se interpondo à sua aproximação. Percebi que era um grande túnel e que havia uma saída no final, mas, à medida que eu me aproximava, a abertura me parecia mais distante. Tornei a pedir ajuda ao guardião e não fui sozinha até o final da jornada, porque, de repente, o mesmo búfalo do primeiro encontro se colocou à minha frente mais uma vez; o grande animal bufava, urrava, dava voltas em torno de si mesmo. Desta vez ele não estava só; veio acompanhado por um lobo negro.

Eu ouvia o toque, mas o som se tornava cada vez mais fraco conforme eu me aproximava da abertura do final do túnel. Senti que ia cair num abismo; nesse momento, surgiu uma águia, com asas douradas e peito branco, voando sobre minha cabeça e depois em determinada direção, como que indicando para que eu prosseguisse. Por alguns momentos, pensei estar voando em suas asas; seus olhos imensos, quando se voltavam para mim eram tão translúcidos que me deixavam enxergar nitidamente dois pombos em torno dos quais brilhavam vários raios dourados.

Quando cheguei ao final do túnel, parecia uma eternidade; percebi que havia uma paisagem, mas continuei minha jornada com medo de abrir os olhos. Nem sei se os abri realmente, mas estava de volta à caverna das estalactites e de estalagmites onde passei pelo banho de purificação, e a cada visão surgiam os espaços que, tenho certeza, já havia visitado antes em minha vida. Entes queridos que já haviam morrido me olhavam sem nenhuma expressão, mas era como se me aguardassem há algum tempo. Quis tocar em minha avó materna e ela me estendeu a mão; segundos depois, já não era mais minha avó, mas um enorme leão-marinho branco, que brincava comigo movendo sua cauda, enrolando-se em torno de si mesmo. Juntos, na água, afundávamos e voltávamos, brincando como crianças; foi num desses mergulhos que ouvi o rufar dos tambores. Era o chamado de volta; relutei em aceitar o retorno, até um pouco decepcionada.

A volta foi mais rápida do que eu esperava, e o velho índio me apertou em seu peito, não sei se para eu ter certeza de que estava mesmo em terra ou se é uma forma que utilizam para sentir as pulsações que nos dominam completamente. Seriam mais sete dias, mais sete "viagens" seguidas, no mesmo local, para aprender a pedir ajuda ao guardião e saber a hora de voltar depois de explorar todo o túnel. E assim aconteceu.

Já não importava mais nada. Eu só pensava naquele pássaro morto dentro de mim que me foi descrito no começo de minha jornada. Quando e como seria possível dar-lhe asas para voar? Desde aquele momento de encantamento, pareciam haver se passado alguns dias, alguns anos, alguns séculos. Eu estava certa de que meu mensageiro e guardião voltaria trazendo na bolsa as asas brancas da pomba que pensei nunca haver existido. Daquele encontro havia permanecido em mim um pouco da ternura da infância, reminiscências de aromas de pomar e uma nova razão para acordar mais cedo e saber que nunca estamos sozinhos. Há sempre uma ponte sobre as águas turvas.

Em meus diálogos com os xamãs que encontrava, todos me falavam dessa força que me acompanha e de seus bambuzais. Diziam que nunca gostariam de cair em suas mãos nessas ocasiões, porque os *eguns* — espíritos — que me acompanhavam eram assustadores. Chamavam-me sempre de Pó-de-ouro, que diziam significar "o dono de sua cabeça".

Em silêncio, sempre mostravam que as mulheres descobrem o que precisam e sentem. Eles repetiram muito essa máxima quando se manifestavam. Algumas vezes, eu sentia medo da presença de alguns que observavam tudo em mim — gestos, presença, forma, postura — sempre me alertando para que nunca sentisse medo de mim mesma ou deles, porque, quando sentisse medo, estaria tão insegura do que ia por dentro deles quanto do que se passava dentro de mim. Os xamãs me ensinaram que eu nunca deveria gritar para ser escutada — é melhor que as pessoas nos encontrem, pois quando somos notados e reconhecidos nos sentimos valorizados.

Foi a partir dessa convivência com meu próprio xamã que pude, aos poucos, retornar a esses lugares pelos quais passei e reencontrar velhos amigos que por essas passagens deixei. Alguns adotam o mesmo esquema, vivenciando suas essências. Muitos me indagam sobre o começo da minha trajetória, da qual fazem parte, hoje, entre tantos companheiros de jornada: uma negra africana, um velho índio, um guardião — meu mestre cigano — e a menina das areias distantes do deserto sem luas. Os ventos me conduziram a eles e hoje tenho a certeza de que posso ajudá-los a caminhar mais rápido rumo à sua evolução.

Em meio a rituais de Culto ao Sol, suplica-se pela proteção de animais com amplos poderes, às vezes maiores que os do próprio ser humano. Um xamã que mantém como guia um espírito da espécie animal, tal qual o meu índio velho, transforma-se numa associação que pode ter sido desenvolvida após a crença da transmigração das almas.

Observando as pinturas das cavernas, é possível entrar nesse mundo, que revela a existência da proteção animal na vida espiritual, mostrada pelos desenhos de aves, deuses, objetos e animais de toda a espécie. O importante é aprender o significado que eles possuem de acordo com a mitologia de cada tribo. E estar no meio deles implica participar de seus mitos. E esta não é uma experiência só jornalística, mas uma vivência muito intensa dos rituais primitivos, que por si sós mantêm vivas a história e a tradição.

Mesmo que eu ainda não fosse um xamã autorizado, estaria tendo a oportunidade de vivenciar a transformação de abrir o inconsciente para um transe que me daria outra consciência de vida. Se o transe é um estado de consciência alterado, ele pode ser encontrado em sensitivos de qualquer raça e cultura. Desde os feiticeiros das tribos africanas primitivas até os médiuns dos países europeus, ocidentais e orientais. O transe é tão antigo quanto o homem, e a prova está nas pinturas rupestres que demonstram e confirmam práticas de épocas anteriores que conhecemos como antigas civilizações. Outra prova são os homens e as mulheres que chamamos de xamãs, feiticeiros, médiuns, curadores ou bruxos.

Quando ocorre o estado alterado de consciência, o sensitivo viaja para planos superiores ou inferiores, entrando em contato com seres espirituais de todos os níveis. Pode ser também por meio do transe que se descobrem as raízes de muitos males, a cura de doenças, as soluções para os graves problemas que venham a afligir uma comunidade. Os xamãs são adorados como feiticeiros ou bruxos em todo o mundo; embora suas práticas sejam totalmente iguais, sofrem a influência dos costumes, da cultura e da geografia local.

Para sua sobrevivência, o homem é forçado a matar animais, peixes e plantas; como tudo o que vive possui alma, a missão do xamã é chegar até essas almas que sobrevivem à morte do corpo físico, e que, por permanecerem intranqüilas, desejam vingar-se. Para isso, utilizam-se de vários tipos de transe ritualísticos, danças, sons, canções, ervas, drogas alucinógenas, exteriorização do corpo astral, concentração e outras.

Os xamãs penetram no reino das almas e fazem, em pouco tempo físico, seu trabalho junto a elas para que não voltem mais. Algumas máscaras utilizadas em determinados rituais mostram, pela expressão de terror, o medo da morte, o sentimento que define o plano onde se encontram os espíritos famintos e destruidores. Vários tipos de sons são utilizados, desde o chocalho de madeira, pintado com sementes selecionadas, até espelhos, tranças, ossos e sinos. O que vale é o som necessário ao ritual, que é típico, como o produzido pela parte oca do crocodilo preenchida por cristais, pedras, ou misteriosos preparados. Esse instrumento pode criar um campo sonoro unificador. Os espelhos, por sua vez, servem para os xamãs observarem outros planos.

Quando o xamã começa seu trabalho, vem de um estado de consciência alterado, e ao entrar na conexão — um estado que pode ser muito simples, harmonioso, ligado ao conjunto de elementos do universo — a mudança é possível, acontecendo então a cura de doenças. É um estado libertador.

Convivi com um xamã da descendência *ouled ich* — crianças sem vida —, vindo das montanhas do Atlas, de onde saiu para ser introduzido na tradição sufi, um aspecto esotérico da religião muçulmana. Chegou a receber como herança a *baraka*— energia vital espiritual, como o Prana da Índia. No tempo adequado, iniciou-se no ritual *blue death* — morte azul —, no qual os adeptos atravessam dias e dias a pé pelo deserto de Tassili, ao sudeste do Saara argelino, e ficam no mais absoluto silêncio, na solidão e em jejum nos labirintos das rochas e cavernas que são verdadeiras esculturas naturais entre as dunas de areia.

Em cada porto ou país, ele constituía família, atitude normal segundo sua tradição. Várias mulheres eram submetidas à mais ridícula e abominável posição de servi-lo. Não é meu costume julgar tradições ou sistemas, mas a postura desse homem que organiza seminários e faz conferências me fez refletir durante muito tempo sobre a forma como alguns líderes espirituais submetem seus adeptos, verdadeiros escravos, à vaidade imposta pelo medo e pelo desconhecimento das forças.

Existem falsos líderes em várias seitas e comunidades, que conseguem iludir por muito tempo, inclusive habitando a psique de muitas mulheres, destruindo-as por completo. Claro que não é um ultraje comum, mas, se uma mulher se encontra em um estado de transcender suas limitações astrais, ela torna-se vulnerável e inconsciente, dando abertura a esse tipo de invasão. Por meio da insegurança, o que acontece em quase todos os casos, eles se posicionam como "donos do impossível" e elas, ingênuas, em busca de uma conformação, fortificam os aprendizes de feiticeiros que se aventuram além dos reais conhecimentos, transgredindo todo e qualquer tipo de regra, desrespeitando-as como seres humanos e colocando-as à mercê de infindáveis seqüelas, que as levarão a ferimentos e marcas psicológicas sem cura.

Para conhecer esse sistema de cura, encontrei um homem que sofria de câncer e que iria participar de um ritual *blue death* ao norte de Marrocos, nas montanhas de Rif. Por intermédio das práticas, bem próxima a eles, em jejum, silêncio e solidão, pude entrar num estado de consciência em que me senti aberta e alerta, aceitando morrer e abandonar a força da vida.

Deixei-me envolver e, por um momento, vi que não estava consciente; quis sair, mas me obrigaram a ir até o fim e ficar nesse estado, no retiro, por um bom tempo. Aprendi também, com esse xamã, que existem dois métodos para chegar ao estado de transe. Pela excitação sensorial, método que inclui a respiração, o movimento, a música e toda prática que possa provocar um movimento corporal energético, ou pela privação, por meio de métodos sensoriais como o silêncio, o jejum, a meditação imóvel, a contemplação. No princípio da prática, pode ser um transe ligeiro, similar ao estado alfa. Existe outro estado que é o da consciência que tem unidade mas, ao mesmo tempo, a pessoa sabe que não está ali. Pode ser por meio do amor por uma divindade, por um símbolo, pelo ser humano, por uma idéia ou por uma energia. Existe também o estado de realização, quando o indivíduo se torna único, seja em transe ou não. Foi como me senti quando fiz esse ritual. Eu não estava no estado de dissociação, mas trazia outra força comigo, bem próxima à Experiência de Quase-Morte (EQM). A sensação é de separação do corpo físico, como se estivesse flutuando no espaço. Vêm os túneis e, no final deles, pode-se encontrar luz ou não. Existe uma força que nos impele em sua direção. Outros sentem uma visão mais panorâmica de sua vida pregressa, penetrando em um mundo de beleza transcendental, onde podem encontrar-se com amigos e parentes desencarnados. Os que possuem visões terríveis tendem a esquecê-las ou, inconscientemente, gritam para que sejam tirados daquele inferno. O mecanismo de defesa das pessoas as protege, impedindo que se confrontem com situações desagradáveis, que poderiam tornar-se intoleráveis. Qualquer excesso provoca o esquecimento.

Em outro tipo de viagem *blue death*, a sensação de desdobramento toma conta de nós. Observa-se o próprio corpo deitado, sente-se um vigor inigualável, a audição melhora, o estado mental se intensifica, o ambiente fica todo iluminado, ouvem-se vozes que podem ser de pessoas já desencarnadas; quando isso acontece, elas pedem para que a pessoa volte imediatamente.

Os pseudofeiticeiros não têm dignidade suficiente para serem chamados de xamãs e não podem representar um processo que, na maioria dos casos, foi opção de pessoas que se sentiam amarguradas e buscavam salvação. Eles existem, mas a sorte é que as mulheres têm um faro excepcional, principalmente quando surgem suas bruxas. Elas sabem que não podem substituir esse dom pela falsa sensação de liberdade. É recomendável que se afastem ao sentir que estão sendo atacadas em sua força essencial.

Quando se adentra no xamanismo, estuda-se um sistema de conhecimento que antecede todo o condicionamento familiar, social e cultural.

É possível ver com os olhos de uma criança e agir com o corpo de alguém com séculos de experiência e sabedoria. Por intermédio dessa experiência, surgem o equilíbrio e a integração. Então, você descobre quem é e para onde está indo.

O ÚLTIMO ADEUS

Trago apenas algumas certezas aprendidas na filosofia simples, de meia dúzia de esperanças, mais nada, e sei que existe uma saudade antecipada na hora de cada encontro.

Um dia, Estrela-da-manhã me levou a uma cerimônia pedindo-me discrição total, pois os nativos iriam fazer uma viagem pelas sepulturas — quíchua, para os navajos. Pensei, a princípio, que iriam levantar as lápides e, milagrosamente, surgiriam escadarias que os levariam a um templo-ruína ainda não explorado. Dançaram a noite inteira, e Pueblo, como xamã respeitado em muitos sítios, determinou que isso fosse feito por um grupo de nativos já previamente preparados por suas tribos para esse tipo de ritual.

Quando decidi conversar sobre a Iniciação com Estrela-da-manhã, ela deixou claro que "a preparação é uma etapa muito difícil, porque, nesse período, os iniciantes devem aprender tudo sobre ocultismo, além de serem submetidos a métodos extremamente exigentes". A alimentação é muito controlada, em pouquíssima quantidade; se o aspirante mostrar progresso, as refeições diárias começam a diminuir. Quanto menos come, maior seu desenvolvimento espiritual. Jejuar sempre foi, em todos os povos do mundo, um método seguro para atingir estados alterados de consciência.

Enfraquecendo o corpo, as estruturas psíquicas que costumam atuar também perdem sua força. O jejum tem sua finalidade: descondicionar o discípulo, destruir sua estrutura cotidiana, seus padrões, costumes e comportamentos. Tudo isso somado à imobilidade, às dores, ao medo constante dos espíritos — *haucella* —, como também ao isolamento prolongado da vida diária da tribo, leva o aspirante a um novo nível de consciência.

Corpo e espírito se encontram num estado de vácuo, sem interferências, sem apoio ou associação com nada. Um "nada" em que a pessoa se sente confusa e indefesa e no qual todos os seus costumes, sua moral e códigos de comportamento deixam de ter eficácia, ficando suspensos. Com o tempo, surge um novo mundo que deverá ser explorado com muito cuidado.

O que se observa é que os pajés ou xamãs pretendem, no sentido mais amplo da palavra, reconstruir o corpo. Para isso, o discípulo pode esfregar a face com pedaços de madeira antes mergulhados em tinta branca e a pressão, bem suave, leve, possibilitará que surja uma camada de pele mais fina do que a original. Esfregando a face durante semanas, surgirá a segunda camada e, em seguida, a terceira, que será mais fina e, conseqüentemente, mais sensível ainda, a ponto de não poder ser tocada sem provocar dores terríveis.

Quando um discípulo consegue atingir esse nível, terminam os ensinamentos. Este é o processo que ajuda na transformação da consciência, porque as três peles são o símbolo dos três corpos mais sutis.

Levantei-me bem cedo com um clarão de sol violento do mês de março, como se ainda fosse verão. Tudo era lindo e eu sentia muita dificuldade em expressar todas as experiências vividas naquele período. Mesmo tendo aprendido com Estrela-da-manhã, que quando não podemos lidar com as forças devemos nos harmonizar com elas, nada mais estava cabendo dentro de mim. Era como um copo de água transbordando; tempo de parar e voltar.

Decidi ir até a Pirâmide do Sol ver as ruínas de Teotihuacán sumindo pelo horizonte afora, nessa cidade dos deuses, motivo de seu desaparecimento até hoje inexplicável. Um deus do fogo que respondia por tantos incêndios misteriosos a um povo destruído sem resistência, que se habituou aos sacrifícios humanos. Assim retornei ao antigo santuário do Templo dos Guerreiros, onde fiquei bom tempo encarando Chacmool, esperando respostas sobre tudo o que acontecera ali.

Pisei pedra por pedra, olhei para todas as arestas possíveis ao lado de turistas que fotografavam tudo o que encontravam, e não consegui achar nada que se assemelhasse ao local onde Pueblo deu passagem à escadaria subterrânea. Um dia todo esperando o sol desaparecer, sob sua mira, encarando-o e não conseguindo ver nada mais que matizes de azul-claro passando à sua frente e ele ali, soberano, reinando único.

Estrela-da-manhã se aproximou, sentou-se ao meu lado e, pela primeira vez, percebi que ela nunca estivera comigo como um ser humano.

Tentei pegar sua mão e, ao fazê-lo, atravessei sua pele como se uma figura etérea deixasse ali sua energia e nada mais existisse. Senti, era o último adeus. Perguntei-lhe se ela estava me escutando e ela sorriu. Tentei tocá-la novamente e percebi que não estávamos mais a sós. Muitas pessoas nos acompanhavam, dentre as quais amigos que eu havia deixado em Gallinas. Não sei se ela me ouvia, mas era o momento oportuno para dizer-lhe tudo o que sentia.

— Trago marcas muito antigas, talvez você não saiba... E trago um sorriso meio amargo, machucado, e até um pouco de descrença e ironia... Venho de desencantos, desencontros, desesperos... Venho de muitas histórias e quase já não tenho muitas coisas para contar... Há os tropeços recentes, minha amiga mais recente, e chego cansada do passo não dado, da vida que vivi enxergando pelas vidraças, do peito que tem medo de se abrir para o abraço, e penso que talvez nunca mais aconteça, porque o outono e o inverno vão se fazer muito longos e as mãos irão desenhar poemas para serem guardados na gaveta...

— É assim que eu me sinto, é preciso que você saiba. Você, que chegou erguendo seu olhar de espanto, tímido e apressado no meio da tarde. Você, o motivo deste estranho e inesperado encontro, e agora deste adeus, desta vontade de voltar a correr em campos de trigo, com o vento nos olhos, uma alegria de menina maravilhada com as surpresas que a vida continua tramando, mesmo nas calçadas em que a gente nunca sonhou passear.

— Não trago respostas nem definições, sabe. Ao contrário, o que eu sei hoje da vida é muito pouco, ninguém — nem Deus — duvida. Trago apenas algumas certezas aprendidas na filosofia simples de meia dúzia de esperanças, mais nada. Na verdade nem quero entender as coisas, é melhor assim, não importam as razões, só valem os anseios. Por isso, não vou questionar nada; não gosto de questionar nada, eu só queria lhe dizer que foi muito bom que tudo isso tenha acontecido. Não era preciso ter ido tão longe. Foi uma pena que eu não tivesse tido nem ao menos a coragem para propor que continuássemos conversando em um banco qualquer de jardim, em um parque, no meio da noite, nas curvas da estrada. Não sei se por medo da realidade, talvez por não encontrar coragem para falar e saber que o eco era estridente em todos os cantos e fios, mas eu não vou desistir de encontrar esse canto.

— Um dia me falaram de uma terra distante, onde existiam girassóis, onde o traje branco era permitido todos os dias, onde as pessoas caminhavam descalças em areias muito claras, onde os deuses brincavam vestidos de árvores, onde os corpos se envolviam em abraços limpos e se transformavam em muitos pedaços de espe-

lho que refletiam o sol, e o amor estava plantado nos olhos de todos que ali habitavam. Não desisti de encontrar esse canto. Ou talvez já o tenha encontrado no vento vão das palavras que foram faladas, ecoando nos quatro cantos sem sentido.

— Queria também, antes de você partir, explicar a imensidão desta descoberta e, a partir daí, expressar por meio de todas as formas de linguagem que vocês me devolveram a paz, e, ao mesmo tempo, mexeram com todas as minhas entranhas, como sangue novo desobstruindo as artérias limitadas pela crença em tudo e em todos. Queria dizer que há descaminhos — ou já não há descaminhos? —, e que ninguém está tão sozinho a ponto de querer mais pessoas em sua solidão. Queria dizer, finalmente, como sou grata às suas palavras e atos; me ocorre agora que talvez o porto a que tanto sonho um dia chegar não esteja tão distante agora. Queria lhe dizer como estou contente...

Perante os que me rodeavam, talvez eu estivesse falando sozinha. Porém, não tenho dúvidas de que ela estava ali, ao meu lado, junto aos que com ela partiram para nunca mais voltar — missão cumprida — ou, quem sabe, para sempre me acompanhar nas novas jornadas.

UM MERGULHO NAS TRADIÇÕES

Tornar-se xamã e entrar em transe são condições muito especiais que requerem anos de aprendizado. Aí, já não se trata de poder ou status, apenas de uma missão a ser cumprida.

Na Índia, os sons refletem a vibração primordial; dentes ou fitas representam poder, força, agressividade, energia vital, resistência e perseverança. Primitivos ou não, os xamãs de quase todas as partes do mundo se utilizam dos mesmos materiais, podendo até mudar seus nomes ou formas para dar seqüência aos mesmos tipos de trabalho, pretendendo simbolizar a herança de seus ancestrais.

No Nepal, quando acontece de um jovem sonhar com seu avô enquanto descansa à sombra de uma árvore, e, no sonho, ele lhe avisar que se deve preparar para ser um xamã, esse jovem sabe a que rituais terá de se submeter a partir daí. São os mais terríveis, e sua vida passa a ser entregue aos que necessitam de ajuda. O processo só é válido se o sonho se repetir por três vezes, de forma exatamente igual.

A preparação dura um ano ou mais, dependendo do tipo de espírito que se aproximar. Assim que o sonho começa a se repetir, o jovem segue para a aldeia mais próxima em busca da confirmação de mais sete xamãs. Passa por rituais específicos e só obterá a confirmação quando sentar-se em posição de lótus, e suas pernas começarem a balançar por igual, num movimento contínuo como o de uma borboleta, como se o mundo dos espíritos se abrisse e o transe tivesse início.

Se for o espírito de um ancestral, o avô, por exemplo, o caminho deve ser longo até que surjam provas de sua real manifestação. Deverá então ser cuidado por sete xamãs, seis homens e uma mulher. Cada um, no âmbito de sua especialidade, dará abertura à Iniciação sobre o conhecimento de ervas, raízes que curam, penas, pássaros, animais e seu próprio sangue, visto como uma espécie de medicina milenar, que se recebe como dom e herança.

Os xamãs mais velhos darão ao iniciado um tambor de couro cru, limpo e vazio, e, além disso, irão macerar algumas ervas preparando um pó que será passado no couro, no qual formará um traçado com símbolos específicos para evocação das forças necessárias aos futuros trabalhos. Oferecem-lhe também uma pequena vareta com a qual ele baterá no tamborete e entoará os setecentos cânticos que aprenderá. Todo ensinamento é transmitido oralmente, a partir da confirmação dos sete xamãs. Os rituais não poderão ser interrompidos a partir do momento em que o jovem começar a entrar em transe. Sacrificarão um animal, a cabeça de uma cabra será cortada e o iniciante beberá o seu sangue.

Depois da confirmação, ele receberá um pano branco que enrolará por cima e em volta da cabeça, prendendo-o com três tiras de búzios. Alguns sinetes serão dependurados por todo seu corpo, os quais, ao menor movimento, começarão a tocar sem parar. No meio do pano enrolado à sua cabeça, será colocada uma amarração que prenderá um cocar de penas e ali ele permanecerá o dia todo tremendo o corpo no mesmo movimento e tocando o tamborete, enquanto aprende as canções que serão repetidas milhares de vezes. A cada estrofe, algum espírito vai sendo afastado.

Existe um espírito negativo de nome May, que precisa ter a certeza de ser aquele o escolhido, pois só assim não irá atrapalhar os trabalhos de iniciação. Por isso, em seqüência, um ou todos os xamãs invocarão o espírito para si até que ele faça sua parte e também passe pelo jovem, que prepara a carne da cabra cujo sangue vivo ele bebeu; esta será dividida igualmente entre os xamãs que o estarão acompanhando. Então, o espírito do mal partirá.

Este ritual pode ser assistido por muitas pessoas, pois sabem tratar-se de uma Iniciação, que apresenta um teste a todo momento. Afinal, se não se tratar de um espírito do bem, poderá surgir algo negativo que trabalhará prejudicando o próximo em vez de protegê-lo. O iniciante passará 24 horas em sua casa, em festa e em transe; durante todo esse tempo, dançará e tocará o tamborete com as famílias que participam dos festejos. Impedido de parar, o jovem iniciado, junto aos demais xamãs, segue com este cortejo para o alto de uma montanha, a uns quatro mil metros de altura, onde ficarão em recolhimento por um bom tempo.

Lá ele escolherá sua árvore que, além de ser muito alta, deverá ser confirmada pelos xamãs. Após a confirmação, ela será plantada na aldeia, em frente à futura toca do escolhido. Um dos xamãs subirá e colocará pequenos tocos de madeira, bem no alto da árvore, que servirão para o iniciante se apoiar durante o tempo em que estiver "pendurado". Ele permanecerá em ritual, ali no topo, durante todo o tempo, até que terminem de fazer o apoio. Então, o iniciante deverá descer e matar um animal maior do que ele — um boi, por exemplo —, retirando-lhe o coração e colocando-o em sua boca com uma porção de folhas. Seu rosto será todo coberto, serão seus olhos vendados e, dessa forma, ele deverá subir para o alto da árvore e lá permanecer por um dia e uma noite, em transe, com o corpo inteiro tremendo.

Num dado momento, um homem irá embaixo da árvore, com uma tigela nas mãos, e o iniciante deverá deixar cair nesse recipiente o coração do boi que até então permanecia em sua boca. Se o coração cair fora da tigela, o iniciante poderá perder a força de xamã e a conexão será interrompida nesse momento, assim como a Iniciação. Se acertar o alvo, descerá da árvore. Seus olhos serão inicialmente pintados por cima de um tecido branco, que depois será retirado. Este gesto é a representação de o iniciante estar nascendo para uma nova vida.

Seus cabelos serão raspados, e sua cabeça coberta. Na seqüência, ele seguirá em peregrinação pelas montanhas — um lugar frio que percorrerá com pouca roupa e cobertas, e onde praticará o Ritual da transformação para encontrar o bicho de sua proteção. Por um bom tempo, permanecerá nesse Transe do animal; quando voltar, sem largar a vareta e o tambor, e com sinetes dependurados pelo corpo, ficará cantando e tocando durante 12 horas sem parar.

Depois disso, o jovem passará por um ritual no qual, em transe, atravessará uma ponte estreita, perigosa e de altura exagerada. Se dela cair, com certeza, morrerá, porque embaixo só existem pedras e água. Em todos esses estágios da Iniciação, ele permanecerá quase todo o tempo em transe e, ao final, ficará por bom tempo na casa de seu avô recebendo diretamente dele os ensinamentos.

Ao voltar, será recebido com uma grande festa em sua aldeia, preparada para sua saída do transe. Ali, ele deverá passar por um banho de cachoeira; a partir desse momento, estará pronto para começar a curar pessoas, embora continue, devido à pouca idade, submisso aos sete xamãs mais velhos, até ser liberado.

O costume de comer o coração de um animal depois de tê-lo matado é milenar, e a partir do momento em que se pratica este ato a pessoa passará a ser protegida pelo espírito do animal; nenhum outro poderá atacá-la. As pessoas que seguem essas práticas são sempre escolhidas, predestinadas para alguma missão. O sangue do animal, em vez de ser ingerido, poderá ser passado na cabeça ou no corpo, dependendo do ritual.

Esses atos não diferem muito de práticas adotadas em outras culturas, como na católica por exemplo, quando o padre, ao celebrar a missa, procede a um ritual no qual come o corpo de Cristo e bebe o seu sangue através da hóstia e do vinho, cuja simbologia sagrada é a de "estar dentro". É outra forma de "conceber", "incorporar" ou "entrar em transe". Alguns animais desfrutam de faculdades extra-sensoriais bem próximas daquelas que se observam no ser humano. Entre os navajos, observei haver uma certa fixação pelos cavalos, animais super-sensíveis, aqueles que mais percebem os fenômenos e, assim como os cães, podem ajudar nas pesquisas do invisível. Na qualidade de agentes, podem induzir a alucinações telepáticas ou enxergar fantasmas de outros animais e de seres humanos por meios que não podem ser considerados telepáticos.

Se um ser é capaz de extrair do espírito de uma pessoa, mesmo distante, fatos desconhecidos por todos que o rodeiam, por que os animais não podem fazer a mesma coisa?

O índio velho, em todos os rituais de que participei ao seu lado, estava sempre acompanhado por seu enorme lobo preto e trazia, na ponta do chocalho, uma presa de lobo. Vi muita coisa acontecer entre ele e o seu povo. Vi, por exemplo, meu animal penetrar pelos vãos de meus pés na terra e deixar o chão liso como se nada houvesse acontecido, após abrir um enorme buraco. Vi e senti minhas costas ser riscadas por símbolos, sem que mão alguma me tocasse. Vi meu ser sair de meu corpo e ficar em outra posição, superior ao plano em que eu estava, e observar tudo o que se passava ao meu redor. Ouvi a voz dos ventos da liberdade e do movimento recomendar o caminho a ser seguido. Vi, em pleno ritual, o que estava previsto para acontecer no futuro, até mesmo as possíveis dificuldades. Senti perfumes e aromas inigualáveis, e não estava sonhando. Vi objetos sumir e surgir entre os meus guardados sem que eu pudesse, por um instante, perceber o que estava acontecendo.

Tudo era possível após presenciar curas nas cerimônias celebradas com areia pelos navajos, principal substância daquela religião, por meio da qual se harmoniza o ser com todo o espectro das forças naturais e sobrenaturais que o cercam. Nunca observei tanta habilidade em minha vida. Ou, como em outras vezes, na forma como uma entidade magicamente adentra o mundo interior das pessoas, trazendo à tona a essência-natureza de cada um e faz brotar a alegria onde não mais existem flores.

Fenômeno semelhante a este, que ocorre com o povo indígena, é aquele em que o sacerdote e o médico se tornam um só, quando religião e medicina se interligam formando uma unidade com o mesmo propósito: que as curas restaurem a harmonia de dentro e de fora. Para vivenciar é preciso *estar dentro* de todo o processo. No Brasil, em roncó, ou entre os navajos, nas *hogan* — cerimônias de vários nomes que contêm quatro princípios centrais: retorno à origem, confrontação e manipulação do mal, morte e renascimento, restauração do universo.

No Brasil, utiliza-se a pemba — espécie de giz utilizado em rituais de umbanda — e entre os navajos é usado o *pollen path* — "caminho do pólen" —, espécie de areia colorida que retiram de bolsinhas que levam a tiracolo para suas pinturas de areia e traçado esotéricos. Não sendo um deles, nunca poderia ter compreendido sequer parcialmente aqueles cânticos, por ser muito difícil entender seu idioma naqueles momentos. Em entrevistas que fiz com velhos caciques, como são chamados nas tribos brasileiras, eles pouco falaram sobre os seus segredos até ser escolhida por um deles. Também entre os navajos, o máximo que me permitiram, no início, foi participar como "escolhida" do Ritual da noite na caverna onde ocorreu a primeira manifestação — viagem inexplicável com canções que elevaram meu plano e me fizeram nele permanecer.

Por meio de riquíssimo material mítico, o Ritual da bênção permite ao homem entender que o sofrimento é parte integral da vida humana, e que o bloqueio ocorre quando aumenta o sofrimento, nem sempre suportável ao homem, principalmente quando não tem um propósito definido.

No Brasil, a ritualística da nação africana é transmitida pelo Babalorixá ou Ialorixá que, no grupo de trabalho, cumpre o papel de médico e de sacerdote. Entre os navajos, os rituais são orientados pelos *hatali*, os homens da medicina que manipulam os elementos simbólicos fundidos entre si. As pinturas, as canções e as rezas são ligadas aos mitos centrais, dos quais advêm os efeitos curativos. Quando reflito sobre essas questões, vem à minha mente a imagem de Waithyan, a mulher navajo que me ensinou as rezas invocadas oralmente, indicando-me como sua discípula de "cânticos", sem que precisasse pagar um único centavo.

Entre eles, todo o atendimento é pago; algumas vezes, chegam a custar mais de mil dólares. Quando isso ocorre, toda a família é obrigada a se reunir se pretende que algum dos seus membros seja curado. Os pobres pagam igualmente; quando não têm dinheiro, retribuem com ovelhas, trabalho, ou qualquer outra dádiva.

O núcleo da medicina indígena entre os nativos da América do Norte encontra-se entre os *dinehtah*, cabanas escondidas dentro dos cânions, morada dos respeitados xamãs que não obedecem a chefes supremos. O xamã é responsável por manter a cultura, e é estimado por todos, o que não senti com tanta euforia entre os vilarejos pueblo, próximos aos navajos. A cura social é uma reafirmação da solidariedade da comunidade e os rituais são gestos sociais, já que a doença não pode ser vista ou revelada, e nem os parentes mais próximos têm o direito de deles participar. A reserva e a dignidade caracterizam este procedimento.

Assim como os rituais brasileiros, as cerimônias podem tornar-se positivas ou negativas. Elas tratam dos mais diferentes seres e situações, desde espíritos obsessores até males físicos e atos morais, possibilitando a entrada de uma negatividade que não condiz com os seus objetivos; deuses ambivalentes, a bondade e a maldade misturadas funcionam de acordo com a natureza e com os homens. Estes devem confiar em seu conhecimento e equalizar as forças a seu favor.

Nada pode ser mais desejável, nem constituir um projeto maior que a possibilidade de se harmonizar com a natureza em todas as suas fases: a terra e as águas sobre a terra, o céu e as terras sob o céu, a terra e tudo o que existe sobre o planeta. Todas as partes e aspectos da natureza funcionando em harmonia. Um panteão navajo propõe-se a representar essa possibilidade almejada pelos rituais que, realizados cuidadosamente, são contemplados e abençoados pelos deuses.

Ao todo, são 26 rituais com diferentes variações e ramificações, que durarão o tempo necessário ou, no mínimo, dois dias. Dentre eles destacam-se: o Caminho da bênção, o Caminho do grito, o Caminho ao topo da montanha, o Cântico para a formiga vermelha, o Ritual da noite, o Ritual da beleza, o Caminho da pluma, o Caminho do mal (cerimônia que exorciza os espíritos do mal), o Caminho das estrelas, o Caminho do inimigo, o Caminho dos jogos (para os dias de caça aos animais sagrados, isto é, urso, veado, águia, antílope etc.), o Caminho do granizo e o Caminho do coiote, além do Ritual dos ventos, do qual participei. Ele é chamado de *chiricahua*, e nele o iniciado não pode ser atingido nem ficar próximo de nenhum raio, tampouco visualizar algo semelhante. Terá de permanecer sem expor a cabeça ao tempo por, no mínimo, sete dias.

Alguns desses rituais são muito caros, outros bem mais acessíveis. Eles demonstram a total ausência da influência cristã sobre este povo, o que se revela, por exemplo, pelo seu total desconhecimento do dilúvio de que trata o Antigo Testamento. A grande preocupação deste povo é que os novos "cantores de preces" dêem continuidade aos que aprenderam com os mais velhos da tribo, pois, caso contrário, a tradição navajo sucumbirá.

O poder invisível do xamã está associado às culturas primitivas que se utilizam dos conhecimentos universais do inconsciente. O termo tem sua origem nas religiões mongóis e siberianas, e relaciona-se ao desconhecido à nossa volta. Tanto quanto os santos, os iogues e os alquimistas, os xamãs foram os pioneiros na trilha do desconhecido, deixando valiosas indicações dessa dimensão humana na escrita, na arquitetura, na pintura, na música, na mitologia, na poesia, iniciando-se como discípulos até alcançarem a condição de mestres, passando por várias viagens entre o submundo e o mundo superior.

A tarefa dos xamãs é mostrar aos homens a força e a sabedoria primordiais, que surgem da convivência e do apoio mútuo entre os reinos animal e humano, e estabelecer um relacionamento íntimo de respeito e igualdade, não de temor, superioridade ou repressão. Conceber os animais como a representação do "degrau inferior" da evolução, ricamente carregada e apontando para o outro ramo da árvore da vida, a árvore sagrada, centro do mundo, a qual o xamã deverá galgar, após suplícios, para se libertar para o eterno.

Verdadeiros sacerdotes, cuja sabedoria foi alcançada por experiências psicológicas e não por mandos que visam a este ou àquele interesse, eles não devem ser vistos como pertencentes apenas às culturas voltadas para a caça. Podem surgir em qualquer ponto do universo. Possuem poderes que os tornam capazes de se manifestar tanto em atos como em atributos, ajudando os seres humanos, na medida em que detenham em si a possibilidade de se conectarem com os espíritos invisíveis de todo o tipo.

Os xamãs mantêm uma relação especial com o sol e suas propriedades de luz e calor. Embora grande parte do trabalho xamânico seja realizada na escuridão da noite, ou de olhos fechados, o abastecimento de luz é parte importante do trabalho. Existe um exercício simples para entrar em contato com essa força, que qualquer um pode praticar:

Estando ao ar livre, absorva bastante luz solar através da pele e dos olhos, ainda que indiretamente, sob a proteção de uma árvore; constitui excelente prática xamânica para absorção de poder.

Toda jornada tem como objetivo a comunicação com seu ser espiritual e obtenção de informações, para fazer parte da esfera oculta e passar a ser um explorador confiante das missões infinitas de um universo oculto e magnífico. Antes de iniciar a jornada, em primeiro lugar, é preciso preparar-se, concentrando-se naquilo que se quer saber. Para ajudar, pode-se utilizar o tambor que é chamado de canoa, cavalo, ou fonte de ouvidos. Eis outro exercício:

Escolhendo um local confortável e seguro, onde não seja interrompido, reduzindo a luminosidade, deite-se de costas com o corpo estendido. Feche os olhos e faça três ou quatro respirações profundas, expirando todas as tensões que possa estar sentindo. Relaxe profundamente. Tome consciência do próprio corpo, percebendo o efeito que a gravidade exerce sobre ele. Observe como ela puxa para baixo e pressiona as várias partes do corpo. É preciso abandonar qualquer resistência à gravidade. Ela é uma força natural e constante. Entregue-se a ela, permitindo que ela retire todas as tensões do seu corpo.

Imagine, com o máximo de detalhes, uma abertura na terra, desde sua forma e cor, até os sons e os odores circundantes. Aproxime-se devagar da entrada ou abertura e entre, mergulhando profundamente na terra onde toda a energia é renovada. Uma vez lá dentro, uma presença virá ao seu encontro e agirá como seu espírito-guia: um animal, uma pessoa, uma voz, uma bola de energia ou alguma outra forma. Faça a pergunta a esse guia e prepare-se para a jornada. Pode acontecer de descer rápido pelo túnel ou demorar mais do que esperava. Às vezes ascende, noutras descende; são muitas as possibilidades. Na volta, sempre agradeça ao guia e saia pela mesma abertura.

É possível que você não consiga na primeira tentativa. Os obstáculos que o impedem de conseguir, no entanto, raramente são permanentes.

Após duas ou três tentativas, você acabará alcançando. A entrega e o desapego são talvez os conceitos de mais difícil domínio. Rir ajuda a desapegar-se, pois as emoções engastadas são liberadas e o riso pode ser um bom remédio. Dançar imitando os movimentos do animal guardião num "círculo do poder" irá ajudá-lo a sentir-se livre.

CONHECENDO OS RITUAIS

O princípio do amadurecimento é usar os recursos de que dispomos, da forma mais correta, e nos momentos mais exatos.

A finalidade de uma Iniciação é "sacudir", "despertar" a mente, concretizando determinada vontade. O homem moderno, intelectual, pretende atingir esses mesmos poderes utilizando-se de ervas alucinógenas, uma verdadeira epidemia em busca de transformações. É por isso que se dirigem para o México, Peru, Alasca, Amazonas, África e pelo mundo afora. São leigos e ao voltarem de suas pseudoviagens caem em processo depressivo, o que não lhes dá direito de se intitularem xamãs de nenhuma espécie. Entretanto, a visualização é uma técnica primordial utilizada pelos xamãs no tratamento de várias doenças diagnosticadas como incuráveis, para cujo domínio não utilizam nenhuma droga.

O ser humano pode expandir-se de dentro para fora ou de fora para dentro, assim como também pode aprender a expandir-se para dentro com a *aiuasca* até que restabeleça o sentido e recrie a sensação de forças ocultas tão comuns aos xamãs. Mas, ao fugir da tradição xamânica, poderá surgir um interesse por "drogas que transformam a mente", o culto ao "psicodélico", que difere do culto às drogas do início do século 12, levado pelo desejo definido de chegar a algum lugar, de ligar-se a forças que existem no subconsciente. As drogas atualmente usadas surtem o efeito de imobilizar a mente lógica e entregar a personalidade a poderes subliminares que podem provocar revelações de beleza ou de horror.

Passar por este processo é como desfazer-se das próprias defesas e capacidade de isolamento. Em estado de vigília, a consciência encontra refúgio no bom senso, na realidade "objetiva", mas nos outros estados o limite entre a realidade e as fantasias pessoais torna-se obscuro. Sem conhecimento e disciplina, a mente fica à mercê de sua própria tendência à morbidez.

O homem primitivo sempre levou grande vantagem sobre o homem moderno em relação aos seus poderes sobrenaturais, pois sabia como ir buscá-los no estado em que se encontravam, enquanto os homens contemporâneos não sabem o que são capazes de realizar com sua concentração. Talvez essa incapacidade explique a atração que as drogas, particularmente as "psicodélicas", exercem sobre as pessoas que se dizem inteligentes e que intuem vivenciar, por meio delas, uma experiência incomum de atingir uma objetividade contemplativa por longo tempo. Um terrível engano alimentado pela necessidade de um estímulo externo — a droga em questão — visando a alcançar um estado temporário de iluminação.

A maioria dos alucinógenos atua inibindo a eficiência do sistema nervoso e provocando estados de consciência incomuns, em prejuízo da capacidade de concentração e do aprendizado. Eles podem provocar, inclusive, uma paralisação temporária de determinados níveis da mente, reduzindo, como um anestésico local, o consumo de energia e minimizando os "efeitos de realimentação". Todos, sem exceção, produzem efeitos contrários aos da concentração, pois relaxam a mente, sendo necessário levar em conta que, no caso dos alucinógenos, o sistema nervoso entra em "curto-circuito" e seus impulsos deixam de percorrer o caminho normal, espalhando-se por outras trilhas, provocando uma série de sensações pouco conhecidas.

A *aiuasca*, também conhecida como "água de catimbó" (mata onde existe timbó), é um dos cultos xamanísticos realizados no Brasil. Cerimônias ao ar livre fazem parte desse culto mágico, entre o *payé* (também conhecido como pajé ou *piai*) e a comunidade, atraindo os espíritos das matas e do fundo das águas. Meu pai, em suas andanças pelo Brasil, recolheu um garoto índio chamado Simão, com quem convivi como irmão durante muitos anos. Ele me ensinou como sua tribo entrava em transe mediúnico, recebendo os espíritos ancestrais que fornecem orientação sobre a saúde, os remédios, as lutas e a própria sobrevivência.

Tudo acontece em função de uma bebida ingerida por ele e seus iniciados, o *aluá*, mistura de raízes de uma palmeira tóxica chamada jurema. Facilita o transe dos índios e se transforma em substância mágica que constitui o poder sutil que dá origem às orientações. Força mágica, ligada diretamente à energia elemental, já que a raiz é um elemento sólido, representa a terra e vem de seu próprio interior. Quando raspada, macerada e misturada à água, sofre transformações de cor e se torna espumante na presença do elemento ar. Ao ser ingerida, toma contato com o quarto elemento, o fogo, e por meio do psiquismo provoca o transe.

No Ritual dos cachimbos, a mistura feita com raspas de raízes da jurema, quando queimada no fogo, forma uma fumaça que é soprada sobre o doente ou locais doentes. Também são utilizadas sucções e aplicações de remédios produzidos com essa raiz.

O catimbó, ritual que utiliza a planta de mesmo nome, era praticado pela medicina vegetal e hoje se tornou quase que só lembrança. Em seu lugar, surgiram outros rituais, mas o que realmente se intensificou foi a procura de ervas alucinógenas, cujo uso, em hipótese alguma, pode ser considerado um "culto à natureza" porque reza a tradição que nos rituais sejam manipuladas as forças dos elementos que a formam e não seus subprodutos. Estas, sim, devem estar presentes de forma vibratória em todo o ritual. A dualidade da força mágica do catimbó, por exemplo, era simbolizada pelos Filhos do sol ou da lua, que igualmente representam o fogo e a água.

A cerimônia era muito simples, e os primeiros cânticos se dirigiam à força feminina, marcados pelo ritmo de dois bambus ou de dois paus de madeira. De vez em quando, ouvia-se o som produzido pela cabaça do maracá, tocada pelo próprio pajé que, ao dirigir a cerimônia, era sempre acompanhado de um auxiliar. Ele fazia as saudações ritualísticas aos deuses do juremal, e aos grandes espíritos ali radicados que formam o Reino dos encantados, integrado por Vacujá, Tigre, Canindé, Urubá, Juremal, Josefá e o Reino do fundo do mar. Cada um desses sete reinos é composto por estados, e cada estado possui 12 comunidades, cada uma com três chefes. Ocorre o transe, momento em que alguns espíritos se manifestam dando "passes" — vibrações emitidas pelo médium incorporado — e curando as pessoas.

Simão narrava o ritual, contando que o *piai* era eminentemente um homem que adquirira poder por vontade própria, por direito de nascimento ou por eleição natural. Em qualquer um dos períodos do processo de Iniciação, ocorria o aprendizado, momento em que o pretendente a xamã fazia jejum e se mantinha isolado da comunidade, assistido por outro pajé, de quem recebia os ensinamentos sobre as tradicionais formas do uso das ervas, da música e da própria Iniciação. Ou seja, tinha acesso aos nomes das entidades — dos espíritos a ser invocados —, ao processo adivinhatório e ao domínio da magia. Esse aprendizado, longo e secreto, exigia muita dedicação e lealdade para com o mestre, pois, mesmo depois de ser nomeado xamã, o iniciado poderia ser capaz de exercer sua arte somente após vários anos de trabalho junto a outros sacerdotes mais experientes.

A preparação é sempre exigida em virtude da responsabilidade que os sacerdotes têm de ser porta-vozes dos espíritos e conselheiros que orientam os indivíduos e influenciam a vida da comunidade. No Amazonas, a religiosidade é tão rica quanto a selva, e ao lado da prática imposta pelo catolicismo outras crenças compõem o universo religioso dessa região. Ali, os iniciantes, muitos de origem indígena, buscam suas forças nos seres da natureza.

O caboclo dessa região acredita que os rios e os igarapés são habitados pelos companheiros do fundo, ou seja, por criaturas de um reino encantado, cujos poderes especiais são controlados pelos pajés que orientam as curas e as práticas de feitiçaria. Para muitos, o boto, a cobra grande e outros seres constituem as formas mais comuns de manifestação dessas criaturas. Tais entidades protegem a vegetação, os peixes e outros animais, ao contrário dos santos que atuam como criaturas benéficas mais ligadas ao homem do que ao meio ambiente.

O próprio rio Amazonas se origina do Urubamba — o rio sagrado dos incas. Viajando-se ali, por umas duas semanas, encontram-se curandeiros dos piros e dos machigenguas, descendentes de tribos das florestas virgens do Peru, temidas pelos incas.

Mistura de cipó jagube (*banisteriopsis*) e *caapi* (princípio masculino, a força) com a folha da *chacrona* (princípio feminino, a luz), a *aiuasca* e seu preparo envolvem segredos, sendo tomada com regularidade por algumas seitas que se alastram, o que possibilita que homens, mulheres e crianças entrem em transe. A partir de uma invocação, seus seguidores despertam a pessoa de seu sono secular da floresta para mostrar e decifrar os mistérios inexplicáveis do céu e da terra. Doutrinas e rituais musicais que contêm ensinamentos, revelações esotéricas, exortações ao arrependimento e louvores à natureza e aos astros. A partir de invocações, os seres descem e transmitem os ensinamentos de seus ancestrais.

Segundo testemunhei, muitos xamãs têm como prática comum serem os únicos do grupo a utilizar drogas. Após iniciado o efeito, afirmam que aparece de tudo, até mesmo o diabo. Em seguida, dormem durante uma noite e nenhum desses seres faz qualquer afirmação. Na noite seguinte, tomam a *toe* — uma erva de ação duradoura e durante a qual é dito surgirem milhares de pessoas — e em seguida voltam à *aiuasca* ou algo semelhante, e o espírito aparece para ajudá-los na "viagem" por meio da qual percorrem vários lugares e cidades longínquas, cuja existência os pesquisadores posteriormente provaram. Durante o êxtase, os xamãs têm visões do futuro e resolvem os problemas dos consulentes. O perigo está nos espíritos hostis, que tentam seduzir o curandeiro durante o êxtase.

Ao colocar a *aiuasca* no cachimbo, o curandeiro consegue localizar a doença no corpo do paciente, e ao soprar a fumaça do cachimbo na parte doente realiza uma purificação superficial. Mas somente com a ingestão da droga e da fumaça a saliva do curandeiro adquire o poder especial de absorver as energias negativas.

Em mais de uma vez entrei em contato com a energia dessas entidades conscientes iluminadas sem precisar provar qualquer alucinógeno; o resultado dessas vivências possuíam um valor incalculável, sem que houvesse necessidade de ser significadas ou representadas pela visão de pedras preciosas ou palácios encantados.

O resultado era a compreensão de um bem maior, uma direção de vida que não era a própria vida, uma opção de caminho sem ser o próprio caminho. Só precisava cantar algumas cantigas aprendidas oralmente, que são chamadas "pontos", entoá-las com a voz da alma, elevando aos planos necessários o que estava precisando de ajuda; isso propiciava a vivência de um momento de solidão único, no qual a pessoa deve ter a certeza do que se está conectando.

Questionando um xamã sobre a função de cada um dos sentidos, interessada que estava em entender o porquê de caminhar tanto e ter ido tão longe quando tudo estava tão perto, olhando-me profundamente, ele respondeu com a lucidez de um raio atravessando minha consciência:

— *Existem duas coisas importantes que precisam ser respeitadas: a audição e a palavra. O aprendizado vem da audição, e o ensinamento, da palavra. Aprende quem ouve e ensina quem fala. Quanto mais necessidade de aprender se tiver, mais calado se permanecerá. Está determinado, para cada ser, o número exato de palavras que ele dirá durante a sua encarnação. As palavras que deverá usar estão contadas, dada a sua importância. É esta a razão por que algumas pessoas desencarnam fora de época. Esgotam-se suas palavras. Muitas mortes são acidentais. Elas vêm no momento exato por determinações superiores ou fora de tempo, por outros motivos. Um deles é o uso indevido de alguns dos sentidos dados à matéria. Os olhos, por exemplo, devem ser usados para ver o bonito e o feio. E existe, no entanto, olhos que se dirigem somente para o bonito ou apenas para as coisas feias. Quando as pessoas cegam os olhos para o feio e se dirigem para o bonito apenas, quebram o preceito de ordem superior e são levadas a desencarnar. Quando a palavra é desrespeitada com as idiotices, afirmações sem nexo ou sem profundidade, aqueles que as pronunciam estão sujeitos ao desencarne precoce. Também as pessoas que usam a audição, não para as coisas fúteis e pequenas nem para o fortalecimento interior, estão indo contra os preceitos naturais.*

Existe uma distância entre o ouvir e o falar. Há a pausa para a reflexão daquilo que se ouve e ela se traduz por meio da fala. Essa pequena distância do ponto de vista da velocidade do cérebro é tão grande que, para a consciência, pode ser eterna. A verdadeira distância entre o que se ouve e o que se fala é determinada pelo cérebro e pela consciência.

Outro ensinamento importante que ele me deixou foi sobre os sete orifícios da cabeça, os sete pontos da sabedoria. O nariz possui o valor maior entre todos na medida em que determina a existência do bem e do mal.

— O nariz tem simetria e decisão da direita e da esquerda. Talvez em virtude dessa sua importância, diz-se que a vida se originou de um sopro das narinas. A vida é ar e este adentra o ser pelo nariz. O ar é vida. A cada respiração, o ser leva para dentro de si o bem e o mal, ele me disse.

Esse mestre, como tantos outros, possuía uma maneira própria de apresentar as questões. A velha escrava vovó Mariana, quando se manifesta em sua simplicidade, conversa longas horas a respeito das mesmas ou de outras maneiras diferentes. Orienta-nos sobre o valor da busca da sabedoria, sobre as maneiras como a paz e o céu podem existir na terra para todo aquele que consiga encontrar um verdadeiro caminho de irmandade: nos rios, nas matas, nos irmãos, nas pedras, no equilíbrio. E, em cada um que encontrar, um irmão que "possa banhar você com a água pura de um rio, ou alimentá-lo com os frutos da mata". É o viver em paz na Terra. "Um dia, quando a Terra já não pertencer a mais ninguém, os ensinamentos serão levados para o mundo espiritual que são de alegria e de verdade."

Muitas vezes, ela deixou claro que "Tudo o que uma pessoa passa de ruim é porque precisa de mais firmeza na cabeça e que, quando não se quer, não se deve deixar que algo aconteça. Foi apanhando que aprendi que só é velho quem deseja. As dificuldades da vida material são como uma chicotada que um dia se transformará em aprendizado. Os sofrimentos e as tristezas são necessárias para aprender o que é alegria".

Um grande xamã é aquele que pode ser reconhecido pela pureza das palavras, sem que necessite ingerir alucinógenos para se fazer entender. A energia que Papai Velho emite quando fala explode dentro daqueles que o ouvem ou sentem sua presença. Pouco podemos ouvi-lo falar, mas podemos senti-lo nos momentos em que se faz presente. Num desses encontros na mata, quando o silêncio se fez abençoado pelo amanhecer do dia, ele se aproximou, e olhando por cima de minha cabeça, bem distante, penetrando minha alma, disse: "A floresta também pode ser negra, porque existem muitos perigos na noite. Mas, quando amanhece o dia, como é bom ver as gotas de orvalho nas folhas! Quando amanhece, brotam as gotas que caíram durante a noite... Você, Pó-de-ouro, é como as gotas de orvalho caindo na madrugada...".

A prática ritual xamanística possibilita um estado de transformação da consciência, por meio do qual, geralmente, o iniciado se apropria de canções que serão utilizadas depois, em sessões de cura. O canto pode ser considerado uma ponte entre a realidade normal e a supranormal: ele traz o conhecimento, a visão e a sensação do outro para este mundo. Igualmente, as danças e a poesia são pontes que ajudam o xamã a expressar seu conhecimento sobre as regiões sagradas, em linguagem normal. Ensinam que, por vezes, um mesmo vegetal pode propiciar dois usos opostos.

No México, conheci muitos xamãs que usavam alucinógenos para entrar em transe, e outros que já estão totalmente fora do mundo, dentro de si mesmos; ligados diretamente à ancestralidade, vivem enfurnados em cavernas, praticando rituais seríssimos, fora do alcance do roteiro turístico.

Muitos guias esotéricos se dizem xamãs e colocam-se à disposição dos turistas, que pensam estar vivenciando tudo e realizando uma viagem fantástica ao mundo em que os iniciados dizem ser especialistas, principalmente com ervas. Existem muitos sítios, locais por eles denominados "sagrados", para onde levam os menos avisados que manifestam desejo de realizar uma viagem ao surrealismo. O que comumente acontece é que acabam caindo nas malhas de algum curandeiro, que narra passagens fascinantes.

Esses guias estão pelas ruas, vagando por todos os pontos turísticos, com os olhos atentos aos que buscam experimentar de tudo. Convidam para conhecer um local ainda não muito explorado e "misterioso" — esta é uma palavra-chave — e ali, em meio a um pequeno grupo, o interessado tem a oportunidade de viajar no tempo, sorvendo apenas um gole de uma poção sagrada, preparada por eles mesmos, não pelos deuses.

Os pueblos ensinam que as histórias devem ser contadas à noite, quando o vento sopra mais forte, os sons dos sorrateiros bichos noturnos invadem nossos poros, uma estrela cadente confirma o silêncio da escuridão e a sensibilidade se encontra mais aguçada. Por esse motivo, é preciso ter um cuidado especial com os narradores.

Um poeta não necessita de casa, nome ou sobrenome. Mas um xamã, para ser respeitado, não deve ser visto pelas redondezas. Está sempre em alguma gruta escondida no meio de sua tribo, trabalhando em função de seu povo. Dificilmente explicará a qualquer um que chegue, pela primeira vez, as razões e os porquês dos alucinógenos. Essa decisão sempre partirá dele, não apenas para saciar a curiosidade de alguém. A maioria deles ou fala muito sobre o assunto ou se cala, indicando com isso que os que desejam se aprofundar devem fazê-lo por experiência própria, atitudes que geralmente resultam catastróficas. Foi o que vi no Peru, onde muitos guias assim procediam, utilizando o cacto de São Pedro como garantia para abrir as portas do céu.

Realmente, muitas portas devem abrir-se, já que desse cacto se extrai a mescalina, uma droga que inibe a consciência. Eles garantem, no entanto, que ela alimenta a alma, o espírito e a mente e só assim o homem pode encontrar-se com a força divina, transportar-se para o passado ou para o futuro, despertar seu terceiro olho e se tornar mais perceptível.

QUE NINGUÉM SE OFEREÇA PARA EXPERIÊNCIAS

Qualquer um pode tornar-se feiticeiro.

O que diferencia os xamãs entre si é a forma como trabalham. Um dia, em Palenque, conheci uma feiticeira na saída de um ritual, que me convidou para morar um tempo com ela a fim de conhecer a arte que dominava, chamada *nahual tocaitl*. A mulher só consentia que dela se aproximassem aqueles que entendessem sua língua, criada por ela mesma e que dizia ser um idioma de divindades.

Invocava *os nti-ni-se*, corpos físicos de espíritos invisíveis, na base de cogumelos sagrados. Declarou que só se aproximam deles os puros, libertos de seus pecados e preparados para receber, em seus próprios corpos, a carne dos velhos deuses Mazatecos. Depois, segundo observei, ela se utilizava da erva-de-passarinho (*psilocybe mexicana heim*), pequenas sementes escuras que crescem nos campos de milho e pastos, misturadas ao *angelito* (assim chamado pelos habitantes de Hauatla), ao *nti-ni-se* e também ao cogumelo Santo Isidoro (*strophara cubensis earle*), bonito, com chapéu creme, que cresce no esterco do curral junto com a *e-le-nta-ha*.

Este aspecto me foi muito bem explicado por Estrela-da-manhã depois de ter ganho sua confiança. E a droga não é utilizada por todos da tribo, mas somente pelo xamã, que conhece os seus poderes e a utiliza de forma curativa em dosagem modesta, pois pode levar à morte se utilizada indevidamente.

Em Soueto, subúrbio negro de Joannesburgo, a maior cidade sul-africana, disputam a bruxaria quase mil feiticeiros e pajés que gozam de grande prestígio. Os zulu se denominam "Povo celestial", e em geral residem na costa do Oceano Índico. Dirigem os riquixás com as mesmas energias que na África do século passado. Os ritos e as receitas dos pajés são transmitidos de forma tradicional há centenas de anos. Cada tribo tem um nome especial para seu curandeiro que mantém uma hierarquia: *sangoma* (o mais conhecido por ter sido convocado pela voz de um parente falecido), *inyanga* (o que tem a magia de herança), *tagati* (feiticeiro que utiliza seus conhecimentos para lesar alguém ou cobra pelos serviços prestados), *tabatakatis* (base da doutrina zulu, espíritos que provocam as doenças ou mesmo a morte).

Os pajés pagos, junto com seus espíritos, são os responsáveis pelas doenças, e o curandeiro deve descobrir os remédios adequados para a cura. Trabalham para isso com partes do corpo de certos animais e cascas de raízes de árvores: *umdhlebe* (um tipo de arbusto com flores, cujo perfume mata; para recolher sua casca, é preciso aproximar-se com o vento soprando por trás), *umzilanyoni* (arbusto venenoso, evitado até pelos pássaros; usa-se a casca), *ungazi* (árvore cuja seiva é vermelha como sangue).

Após receber o feitiço, um zulu vai ao curandeiro para narrar seu sofrimento. Se for um feitiço difícil, pronuncia-se o nome da pessoa que rogou a praga pelos quatro cantos do mundo. O curandeiro mata uma cabra e coloca seu sangue em uma panela de barro junto com os remédios de sua sábia preparação. Enquanto vai cozinhando, o zulu inala a fumaça e o vapor pacientemente. Depois é agasalhado enquanto o pajé cozinha a gordura de um animal por eles chamado *mamba*, junto com remédios pulverizados. Pronta a mistura, passam-se ali algumas agulhas que são espetadas no paciente, começando pela cabeça e terminando nos pés. No dia seguinte, ele recebe o *infuzane* (remédio para doenças no estômago), o *umgodide* (bom para resfriado), os remédios pulverizados do dia anterior. Desta maneira, os venenos ou "pragas", como eles chamam, são expulsos com as fezes. Ao beber a mistura durante três dias, a moléstia desaparece do corpo e do espírito; então, "o feitiço vira contra o feiticeiro".

Tive a oportunidade de assistir a tudo isso, acompanhando um cinegrafista numa reportagem curiosa, já que muitos brasileiros se transferiam com suas famílias para Soueto com promessas de bons salários. Foram tantos que eu encontrei que mais parecia um estado brasileiro dividido entre fronteiras. O cinegrafista, já de muita idade e com inúmeras passagens por situações de conflitos, guerras e tantas outras dificuldades de sua profissão, deixou-se levar pelos comentários de um zulu a respeito da forma como a cultura os obrigava a se comportar. Ele ficou tão mal que cheguei a comunicar ao *Diário de São Paulo* sobre sua situação gravíssima, pedindo que dessem um jeito para que ele fosse transportado de volta ao Brasil. Não havendo possibilidades, recorri a um xamã, um pajé entre os zulu, que me aconselhou a concordar com o processo ao qual ele deveria ser submetido. "É coisa de feitiço", ele me disse.

Eram quase 23 horas quando chegamos a uma encruzilhada. O xamã, após uma série de cantorias e danças com um pequeno grupo, colocou o cinegrafista deitado, com as costas no chão, e fez uma "entrega", oferenda destinada aos espíritos do mal: um frango preto morto, uma cobra morta, diversas folhas, ervas e flores junto com desenhos misteriosos. Ficamos por ali mais ou menos uma hora até que o cinegrafista levantou-se como se nada tivesse acontecido. Mas era preciso ter estômago para ver o que eles faziam com aquele material, inclusive o frango que um dos homens do grupo engoliu com penas e tudo.

Ao sairmos do local, o curandeiro pediu-me que não olhasse para trás e depois explicou-me que existem forças que se apossam do material logo após o trabalho, e que algumas vezes podem ser vistas; segundo ele, a imagem não era nada agradável. O perispírito fica rondando e são formas horripilantes. Se alguém passa em um desses locais, desvia ou faz respeitosa reverência.

Logo que voltamos ao Brasil, ele narrou o que acontecera ao editorchefe de reportagens especiais que me chamou e ficou estupefato com a confirmação e outros detalhes que eu lhe contei. Depois disso, o cinegrafista pediu para mudar de setor e se transformou numa pessoa muito estranha e calada, que só falava comigo quando eu tinha necessidade de informações sobre os locais de futuras reportagens que ele já tivesse visitado. Ele ficava na gráfica, aos sábados, e como eu acompanhava, nos finais de semana, o andamento das inúmeras páginas que escrevia, conversávamos sobre sua vida, o que estava sentindo depois do que passara. Era muito difícil manter um diálogo, pois ele logo se afastava e ficava num canto chorando ou falando sozinho. Foi assim até o jornal fechar; depois nunca mais ouvi falar dele.

Antes disso, ele me orientou nos preparativos da viagem à Ilha de Páscoa, porque conhecia muito bem o local e previu tudo o que poderia acontecer. Também foi ele quem me indicou o xamã que eu deveria procurar e escreveu a ele pedindo que me recebesse.

VIAGEM À ILHA DE PÁSCOA

Quando alguém atravessa o Pacífico, se contar algo do que viu, sem a autorização dos nativos, será severamente castigado.

Meus companheiros do jornal há muito vinham pedindo uma reportagem sobre o ritual anual do Rono Kao, vulcão onde os habitantes da Ilha de Páscoa cultuam seus antepassados e as festividades acontecem no terceiro domingo de maio, percorrendo em longa e demorada procissão as ruas de Hanha Roa, terra dos mistérios, Terra dos Davis, Ilha de São Carlos ou herdeiros de Hiva nascidos em Maori, na chefia de Hotu-Matua.

Demorei a aceitar a proposta dadas as dificuldades colocadas pelo cinegrafista após seu problema com os feiticeiros zulu. Foram meses me alertando sobre os perigos desse ritual, do qual ele já havia participado alguns anos atrás, e que a única pessoa com quem eu poderia contar para estar tranqüila era um amigo dele, Hanauie, guia da reportagem que o acompanhara. Entre viagens ao Japão, ao Havaí, a Hong Kong, ao Senegal, ao Haiti, demorei-me dois anos para decidir. E lá estava eu em Te-Piro-O-Te-Enua, fruto de dois grupos étnicos em sua formação: os peles claras, hanau eepe, muito altos, com cabelos loiros e longos bodoques ornamentais nos lóbulos das orelhas, e os hanau momoko, diferenciados por suas orelhas curtas, pele mais escura, ambos adoradores dos gigantes de pedra que circundam a ilha.

94

Foi a primeira informação que ele me deu antes de entrar na ilha, junto com algumas palavras da língua nativa *rapa nui* (ao pé da letra, Ilha da Páscoa), muito similar ao maori que se fala nas Ilhas Marquesas. Ajuda a compreender por que o povo honrava o rei que deu início a tudo, motivo da grande festa anual que faz com que a maioria dos homens da ilha passe meses triturando a negra rocha vulcânica ao lado dos seus filhos homens mais jovens, encarregados de levar cestos lotados de pedras pulverizadas que deverão ser colocadas no local onde será feita a cerimônia.

Tomei conhecimento de que um dos principais cultos do local vem de longo tempo e é dedicado a *Tangata Manu*, o homem-pássaro. Todos os meses do ano havia a preparação para a chegada de julho, quando tinham início as disputas. Os representantes dos chefes de cada clã deixavam suas casas e seguiam até a vila cerimonial de Orongo, construída no topo do vulcão Rano Kao, e de lá os participantes iam a nado até a Ilha de Motu Nui arriscando a vida com os milhares de tubarões e o mar perigosíssimo. Ficavam nessa ilha até setembro, à espera das aves migratórias. Quem encontrasse o primeiro ovo o entregava ao chefe do seu clã. Este, por sua vez, tornava-se o homem-pássaro, permanecendo como rei durante um ano. Nesse período, ele não poderia banhar-se e deveria abster-se sexualmente, alimentando-se apenas de um preparado feito em forno especial.

Desse dia em diante, por um ano, todas as decisões das aldeias e dos grupos pertencentes ao seu clã eram de sua alçada. Passava a ser o depositário do *maná*. Eles se dedicavam e se submetiam a esse culto, vivendo na mais perfeita harmonia até a chegada dos invasores que se interessavam apenas pelo *guaino*, excremento das aves utilizado como adubo e combustível em todo o mundo.

Do avião, vindo de Santiago do Chile, a primeira impressão que se tem sobre os Moais, estátuas talhadas em pedra vulcânica, é que parecem ter mais de vinte metros de altura, pesando mais de cem toneladas. Fiquei bom tempo observando, enquanto o comandante dava voltas para que os passageiros se deliciassem com a paisagem, com os *pukao*, espécie de chapéu-cabelo em cima da cabeça das sete estátuas, voltadas para o mar, com seus olhos de coral polido, que através dos tempos mudaram de tamanho. Provavelmente, características de antigas civilizações extintas em função de destrutivas expedições que dizimaram os ocupantes da ilha pelo simples prazer de matar, já que o local, ao que foi provado em todas as pesquisas, não teria muitas riquezas a oferecer aos invasores. Ou em função das disputas pela ilha entre os "orelhas compridas" e os "orelhas curtas". Ou mesmo porque acabavam como vítimas da escravidão. Os que restaram morreram de varíola.

O *maná* é a ligação do habitante da ilha com o cosmos, energia sagrada que o coloca em contato com a Terra e todo o universo, penetrando a energia através do ventre e com a força de conexão na pedra Te-Piro-O-Te-Enua — cuja tradução literal é "Umbigo do Mundo" —, nas cercanias de Hanga O Honu. Com as mãos colocadas sobre a pedraritual, após trinta dias na ilha, eu estaria entre os nativos participando da conexão com a energia divina, mesmo cerimonial do homem-pássaro, feito entre os representantes dos chefes de cada clã na vila cerimonial de Orongo no topo do vulcão Rano Kao.

Imaginava-me deixando de lado tudo o que fosse confortável e seguro demais, para ser fiel à realidade, sabendo que havia algo novo à minha espera naquela imensidão, como certa estava de que deveria, neste encontro, mergulhar na natureza intuitiva. Momentos em que me aproximava da parte aventureira de meu pai, que me ensinou a desenvolver a sensibilidade ao inconsciente misterioso, confiando nos meus sentidos interiores, por meio das pescarias às cinco horas da manhã, no silêncio profundo e frio da madrugada da cidade praiana onde vivíamos. Ele dizia conversar com os peixes por meio da respiração, além dos milhares de nomes diferentes que dava a cada um quando fisgados, o que, naquela época, mais parecia invencionice.

O cortejo da procissão ao Rono Kao é embalado com mantras e danças para que todos consigam, com a força das invocações, iniciar a longa e esperada caminhada pela ilha. É quando uma virgem se dirige ao local; se a mistura do material recolhido pelos homens mais velhos dos clãs estiver completamente endurecida, trata-se de uma resposta positiva, ela foi aceita pela divindade. Isso representa proteção ao grande encontro com os ancestrais dos vários clãs, oriundos das civilizações que estiveram povoando as ilhas dos mares do Pacífico.

Logo na entrada da misteriosa ilha, sente-se o *maná*. Após 63 dias convivendo com essas forças, explorando o sobrenatural, a fonte de vida, poder e morte, é como se os "orelhas compridas", que cremavam seus mortos em honra aos deuses até a Huri Moais, estivessem ladeando os tão falados espíritos — *aku-aku* — que ainda guardam a ilha com suas costelas expostas. Dizem que, quando a noite chega, eles voltam aos seus túmulos na Ilha Kiribati, passando pelos sete sentinelas enormes que vigiam a ilha toda.

A maioria dos participantes da procissão ajeita seus cabelos de maneira muito semelhante à dos *pukao*, o amontoado em cima das cabeças das gigantescas estátuas. A paisagem nua e paradisíaca prova que o local foi cenário de uma tragédia do último posto avançado do mundo polinésico, que contém em seu interior o mistério de um passado com adiantado estágio cultural contado nas *rongo-rongo*, tábuas-falantes esculpidas de cabeça para baixo e encontradas nos megalitos de pedra que narram os acontecimentos por intermédio de seus pictogramas. O poder das tábuas foi transmitido de geração a geração apenas entre as famílias mais seletas.

Ouvi muitas histórias das milhares de expedições que passaram pela ilha, cada qual tentando, à sua maneira, explicar como aconteceu tamanha destruição nas enigmáticas ilhas do Pacífico Sul. Os locais sagrados ainda sobrevivem, embora em ruínas com seus centros cerimoniais bem visíveis e parecidos com os *ahu* da Ilha de Páscoa.

Vista pelos padres como coisa do demônio, a destruição veio a seguir, graças ao fanatismo dos missionários, cuja função era completamente diferente. Os nativos, amedrontados ao verem suas famílias dizimadas por castigos impiedosos, não transmitiram seus segredos aos filhos e até hoje não existe conhecimento suficiente para uma verdadeira leitura. Por isso, as tábuas-falantes continuam mudas.

Os que se sentem seguros com os intrusos visitantes contam na língua nativa que a tradição veio daqui ou dali e que muitos de seus pertences são de parentes, ancestrais, chegando mesmo a arriscar que alguns dos objetos são originários dos tempos dos hanau momoko — raça delgada —, ou dos hanau eepe — raça robusta. Quem quiser ser bem recebido, é obrigado a ouvir de tudo um pouco, até conseguir adquirir a confiança dos nativos para, finalmente, chegar a uma aproximação com um dos homens dos clãs, responsável por rituais de Iniciação.

Todo o tempo em que passei fotografando para várias revistas, eu era obrigada a parar e mostrar, vez ou outra, as fotos reveladas, para que os habitantes da ilha acreditassem que não estavam sendo utilizados como cobaias para algum projeto científico; certificavam-se também de que suas tradições não estavam sendo invadidas ou adulteradas. O turista é uma constante em todas as ilhas e o povo é muito desconfiado com novas atitudes.

Entendi, viajando pelo tempo, a resistência à minha presença quando a porta da casa avarandada se abriu, e Hanauie, líder de uma das famílias da comunidade, apareceu e ficou me olhando de longe, sem entender o que eu estava fazendo ali. Com seus olhos amendoados, cabelos lisos e longos, sem esboçar o mínimo sorriso, apenas surpreso, indagava o que faria uma jovem com mochila nas costas, cabelos loiros presos à nuca, aguardando que ele desse o primeiro passo.

Havia um compromisso entre mim, o jornal e ele. Eu pouco conhecia o local, a não ser alguns hotéis indicados, de preços elevados para uma jornalista. Afinal, ele se comprometera a hospedar o representante do jornal assim que ele se apresentasse. Chegara à sua casa de cavalo, porque nem mesmo o jipe se atreveu a passar. Perguntei: — Você é Hanauie? — Ele permaneceu estático. Continuei: — Estou chegando com dois anos de atraso devido a sérios problemas no jornal...

E ele, ainda encostado no batente da porta, o que começou a me incomodar, porque eu tinha o hábito de falar muito e gostava de receber respostas. Por fim, ele me acolheu.

Somente depois de alguns dias na ilha é que Hanauie me esclareceu que ficara assustado porque imaginava uma senhora bem mais velha, embora eu não fosse tão jovem assim. Além disso, na noite anterior, houve uma reunião entre os líderes dos clãs para a organização da festa e alguma força dominou o grupo avisando: "chegará à ilha a filha do pássaro dourado, com a pele cor de bronze, cabelos loiros encaracolados, com a marca da serpente nas mãos". Coincidência ou não, eu estava bronzeada e passei a ser vista por todos os nativos de forma pouco comum, porque, quando alguém era enviado pelo homem-pássaro, tinha livre acesso aos rituais, ficando a um passo de participar da Iniciação.

Fui avisada de que antropófagos habitaram as ilhas vizinhas; os nativos também deixaram claro que: "quando alguém atravessa o Pacífico, se contar algo sem autorização, será severamente castigado". Fiquei chocada com tanta "maldição", mas lembrei-me do alerta do cinegrafista, que por várias vezes me falou dos perigos de todas as formas iniciáticas. Depois que "está dentro", o neófito fica proibido de revelar os tipos de materiais utilizados nas oferendas, como uma forma de segurança. Se revelar algo sobre o que se passou, a não ser apenas sua sensação individual, a casa não responde pelo relato ou pelo que realmente aconteceu na hora da conexão. Assumi o compromisso, mesmo porque era a base da peregrinação por muitos rituais em civilizações que ainda mantêm contato com seus ancestrais.

GRANDES ENCONTROS

Na superfície, tudo é belo. Mas, no fundo do coração de cada um, existe uma vida desconhecida aos olhos externos, eterna no sentimento de cada ser...

Hanauie falava um espanhol fluente, mas, quando a noite caía, ele só se comunicava em *rapa nui*. Era uma fala fascinante, e quando eu me fixava em algum objeto da natureza, enquanto ele dialogava com seus familiares, deixava bem claro que eu não deveria tirar nada do local porque os espíritos voltariam para buscar. O que é da terra pertence à terra. Ao mesmo tempo, ele era muito doce com suas filhas, Hanui e Herea, que pouco falavam, apenas sorriam enquanto tentavam desembaraçar os caracóis de meus cabelos. Elas me penteavam com um pente feito de osso, todo o tempo que eu permitisse, e colocavam as mechas sobre as cabeças de suas bonecas de pano, que elas mesmas faziam. Era como se eu não fosse real.

A dança, de um lado para o outro, era uma constante, abrindo espaço aos mistérios entre o profano e o sagrado. Eu estava num desses momentos, vagando entre dois mundos sem querer fixar-me em nenhum deles, quando o nativo se aproximou e disse que o velho Ahui me receberia naquela noite, após sete dias de espera. A alegria foi tanta que decidi passar toda a tarde ao lado de uma das gigantescas Moai olhando de longe todas aquelas ilhas misteriosas. Num dado momento, Hanauie pediu-me que o acompanhasse até a casa do velho xamã.

Chamá-lo de Ahui era um dos compromissos assumidos, porque existe uma possibilidade de revolta dos espíritos em citar seu nome real. Chegando à casa, deparei-me com aquele velho homem sentado em uma cadeira de balanço, muito enrugado, com um nariz pontudo, olhar bem distante. E quanto mais me aproximava, mais sentia sua força, como se ele estivesse me olhando por dentro. Estendi minha mão e ele a sua, nos cumprimentamos sem dizer palavra. Ele continuava seu ritual, enrolando seu cigarrinho e olhando para o nada e para tudo ao mesmo tempo, tenho certeza. Sentei-me na escada da pequena varanda e fiquei ouvindo sua fala, que mais parecia um gemido, uma canção repetitiva. Ele falava e falava, e eu ia me lembrando de velhas passagens, já que não entendia nada. Aos poucos, Hanauie começou a traduzir o que me dizia:

— *Você vai atravessar um deserto e o sol irá secar sua pele, irá queimá-la e você sentirá muita dor. O pó cegará seus olhos de marfim e seus ossos doloridos irão lhe ensinar a canção dos cegos. Em sua cegueira, você começará o despertar para a viagem à luz da sua luz... Mas você voltará mais vezes ao deserto e sentirá tanto frio nas noites úmidas que não conseguirá se aquecer ao ser queimada viva... Depois, voltará mais uma vez ao deserto e encontrará água para beber. A água não virá do céu. A água virá trazida pelas bruxas da noite, que se vestem de morcego e não têm olhos. Elas deverão gritar muito para despertá-la de um sono profundo, e irão levá-la à escuridão de muitos sóis... Você irá viver e morrer e renascer muitas vidas dentro dessa mesma vida; e cada vez que voltar, lembre-se de que você não está só. Elas virão e irão viajar dentro de você, despertar seus bosques e a terra que mora no seu ventre. E plantar sementes que você deverá enterrar a cada som da meia-noite. Você nunca será dona de nada e deverá sempre dividir o que tem... Você nunca será totalmente velha, porque já nasceu com o tempo ventando ao seu lado, mas poderá envelhecer como as bruxas e as feiticeiras quando desejam se transformar em mágicas para se esconder quando alguém quiser que você faça o que não quer fazer... Você será amada ou odiada e nunca sairá do coração daqueles que passarem por perto... Se sentir dor, volte ao deserto, porque elas estarão lá e a protegerão... Não deixe que as pessoas a conheçam mais do que devem, ou perderá sua força que será atraída para um sombrio tempo de sofrimento e não conseguirá sair de lá sozinha... Volte ao deserto quantas vezes precisar...*

Com minha pouca experiência eu ainda estava tentando entender o peso que deveria carregar se levasse em conta tudo o que ouvira daquele fascinante velho, mas também ainda era tempo de esperar. Eu nunca poderia imaginar que ele acertaria tudo o que viria pela frente. No momento em que ele foi se recolher, sem ter nos convidado a entrar, ouvi Hanauie falar com ele e depois dizer qualquer coisa como "ela vai rumo a muitas direções e voará nas asas do pássaro dourado" e depois "no tempo dos tempos". Tentei perguntar a Hanauie sobre a simbologia de tudo o que ele dissera, mas ele me pediu que ficasse calma porque era preciso pensar antes de falar e muitas vezes é melhor ouvir a voz da sabedoria, que vem de longe, em silêncio. O que também não ficou muito claro naquele momento.

A cada dois dias nos dirigíamos à sua casa, sempre à noite, e ele na mesma postura, falando quase que as mesmas coisas do primeiro dia, olhando para o infinito, contando passagens dos povos que por ali passaram e, na despedida, continuava falando e olhando para o mesmo ponto distante, como no primeiro encontro. Se ele se apercebia quando eu chegava ou partia, não sei. Foram 14 dias na mesma rotina. E, quando eu insistia com Hanauie em saber o porquê das repetições, ele dizia que "os grandes mestres devem ouvir a mesma história várias vezes, porque cada vez em que é contada descobre-se outra e nova história". Na verdade, ninguém conhece sua própria história porque nunca parou para ouvi-la. Na maioria das vezes, são as pessoas que contam nossa história, como devemos agir, nos vestir, sorrir, falar ou calar e quase nunca nos damos tempo para nos conhecer melhor. Algumas vezes nos transformamos em roupas velhas, surradas e repetitivas porque permitimos que nossos ideais e valores se desgastem no tempo.

Em um desses retornos ao xamã Ahui, pedi que ele me falasse mais sobre essas bruxas noturnas. Ele apenas respondeu: "Muitas coisas nem você mesma deve saber; nem eu nem mais ninguém, nem Hanauie, que esquecerá tudo o que eu estou falando, porque não estou falando e também não estou ouvindo".

Aviso sutil e direto, porque até mesmo os nativos têm sido vítimas da "maldição" quando falam além da conta ou indicam locais sagrados ou outros abusos tais como Moais ainda não descobertos ou em posições diferentes; pegar objetos sem ordem e, pior ainda, tentar vendê-los; entrar no interior de cavernas sem serem chamados por alguém de algum clã; esquecer-se de dedicar parte do que comer aos *aku-aku;* tentar cantar na língua nativa sem ser convocado para aprender os cânticos em polinésio; oferecer bebida alcoólica aos nativos; e, mais ainda, comprometer-se a fazer exatamente tudo o que for exigido se quiser ter uma vida futura sem problemas. Tudo deve ser feito por meio de convite. Na ilha, ninguém faz o que quer, e se fizer sofrerá as conseqüências.

Andando pela ilha, percebe-se que no lugar onde se localiza cada Moai existiu antigamente uma aldeia.

Cada rei construía seu Moai mais alto, para provar que era mais poderoso. Com o sacrifício de escravos, os Moais eram cada vez maiores e não havia mais homens para trabalhar nos campos. As guerras pelo poder começaram e trouxeram a desorganização das tribos e aldeias. Veio a fome e tudo era muito triste, todos eram infelizes só para que o rei tivesse mais poder. Até um dia que não suportaram mais e o povo começou a destruir os Moais para se libertar da escravidão, por volta do século 17. Nesse período, teve início o "Culto ao homem pássaro", *Tangata Manu,* motivo pelo qual eu estava ali na ilha, tentando decifrar aquele enigma.

Pedi a Hanauie um dia de descanso antes dos preparativos para a festa e decidi ir sozinha à casa de Ahui. Quando lá cheguei ele ficou me olhando e depois de longo tempo levantou-se e chamou-me para acompanhá-lo até um local que tinha uma vista maravilhosa, de inesquecível profundidade, já que dali tudo é lindo demais observado de qualquer ângulo. Indicou-me um lugar para sentar e colocou os dedos sobre a boca, pedindo silêncio. Eu obedeci e os ventos bateram forte em meu rosto, chegando a assobiar. Minha cabeça foi ficando leve, tão leve, que eu parecia estar entrando em um sono profundo. Eu e o mar. Eu e aquele marujo à minha frente, tão jovem, sorrindo com seu quepe branco quase cobrindo os olhos. Nem sei se chorava quando vi meu guardião do mar, mas penso que sim.

— *Não há coisa melhor do que chorar sozinho e sorrir acompanhado... Existem três coisas muito importantes na vida: a Terra, o Sol e a Lua. Você sabe por que existe a noite? Ou por que a terra não é transparente? Ou por que a luz brilha? É só porque ela reflete o sol, e também porque a terra não é transparente, e todos os seres podem estar unidos em nome do sol, em nome do amor e da esperança... A luz ilumina a noite porque o sol distribui a luz e cabe às pessoas entender e procurar, na escuridão, transmitir a luz aos que vivem no escuro... A vida maruja é mesmo assim, marcada pela necessidade de existir sempre alguma coisa além do horizonte conhecido, navegar sobre o infinito e eterno mar que nos ensina que todo espírito marinheiro é um romântico, e que todo romântico é um solitário... Nos momentos mais difíceis, quando você tiver de mergulhar no silêncio profundo de uma solidão necessária, poderá viajar para a solidão individual do lado romântico que existe em cada ser, nas lembranças de um passado sem desajustes de consciência, mas com as profundezas do mar que, mesmo sendo escuro e desconhecido aos olhos do homem, pode contemplar em cada um a superfície maravilhosa dos corpos e a textura sublime da pele dos corpos que o sol vem beijar a cada dia... Tão sublime quanto a superfície do mar... Belo aos olhos dos românticos, misterioso aos olhos dos pescadores, respeitado pelos mais pobres e violentos guerreiros navegantes... Este é o mar que você tanto olha... Na superfície é belo, mas no fundo do coração de cada um existe uma vida desconhecida aos olhos externos, mas eterna no sentimento de cada ser... É só lembrar que nós já navegamos nas profundezas de nossos mares e que as tristezas já passaram; se não passaram, as águas hão de levar e lavar... Lembranças por sentir saudades como você sente agora, como sentem os marinheiros em alto-mar, mas sempre buscando novos conhecimentos, novas terras para sentir e um porto seguro como quer o navegante que comanda um povo, um trabalho, uma missão... Navegando sobre horizontes desconhecidos a ele e a todo povo, mas encontrando ilhas maravilhosas de sabedoria onde árvores frutíferas poderão servir de alimento a todos... Para quem sempre viveu no mar, do mar, para o mar, todas as direções representam o leste... É lá onde eu vivo... Eu sempre encontro marujos solitários como você, porque nossa direção, seja norte, sul ou oeste será sempre o leste. Todas as direções levam ao mar... Ninguém deve procurar ser as estrelas que buscam sempre um porto seguro para retornar quando partem; também não importa se será a onda certa que o levará à casa de sua iniciação para encontrar a sublime espiritualidade como a que você tanto busca... O que importa é que vá... Se o barco afundar, não existirá estrela nem onda que possa salvá-lo. A única coisa que você terá é um barco. Nunca tente agarrar-se às estrelas, porque há muitas estrelas no fundo do mar e você nunca conseguirá decifrar qual é a estrela a seguir... Todos podem ser capitães como eu. Todos devem se sentir assim, capitães dentro de sua própria casa, comandando sua própria vida... Cada vida surge naturalmente dentro de uma vontade suprema para que se possa dirigir sempre; ser um comandante justo e sábio também é parte dos mistérios que só quem busca novos horizonte conhece... Navegamos algumas vezes sob ventos calmos e então podemos contemplar com mais tranqüilidade o vôo de uma gaivota no espaço, uma folha que surge no continente, as rosas mais singelas e as mais suntuosas. Somente nas águas mais calmas é que podemos sentir a beleza do universo e da natureza não só entre os povos, mas a beleza entre o que desejamos e o de que somos capazes...*

Sua voz entrara dentro de meu ser como parte de mim mesma, falando do que somos capazes de fazer ou não, provando que não é boa, nem justa, nem sadia a vida apenas horizontal; e que não dá bons resultados, podendo apreciar em cada ser a consciência de sua estrutura espiritual, que existe não só como resultado coletivo, mas como resultado de um desenvolvimento individual a partir do coletivo. O que as pessoas, efetivamente, fazem de importante pela paz universal?

Chegara o guerreiro, o guardião das almas do mar, que falaria ao mundo com sua Luz e sua proposta de levar a paz dentro de cada um, mesmo que fosse tarde. Ao voltar desse encontro para a casa de Hanauie, muita coisa mudara e comuniquei-lhe que havia ido sozinha procurar Ahui; depois silenciei. Ele entendeu que a grande viagem começara.

Em um pequeno espaço dos 165 quilômetros da ilha, algo havia acontecido, e após aquele encontro com o Guardião, contar ou deixar de contar a Hanauie o que se passara não iria acrescentar nada ao que eu estava destinada a viver com aquele povo, já que haveria muitas outras viagens. Ele respeitou meu silêncio durante algum tempo e depois me perguntou: "Após este tempo vivendo com minha gente, você tem consciência de que toda pessoa que visita a ilha jamais retorna, e quando parte é como se fosse um desligamento determinado por força de Hotu Matua?".

OS MISTÉRIOS NUNCA PODERÃO SER EXPLICADOS

Nunca se acomode na sombra de alguém. Toda pessoa caminha sobre os próprios pés na Terra...

Maldição ou não, os segredos ficaram guardados na experiência, por 18 anos, cumprindo a promessa de levá-los até a confirmação iniciática. Somente no roncó — ambiente sagrado —, durante o período de clausura em minha obrigação de sétimo ano no Templo Guaracy, fui relembrando, passo a passo, a peregrinação e me libertando do compromisso assumido. Era tempo. Anos de juramento selado e só depois da *muzenza,* já como ialorixá, tive condições, com liberdade, de divulgar tudo o que acontecera na misteriosa ilha.

Provara que nada ficou perdido na psique, porque existem muitas vidas dentro de nós, e cada uma delas pode se manifestar a qualquer momento. Nossos seres interiores e exteriores se harmonizam ou se digladiam entre si. Só não poderia desprezar nenhum deles. Sobreviveriam os que deveriam sobreviver e morreriam na hora exata os que deveriam morrer. Se necessário fosse, renasceriam novamente. Ahui estava bem vivo. Será que ele ainda vive? Em meu mundo interior, com certeza.

Escureceu, e Hanauie convidou-me para sentar em volta da fogueira; aos poucos, foram chegando os nativos que participariam do Ritual do homem-pássaro. Eles falavam no dialeto. Eu ora olhava o fogo, a chama, as labaredas, ora tentava mergulhar nos olhos daquela gente, ao mesmo tempo tão pura e tão mágica.

Discutiam a morte e a vida, os problemas que levaram seus ancestrais a não mais estar na mesma roda da vida. Num dado momento, me perguntaram: "Você quer continuar a viver por muito tempo? O que você pensa da vida, e da vida após a vida?". Respondi que minha preocupação não era apenas com a vida, mas queria saber se, no momento da partida, qual porção seria mais afetada, se minha alma ou meu corpo. Se estava ali, em meio a tantos iluminados, que eles me respondessem. Se fosse meu corpo, pediria que eles o trabalhassem com magia. Questionei: "Por que as pessoas vivem? E para quê?". Uma coisa está interligada à outra. Pode ser mais forte do que qualquer magia.

Senti que era o momento adequado de contar uma passagem que acontecera comigo. A perda de minha querida irmã, tão jovem: "Perdi minha irmã com leucemia recentemente, e uma grande amiga, com câncer generalizado. Por erro clínico, seu fígado foi perfurado, não havendo mais possibilidade de salvação. Enquanto foi possível, dediquei a ambas todo meu afeto, espiritualidade, amor, compreensão e conversávamos muito, todos os dias, horas, noites sem parar. Durante todo o tempo que precisaram, eu estive ao lado delas. Muitas vezes, senti-me inútil por não ter podido devolver-lhes a vida. E também compreendi que as duas haviam perdido o sentido da vida, o desejo de viver. Ninguém consegue ocupar um espaço se não tiver um sentido. É apenas uma questão de tempo, porque o próprio corpo se encarrega de sua destruição. Algum de vocês poderia atribuir um resultado mágico coerente ao efeito físico?".

Calei-me, sem obter resposta. De repente, já não era eu quem estava falando. Senti a aproximação do Guardião do mar, que dominou meu corpo e continuou divagando:

— *A grande varredora do planeta é a natureza. A natureza não permite nada morto sobre ela, ou sem sentido. Uma pessoa que perdeu o sentido de vida, há muito tempo, sem buscar outro, que se acomodou na sombra de alguém, seja de seu homem, seja um homem de uma mulher, de filhos criados que já não dependem mais de sua mãe, entram na lei da vida, caso contrário não existiriam motivos para curar alguém.*

— *Toda pessoa que caminha sobre os próprios pés na terra é porque ainda pretende fazer alguma coisa. Um meio para continuar vivendo. A natureza é uma lei que tem a vantagem de permitir que todo o ser tenha, até o fim, uma resistência material, uma força intencional que supera a própria compreensão. É como se tudo fosse um jogo.*

— *Durante a vida, acumulamos algumas fontes de energia vital e algumas energias destruidoras. Quando uma filosofia vital não con-*

segue superar em quantidade e potência as filosofias das energias destruidoras, acontecerá o reverso. A vida pode ser muito feliz, mas para estar em equilíbrio também o sentido de continuidade deve ser equilibrado. Quando se dá o inverso, é como se houvesse um confronto e coexistisse o que faz bem com o que faz mal, e o mal predomina. O sentido depende de sabermos por que continuar, e acreditar nesse porquê e para que se vive.

— Se uma pessoa acumular 12 fontes potentes de energias destruidoras contra si mesma e acumular nove fontes geradoras de energia contra tudo e todos, na verdade, ela não tem nove ou 12, e sim três fontes destruidoras. Nas leis em que um neutraliza o outro, essas três fontes determinam o sentido da real filosofia, um dos fundamentos da vida biológica. Essas fontes reagem contra cada força negativa ou se juntam a ela.

— Uma fonte única pode ser comparada e combatida por um ser espiritual, uma entidade, mas duas ou três fontes é mais difícil. Será que nesta roda cada um poderia responder se está sendo uma fonte positiva ou negativa? Ou se estão sendo geradas mais forças negativas do que positivas? Será que todos vocês já deram motivos para serem amados?

Ele sabia o que eu gostaria de responder, porque quando retomei meu corpo disse-lhes: "Estou aqui há três semanas e ainda não consegui sentir o calor da alma de vocês. Não estou falando apenas de minha intenção, mas da minha necessidade, do desejo de doação. Eu desejei que minha irmã e minha amiga tão queridas não morressem, mas a destruição poderia estar no fato de não terem mais motivos para continuar vivendo. Eu gostaria também de perguntar: Quando as pessoas começam a morrer? O que é a doença? Que sentido estão me dando para que eu continue entre vocês?". Fez-se um silêncio. Calei-me sem ouvir respostas; eles também se calaram sem perceber que era decisiva minha manifestação no grupo aquela noite, porque estavam presentes representantes de vários clãs. E continuei olhando o fogo.

Que belo elemento é o fogo! Éramos quinze e alguns estavam admirando sua luz, outros deliciando-se com seu calor, com a energia por ele desprendida, com a magia do fogo ou a atração que ele exerce.

Estávamos no Ahu Te Pito Te Kura, ao norte da ilha, ao lado de uma das maiores esculturas, decidindo pelos preparativos da grande festa que partiria da baía de Hanga Honu, onde tudo aconteceria. Nessa noite, todos os representantes dos clãs estavam com o lóbulo das orelhas alongado por enfeites de espinhas de peixes. Levantaram-se aos poucos, despediram-se, e cada um seguiu seu caminho. Eu fora aceita. Disse a Hanauie que iria olhar o mar por um tempo. Não demorou muito e veio aquela rajada de vento, com sua presença tão forte:

— *Toda a beleza que existe na luz pode existir na sombra. Quando se encontra somente a beleza da luz, não se percebe nada na vida. A sombra reflete o esforço que todos fazem para chegar a luz. Fique em pé, dance e observe a dança de sua sombra. Veja como a luz e a sombra brincam uma com a outra, e, com seus olhos, descubra o encanto da harmonia. E a beleza de seu corpo contrastando com a luz. É como se seu corpo estivesse sendo possuído por um raio de luz, indicando na ponta a sabedoria de outra vida, de outro ser que está adiante da luz da noite... Eu agora venho do norte e trago as águas; o fogo que você tanto admirava vem do sul, transformando-se em fogueira para os olhos atentos à espera de muitas respostas. Caminhei muito para encontrá-lo e ele caminhou muito para me encontrar. E você era a metade do caminho. E assim foi o momento em que a água se encontrou com o fogo, porque quiseram se encontrar. Mas, através das águas, caminhei só a metade para o encontro, e quando nos encontramos, através de você, no meio do caminho, não houve choque entre a água e o fogo, porque entre nós dois estava seu amor...*

— *Quando vim para cá, sabia que iria encontrar o fogo e também a luz do sol. E, quando nos encontramos, não houve guerra ou demanda... Fique em paz com o fogo, porque ele está em paz com você... Você falava tanto em vida e os motivos e sentidos que levam alguém a viver e eu estou aqui falando de depois da vida. As pessoas vivem correndo atrás da vida, e, depois de mortas, voltam para nos ensinar a viver. Você consegue imaginar que isso pode ser uma realidade?*

— *Por muitas noites e dias naveguei por mares distantes com uma tripulação necessitada que sonhava muito pisar em terra firme. Hoje estou pisando na terra mais firme que eu já pisei em toda minha vida, porque essa é sua terra e agradeço a você por permitir essa abertura através de seu coração... O caminho do mundo dos mortos é muito interessante. Quem nunca morreu não sabe viver, mas quem é que pode ensinar a viver? Os mortos! A vida é muito pequena. De tempos em tempos, ela pára rapidamente. Quem procura a vida não consegue viver... Eu vou lhe ensinar minha função como marujo na terra. Você não precisará morrer para viver essa função, porque poderá representá-la com seus atos, acolhendo os que balançam em terra firme, os que sentem solidão e mágoas, os que fazem da tristeza uma motivação maior para as respostas das dificuldades da vida...*

Como sempre, ao voltar de uma jornada, eu era trazida à consciência pelo guia até a abertura da entrada da caverna. Depois, agradecia pela jornada e só sabia que estava em terra firme quando sentia o mesmo vento suave batendo em meu rosto. Era o sinal de que o contato havia terminado.

Depois de muito tempo, quando comecei a conviver com essa "linha" de trabalho na carreira iniciática, esse marujo passou a me acompanhar por muitos oceanos, e além deles, levando uma motivação maior aos que já não conseguem encontrar a luz. Não são criaturas, elementos ou forças identificadas. São espíritos requisitados para os trabalhos que, de uma forma ou de outra, cumprem sua missão. Eles vêm de determinado plano ou vibração e não necessariamente foram marujos ou morreram nas águas do mar. É uma questão de afinidade e plano.

Mais tarde, vim a saber, por meio da umbanda, que essa "linha". trabalha sempre na proteção, funcionando como cumpridores de tarefas de defesa dos que são guia-chefe, os babá-de-ori — pai ou mãe-de-cabeça —, pelo envolvimento com energias maléficas a que estão expostos; também têm grande responsabilidade com relação ao astral. Formam uma "linha" — faixa de vibração — complementar, trabalhando com seu espírito nas emoções mais profundas. Colocam sua luz para que possamos estar em solidão, porém iluminados.

A MULHER-PÁSSARO

Para cada chão existe um céu, para cada céu existe um chão... Quando se pisa muito na terra, deve-se muito ao céu...

Voltei à casa de Hanauie, sem falar muito, feliz com aquela conquista; comi o pão duro, como de costume, acompanhado por um chá de ervas da ilha.

Na noite seguinte, formou-se a roda na praia de Anaken, o mais antigo e sagrado sítio arqueológico da ilha. Os cânticos tiveram início, acompanhados por um vento, cada vez mais forte. Não percebi se foi Hanauie ou aquela mulher de sorriso tenro que tocou em minha cabeça quando desfaleci rapidamente. Lembro-me de que quando nos reunimos formamos um grande círculo, grande o suficiente para que pudéssemos identificar todos os presentes. A viagem deve ter durado cerca de uma noite, mais a metade do dia seguinte, pois quando me dei conta a mulher do nativo preparava o almoço e suas filhas penteavam meus cabelos ao som da mesma cantiga que entoavam todos os dias.

Corri para a agenda e dela constava a última anotação: "Estou indo ao encontro do desconhecido". A data do dia anterior e a hora do início do ritual.

Caminhamos umas duas horas para chegar ao local e depois seguimos a cavalo pela montanha por não ser possível outro tipo de acesso, até porque os mistérios da ilha ou o que é feito nesses rituais são vedados aos turistas; mesmo entre o povo nativo não existe muita abertura. A grande festa era em outro local, bem próximo à cratera do vulcão Rano Kao. Mas, para chegar à Vila de Orongo, só a cavalo, me avisaram. Os homens tiraram a camisa; todos estavam tatuados e com o lóbulo das orelhas enfeitado com espinhas de peixes.

Os cânticos devem ter durado uma hora e meia, e quando a voz de Sumaya, aquela jovem nativa de cabelos longos e uma beleza inegável, começou a se sobressair entre as demais, fiquei realmente fascinada. Fechei os olhos e procurava repetir as frases com o grupo, embora não conhecesse bem os termos do vocabulário *rapa nui*. O canto era repetitivo como um mantra. A cada frase que ela entoava, todos respondiam a mesma coisa. Fui fazendo o mesmo ritual com os olhos fechados, como os demais participantes da roda, até o momento em que senti algo tocar no alto de minha cabeça. Tudo se apagou porque estava escuro, um lugar onde eu não conseguia ver nada ou identificar imagem alguma. Sentia, porém, que era empurrada cada vez mais para dentro. Deve ter sido por pouco tempo porque, de repente, tudo se clareou e surgiu à minha frente um homem bem alto e jovem, fardado de branco, braços abertos, como se me aguardasse para um encontro marcado.

Perguntei-lhe o que fazia ali. Sem mover os lábios ou dizer sequer uma sílaba, ele apenas sorriu, permanecendo com seus braços abertos. Sem Hanauie ao meu lado, presença a que eu já me acostumara após tantos dias de convivência, não sabia como agir, até ouvir aquela voz que me vinha acompanhando em meus encontros com o mar. Era ele, o homem do mar, o Guardião do mar:

— Sou Jill Saint John e espero por você há algum tempo. Vamos fazer um grande vôo. Conheço suas ruas antigas e molhadas pelas águas dos desencantos, dos prantos e dos becos sem saída. Mas sei que você continua navegando corajosamente. Venha comigo, abra os braços e olhe a nova manhã, branca como a gaivota que lhe vem propor um vôo livre, acima de todas as tempestades, que foram tatuadas em sua carne, em seus poros, em suas células. Não tenha medo. Novas esperanças virão, pois este não é o último vôo. Virão novos enganos e você irá tentar novamente. Reúna agora toda a coragem que ainda lhe resta e venha sem precisar saber muito das coisas. Venha, que estarei a seu lado.

Ensaiei perguntar-lhe onde me encontrava, e ele, sem ter ouvido nada, respondeu:

— Para cada chão existe um céu e para cada céu existe um chão. Quando se pisa muito na terra, deve-se muito ao céu. O céu pertence à terra e se você chegou até aqui é porque conseguiu conquistar a paz na terra e no céu. O seu céu só a você pertence. Viva este céu agora. Vai brilhar uma nova estrela em sua cabeça, que sempre lhe pertenceu. Cada ser tem uma estrela que brilha por si.

Eu estava entrando no Ritual dos homens-pássaros. Do lugar em que me encontrava, como uma grande ave, observava que todos se locomoviam com muita facilidade e, em bandos, dirigiam-se até Moto Nui, voando em torno de um imenso ovo, o da andorinha negra. De outro lado, os *aku-aku,* com suas penas negras, sobrevoavam todos os pontos da ilha. Todo o tempo eu ouvia os *aue-aue,* como são chamados os lamentos vindos das cavernas. Eram tantas as manifestações simultâneas, que não percebi um imenso homem à minha frente, meio pássaro, meio gente, fitando-me e emitindo sons difíceis de serem explicados. Eram grunhidos ou algo parecido. Ele sumia, depois retornava e colocava-se à minha frente da mesma forma, com os mesmos sons.

Olhei para Jill que, a meu lado, emitia um sorriso de segurança sem me tocar. Seguíamos juntos na mesma jornada. Mesmo no instante do abraço fui receptiva, mas não senti seu corpo. Para toda a direção em que ele olhava eu o acompanhava; vimos quando o homem-pássaro sobrevoou a caverna e labaredas lhe deram mais asas, fazendo-o girar em torno de si mesmo, seguindo em direção ao grande ovo em cima de uma pedra. Imediatamente, os gigantescos homens pararam seu trabalho e se puseram a bater umas pedras nas outras, com um ritmo que, pouco a pouco, era acelerado e tornava-se ensurdecedor.

Depois de longo tempo voando sobre as gigantescas cabeças, ele veio mais uma vez em minha direção com tamanha velocidade que, de susto, devo ter levado um choque. Ao voltar à consciência, vi que ele estava sem as asas, diante das pessoas da aldeia que o seguiam, iniciando a procissão pelas ruas de Hanga Roa. Ao escurecer o silêncio tomou conta de tudo. Durante o percurso encontrei homens que levantavam gigantescas estátuas com a leveza de uma pluma. Diante de algumas delas, as mulheres se curvavam em reverência aos antigos reis e chefes de clãs das ilhas, enquanto os homens emitiam grunhidos iguais aos do homem-pássaro. Atravessamos a ilha voando em direção a outra ilha em ruínas, lembranças de antiga civilização. Todos que por ali estavam circulando vestiam-se de branco e tinham a pele bem vermelha.

Por alguns instantes os homens eram apenas homens; em seguida, transformavam-se em pássaros voadores e emitiam grunhidos. Todos caminhavam em direção a um homem que, do alto de uma grande pedra, falava aos grupos que partiam em completo silêncio. Observei os símbolos contidos na tábua que se encontrava à sua frente e que era do meu tamanho ou um pouco maior. Cada um que se aproximava da pedra colocava as mãos sobre os símbolos, olhava em direção ao mar e seguia para algum lugar. Nenhum deles estava olhando na direção em que eu me encontrava e de onde era possível observar todos os movimentos.

Não era noite, nem era dia. Um enorme clarão dirigia os movimentos. Acredito ter passado um longo tempo vivenciando tudo aquilo, até surgir um vento forte que me deu a certeza de estar dentro da cratera do vulcão. A meu lado, estavam apenas os nativos do início da viagem, e que ainda entoavam a mesma cantiga, todos com os olhos fechados.

Eles se levantaram e eu também. Começaram as danças em círculo, e eu os acompanhei como se fosse um deles. Soltaram meus cabelos e a dança foi se tornando mais vigorosa; pouco a pouco eu tinha menos domínio sobre meus braços, que se levantavam fazendo movimentos como se espantassem algo acima de minha cabeça. Eu não conseguia abrir meus olhos; girava e girava cada vez mais forte, repetindo exatamente os mesmos cânticos dos gigantescos homens. Dançávamos em volta do homem-pássaro, que apanhara o ovo da andorinha; sem asas, vestido com uma túnica branca, todos nós acompanhávamos o mínimo movimento que fizesse.

Com o passar do tempo, fui ficando mais leve e sobrevoávamos a ilha vendo os restos de crânios amontoados em um local guardado pelas andorinhas, verdadeiro exército de homens-pássaros negros e minúsculos. Ao meu redor, gigantescos homens-pássaros voadores mostravam-me mais de duzentas cavernas em locais de impossível acesso. A boca do vulcão abriu-se e engoliu-nos a todos. Colocamo-nos em volta de uma grande pedra, e o silêncio voltou a reinar. Estávamos de volta. Só retornei totalmente quando, já na casa de Hanauie, senti a leveza das pequeninas mãos de suas filhas acariciando meus cabelos.

Dormi profundamente após uma leve refeição, porque não havia mais o que falar. Quando amanheceu, sem tomar o café, como dè costume e sem falar com ninguém da casa, fui ao mercado de Hanga Roa assistir à venda do minguado resultado da colheita dos agricultores. Encontrei-me com Sumaya, que ao ver-me sorriu e continuou seu trabalho. Permaneci ao seu lado e, na primeira oportunidade, perguntei-lhe sobre os *aku-aku*, caso ela pudesse me dizer alguma coisa sobre eles. Ela apenas respondeu com um sorriso; continuei ao seu lado até que terminasse seu trabalho e segui-a até sua casa em silêncio, costume local quando se é aceita para qualquer atividade, seja ritualística ou não.

Fiquei enternecida ao ouvir sua própria história, que veio acompanhada de lágrimas incontroláveis. Após encontrar o grande amor de sua vida, um turista que pretendia levá-la dali para sua terra, a Austrália, Sumaya teve de renunciar a ele, pois sua família se comprometera a permanecer para sempre na ilha. Arranhar uma alma pode gerar grandes cicatrizes que não mais permitirão sua cura. Sem liberdade de escolha por ser um símbolo-ritual por meio do canto, herança deixada pelas mulheres da família, sua mágoa era visível e sua dor encobria a intuição que buscava seu espaço-liberdade.

Ferida por dentro, ao se defrontar com qualquer mulher que demonstrasse ter livre escolha, sua dor a dilacerava como uma ferida aberta que nunca cicatrizaria. A tradição exigia sua presença e suas lágrimas não a levariam a lugar algum, pois seus segredos morreriam com os Moais. Comovida, decidi que não a deixaria só. Um marujo a acompanharia depois de minha partida, e ele saberia como mergulhar em seu silêncio profundo e em sua solidão desnecessária, para, quem sabe um dia, conduzi-la a um novo porto — a Austrália, ou qualquer outro —, quando não suportasse mais seu grito contido na garganta.

Com a ajuda de Sumaya, descobri que entre os africanos e os nativos da Ilha de Páscoa a interligação era muito grande. Os *aku-aku* seriam os responsáveis pelo dinamismo, pela movimentação e pelo equilíbrio. Sem eles, nada poderia ser cultuado. Como representantes da força dinâmica que estrutura a continuidade dos homens-pássaros, têm o poder central que conduz os atos e a capacidade de relacioná-los. Nenhum ato poderia acontecer sem a presença deles. Teria sido o primeiro elemento a ser criado pelo deus Asiluwam quando este decidiu o destino dos homens na Terra. Ele é o lado masculino e/ou feminino. É a força como um todo. Estaria na força geradora do sagrado, filho de Mawu e Lisa, vindos para criar o universo por ordem de um ser maior, Asiluwam — cujo nome, por coincidência, corresponde ao inverso de Mawu e Lisa, que só observei ao escrever este livro. Asiluwam polarizava todas as forças da natureza, cada uma delas com um representante.

Os *aku-aku* eram responsáveis pelo poder de multiplicação e crescimento dos seres, uma idéia geral que não pode ser separada por espécie, caráter ou natureza, o que equivale a dizer que o princípio é único. Se eles são os dinamizadores, pegam uma porção da matéria original e a movimentam, dando vida a ela para formar os seres. Outra teoria é a de que, por serem responsáveis por este papel, devolvem esta matéria depois da morte, reconstituindo-na de volta ao útero originário, completando o ciclo da existência. Uma fonte inesgotável que torna possível a continuidade do processo de multiplicação e crescimento de tudo o que existe.

Como fiscalizadores e controladores, propiciam o deslocamento dos seres e suas substâncias em geral, verificam o número dos que nascem e morrem, a passagem das influências benéficas ou maléficas, sendo, pois, os guardiães da ordem. Não da ordem estática e imóvel, mas da dinâmica existente a partir do movimento, da desordem, da introdução de elementos novos que podem fazer com que as coisas se movimentem para chegar a uma nova situação de equilíbrio.

Por outro lado, Asiluwam seria o responsável pela ordem e pelo bem-estar a partir do contato estabelecido com as energias puras da natureza, por domínios específicos e invocados em cerimônias de oferendas.

Tendo concluído meu trabalho, preparei-me para a volta. Na hora da partida, muitos projetos e um convite para Hanauie vir ao Brasil e a procura do meu retorno. Nada disso aconteceu, porque não tinha de ser.

ATRÁS DAS MONTANHAS HÁ OUTRAS MONTANHAS...

Deixe o barco correr... Amanhã tudo volta ao normal.

Nos idos de 1968, eu competia tranqüilamente com os maiores colunistas do país; e sem o absurdo do "toma lá da cá", dando ao jornal a certeza de lealdade e obtendo como retorno a oportunidade de voar pelo mundo, sem distâncias. Todos os domingos eu editava o tablóide *Mulher*, e numa das sessões, a de correspondência, assinava com um nome fictício. Colocava ali vários casos que, algumas vezes, eu mesma criava. Além do *Caderno Feminino*, eu assumira mais oito páginas só com fotos de pessoas de destaque, principalmente da sociedade.

Jovem, com muita garra e com disponibilidade de tempo, criei um texto para a sessão de cartas do *Mulher* sob o pseudônimo Mama Jek, pedindo notícias de alguém que tivesse passado pelo ritual de zumbificação no Haiti. Eu solicitava que enviassem respostas e, se possível, mantivessem correspondência. Ninguém controlava o Caderno, que estava sob minha inteira responsabilidade.

Na segunda-feira seguinte, foi uma bomba. O jornal teve uma movimentação nunca vista antes. Recebi milhares de cartas, umas interessantes, outras ameaçadoras e algumas chamando-me a atenção para os "cuidados" que eu deveria ter com qualquer pessoa que tivesse pisado nas terras montanhosas do Haiti. O pior de tudo é que surgiu um tal de

Bob Coke declarando-se inocente pela alucinação a que submeteram a tal Mama Jek, esclarecendo que, na época, estava sob o domínio de um *houngan*.

Aí a coisa pegou fogo mesmo. O jornal paralisou suas páginas, o editor enlouquecido andava de um canto para o outro, o diretor responsável pelos cadernos que eu escrevia parecia um doido, e os telefones não paravam de tocar. Diziam-me vários desaforos, chamando-me de "Senhora dona foca" ("foca" é o nome que se dá ao jornalista calouro, principiante), ou ironizando que "Dona Maria não deveria ter saído do tanque". Ouvi os maiores absurdos. Os outros jornais decidiram abrir espaço para o assunto, comentando o fato, que havia sido manchete alguns anos atrás. A tal Mama Jek fora transformada em mito, tornando-se objeto de pesquisa para médicos, antropólogos, feiticeiros e jornalistas que se instalaram no Haiti, tendo sido dada, para a maioria, como desaparecida.

Se disser que não entrei em pânico, estaria mentindo, mas de onde me veio aquele nome, só com o tempo pude entender. Ela existira realmente e todos buscavam o motivo de sua morte. De volta ao "mundo dos vivos", como um zumbi, era um incentivo a mais para eu mergulhar nos mistérios das montanhas.

Fui chamada na sala da chefia; um homem se identificava ao telefone como Bob Coke e queria uma entrevista particular, com hora marcada, pois havia escrito em resposta aos apelos da sessão e exigia maiores informações. Recebera aviso anteriormente de que Mama Jek voltaria à família. O editor, macaco-velho, se encarregou de escrever a resposta do domingo seguinte, tão incisiva que até eu acreditei; então me incentivou a continuar a correspondência, porque o jornal batera o recorde de vendas.

Tive de inventar uma viagem o mais rápido possível para sair de cena, deixando o material que deveria ser publicado em pauta. Fui para Jundiaí, refugiando-me no sítio de uns amigos, local ideal para que tivesse tempo de estudar um pouco mais sobre esse pequeno país da América Central, ex-integrante do império colonial francês, que fez um estrago mais ou menos em tempos idos.

Minha vontade era estar entre aqueles malucos da redação, oitenta homens, sendo eu a única mulher em meio aos machistas-poéticos. No domingo, saí às ruas o mais rápido que pude para comprar o jornal e a resposta de Coke estava lá:

— *Mama Jek não morreu. Voltou da terra, onde foi colocada sob os poderes do Bokor. Estou nas ruas. Passei por você várias vezes sem que me visse. Nos encontraremos em breve. Hoje sou mambo e comando um grande povo que segue meu hounfout.*

117

A linguagem, embora utópica, deixou um pressentimento estranho no ar. Decidi voltar ao jornal na segunda-feira mesmo, suspendendo os sete dias de folga forçada. Antes que eu chegasse, ele já estava lá, um enorme homem negro, cara soturna, querendo falar com a "dona" do *Caderno Mulher*. Soube disso uma quadra antes de chegar à rua do jornal, por meio de um contínuo. Na redação, o Gordo, chefe de redação, estava à minha espera para alguns "acertos", furioso com o acontecido. Tinha ordens de entrar pela garagem dos motoristas e passar por trás da recepção onde o homem estava plantado. Quando pisei na redação, os gracejos começaram: "Olá, Mama Jek, me tira da 'cova'". Ou: "Mama Jek, eu sou um autêntico zumbi". E assim foi até a sala do Gordo, onde estava também o editor do caderno, de cabeça baixa, assumindo sua parcela de culpa.

Foram vinte minutos de repreensão. O Gordo falou o que quis, e eu só ouvi. Aliás, era um desperdício de tempo, já que eu inventara o *Caderno*, sucesso declarado, e tudo ia muito bem profissionalmente. Quando ele deu uma trégua, me defendi, colocando que a situação do jornal não era das mais favoráveis, e os cadernos *Mulher* e *Social* estavam praticamente mantendo nossas portas abertas. "Mas o que é que eu faço com esse Bob Coke que está aí fora esperando? Ele telefonou até para a minha casa, para a presidência da empresa e você é o pivô de toda a história, com suas invencionices. O tablóide não sai *mais*. Fica só o Social, e fim", disse o Gordo, irritado.

Saí de sua sala aos prantos, o que foi suficiente para agitar toda a redação, criando a maior revolta. Eu precisava tomar uma decisão urgente. Aceitar ou resistir. Compreender ou seguir em frente. Aquilo parecia o compromisso assumido pelo suplício da existência intelectual e, ao mesmo tempo, a melhor expressão de minha fascinante aventura. Quanto mais entendimento, mais procuras, buscas e ignorância a serem superadas; novos impasses, cansaços e desilusões, nunca desistindo de conhecer, me recolhendo à rotina de idéias ou opiniões. Se eu desistisse, não entraria em relação com a essência de nada. A cada entendimento, novas realidades desafiadoras. O vir a ser. Desistir seria o começo de deixar morrer. Recuperei-me, afinal, e pedi ao *office-boy* que mandasse o homem entrar.

A redação era separada por divisórias, e cada profissional tinha a visão do outro. No meu espaço, havia a mesa de trabalho de bom tamanho e outra menor ao lado; apoio para a máquina de escrever arcaica, além de duas cadeiras. Os colegas vizinhos foram me cumprimentando pelo sucesso do jornal de domingo à medida que passava por suas mesas, dando apoio para que eu não desistisse. Foi só o homem entrar, e já fui emendando: "Tá vendo o que você fez? Precisava um escândalo tão grande? Pois fique contente, porque o *Caderno Mulher* acaba de sair de circulação. Sabe quanto tempo lutei para quebrar a barreira com esses velhos caquéticos que não sabem fazer nada, a não ser tirar vantagem de tudo?".

Eu estava totalmente desequilibrada, colocando para fora, em altos brados, todos os absurdos possíveis, e a redação inteira em pé, participando, os amigos da lanchonete, os companheiros da fotografia que subiram, uma cena de baixo nível que não fazia parte do meu jeito de ser. Eu falava e falava. Ele, com os olhos fixos em meu rosto, estava impassível, até que segurou meu braço, dizendo de maneira determinada: "O Caderno vai continuar. Estou dizendo que não vai parar. Eu preciso encontrar Mama Jek e será por intermédio do jornal. Recebi um aviso. Está aqui minha resposta para a próxima semana. Estou dizendo que vai sair e sei o que falo". E me entregou um bilhete.

Assim que acabou de falar, levantou-se e simplesmente virou as costas, saindo pela recepção sem me dar tempo de avisar que Mama Jek era invenção minha, que era eu quem criava algumas vezes as cartas e as respostas. Pouco a pouco, os colegas voltaram às suas mesas e eu, com hora marcada para entregar minha coluna diária, me atirei ao trabalho. Fiquei umas três horas dedilhando as teclas. Estava furiosa e nessas horas ninguém se atrevia a se aproximar ou fazer gracinhas.

No final do expediente, convidaram-me para um café; não aceitei pois havia decidido ler calmamente carta por carta endereçada à sessão de correspondência, até ver um envelope lacrado sobrescrito: *"Mama Jek"*. Sem entender, li e reli o que Coke deixara para a publicação do próximo domingo: "Voltou porque eu quis que fosse assim. Não dei ordem nenhuma ao Petro Bokor. Ele sentiu ao te perder para mim. Ainda te quero como uma *hounsi* e te respeitarei como *Première Reine*. Lwa Bob Coke".

Outra carta lacrada, endereçada a mim, chamou-me atenção. Ao abri-la, o conteúdo bombástico:

— *Senhora Baby Garroux, quero cumprimentá-la pelo seu jornal Mulher. Li por acaso sua sessão de Cartas e fiquei surpresa ao ver meu nome com destaque, pedindo informações sobre a zumbificação no Haiti. Não entendi. Primeiro, porque não enviei uma linha sequer ao seu jornal, e também porque esse nome que a senhora publica é um nome de iniciação, que me foi dado por um Lwa. Quero também lhe comunicar que este senhor que insiste em me encontrar, Bob Coke, para mim já morreu há seis anos. Não entendi, portanto, a brincadeira. Gostaria de esclarecer, entrando em contato com a senhora. Por favor, me telefone...*

Dirigi-me imediatamente ao editor, que também estava aborrecido com o que acontecera. Ele quase teve uma síncope quando lhe mostrei a carta. Tratava-se de uma professora de Antropologia da Universidade de São Paulo; ela deixara um telefone confirmado para contato. O redator pediu-me que aguardasse, dizendo, animado: "Vou pagar pra ver se o tablóide sai mesmo no próximo domingo".

Voltei ao trabalho depois de toda a tensão, concluindo a crônica que fazia diariamente no rodapé da página, no final da coluna que assinava. Desiludida com tudo, lembro-me de que terminava assim:

— *... Eu sempre criei muitas fantasias e você precisa me perdoar se, eventualmente, eu estiver exagerando nessa: você quer tomar um sorvete de ameixa? ... O grande salão de mármore está desocupado e vou enfeitá-lo para oferecer a você uma grande festa. Vista-se de amarelo e leve quantos convidados quiser, mas lembre-se: só aceitaremos gente cujos poros tenham conseguido deixar um perfume de amor pela vida ou em quem a vida tenha deixado um perfume de amor pelos poros. E deixe o barco correr que hoje eu sou: morte, vela, sentinela eu sou... ... Amanhã tudo volta ao normal.*

Quando cheguei ao jornal, no dia seguinte, mais cedo do que de costume, era perceptível meu frágil estado emocional. Na redação, tudo corria muito rápido, como em qualquer outra repartição. Havia os a favor e os contra, e manifestavam-se claramente, sem que eu lhes pedisse opinião. Na hora do cafezinho, o *office-boy* me avisou que o presidente da organização queria falar comigo em sua sala, no último andar. Preparada para tudo como cheguei, não seria difícil aceitar a demissão. Ele era uma pessoa acessível e assumira a responsabilidade de ajudar-me e orientar-me depois que fiquei viúva, sempre me respeitando como "nossa guerreira", maneira pela qual me chamava quando nos encontrávamos. Desde a primeira fase em que trabalhara na casa, nunca tivemos nenhum problema; voltar após a morte trágica do pai de minhas filhas não gerou grandes dificuldades. As portas sempre estiveram abertas. Foi como se eu nunca me tivesse afastado dali.

Em sua sala, havia três homens negros, bem-vestidos. O presidente me serviu um café e, sem cerimônia, comunicou-me que eu acabara de receber um convite da embaixada para conhecer o Haiti, cujos representantes estavam ali. Só então me dei conta de que Coke era um deles. Ficamos de marcar novo encontro para mais detalhes. Antes de me retirar, após a surpresa, as despedidas e os devidos agradecimentos, o presidente cumprimentou-me pelo sucesso do *Caderno Mulher* e sugeriu uma reportagem sobre as pinturas *naif* locais. E que, depois dessa viagem, eu deveria dirigir-me para o México, para um trabalho especial relacionado a roubos de peças em sítios arqueológicos.

Pediu-me, também, que não agendasse nenhum compromisso por três finais de semana seguidos. Eu deveria acompanhar uma de suas filhas a Buenos Aires, para tratar de assuntos pessoais. Confirmei imediatamente, feliz após tantas mudanças, e com a certeza da continuidade do *Mulher*, fruto de muitos projetos e trabalho.

Ao me despedir de Coke, comuniquei-lhe que Mama Jek havia escrito, e que voltaríamos a nos falar. Ele sorriu pela primeira vez, mostrando os dentes alvos como pérolas, mas fechou os lábios quando eu lhe disse: "Não consigo me imaginar falando com alguém que está morto há seis anos". Ao virar as costas, no corredor, ainda pude ouvir seus elogios a meu respeito. Quando cheguei à redação a expectativa era geral: "E daí?". Perguntei primeiro pelo Gordo antes de dar a resposta, e me disseram que ele não estaria na redação. Saíra para exames de rotina. Sim, o *Mulher* continuaria. Entre comemorações sinceras e alguma hipocrisia, refugiei-me em meu espaço.

Nem bem entrei, o Coke estava se reapresentando. Queria saber de tudo. Contei-lhe sobre a carta, mostrei-lhe o envelope, mas recusei-me a mostrar-lhe o conteúdo e muito menos o telefone para contato sem a autorização dela. Parecia mais uma história de amor; e, afinal, se ele tinha tanta convicção do que dizia e previa, por que tanta dificuldade em encontrá-la? Havia algo estranho na relação entre eles e eu não tinha a menor vocação para cupido.

Mesmo assim, coloquei-me à disposição para marcar um encontro entre ambos. Primeiro, iria verificar a verdade daquela história. Assim que ele se retirou, dirigi-me aos arquivos para encontrar-me com o chefe do setor policial, sempre gordo e mal-arrumado, mas de bondade única. Pesquisamos juntos as reportagens sobre Mama Jek. Jamais havia lido qualquer coisa a respeito do tema; na época eu estava casada, vivendo em outra cidade, cuidando de minhas filhas, completamente afastada do jornalismo.

Contei-lhe os fatos e ele alertou-me sobre o povo haitiano, ligado à magia; disse que eu poderia estar sendo usada. Sugeriu que eu fosse com um de nossos fotógrafos à sua mãe-de-santo pedir proteção, porque tanta coincidência "só pode ser coisa de feitiçaria". Ou eles estavam loucos ou eu estava completamente cega, porque se inventara esse nome sem ter noção da existência de Mama Jek, o que havia acontecido com os poderes de minha intuição? Inventar uma *Mama Jek* e acontecer um fenômeno de materialização, de zumbis ou o que fosse, realmente era demais. Marquei encontro com a antropóloga para aquele dia mesmo, às 20 horas, na redação do jornal. Talvez por certo medo, achei que aquele seria o local mais seguro. Até lá, teria tempo suficiente para montar o tablóide *Mulher* de domingo.

No horário combinado, lá estava ela. Parecia jovem demais para todo aquele trabalho, mas com força suficiente para enfrentar a dura realidade. Soube que ela nascera e vivera por algum tempo no Haiti. Era uma mulher muito linda, negra como o ébano, olhos cor de jabuticaba, muito bem-vestida e a cabeça coberta com uma amarração surpreendente. Que visão! Convidei-a a sentar-se e narrei o que acontecera desde o início. Em seus olhos, notei um pacto mudo de lealdade e confiança. Quando lhe falei sobre Coke estar trabalhando na embaixada e do convite que me fizera para conhecer o Haiti, seus olhos lacrimejaram. De repente, ela cortou a conversa; de costas para as outras pessoas da redação, pediu-me que fosse até a sala do editor, dando uma descrição completa dele, inclusive a roupa que usava, mais a do repórter-chefe da área de polícia e a do editor político, como prova de seus poderes especiais. Deixou claro que eu não estava correndo nenhum perigo e que ela estava ali em missão de paz. Encaminhei-me até lá como se fosse um robô. Todos estranharam minha atitude, porque, sem que eu soubesse, haviam combinado de me dar cobertura para enfrentar os "chefes". Ao voltar, perguntei-lhe como sabia de tudo aquilo, das roupas, de detalhes como o da misteriosa moeda pendurada numa corrente no pescoço dele, sempre escondida, seu talismã. Ela apenas sorriu.

Havia uma distância entre o que ela dizia e o que Coke relatava. Não que fossem desonestos, mas até que ponto eu estava sendo usada fugia à minha compreensão. Algo quebrara o encanto e seu mistério. Programamos encontrar-nos mais vezes, falar um pouco mais de sua gente, o porquê de não poder voltar ao Haiti. Havia nela certa apreensão, talvez medo, a cada lembrança do Bokor, um antigo pretendente perdidamente apaixonado por ela, que conhecera nos tempos em que viveu naquele país. Por não corresponder ao seu amor, o homem "encomendou" uma zumbificação para Mama Jek, que saiu de lá fugida. Não sabia se ele ainda estava vivo. Marcamos o próximo encontro para falarmos de Porto Príncipe, onde deveria estar dali a dois meses. Talvez fosse essa a oportunidade de se comunicar com os seus e passar suas mensagens. Prontifiquei-me a levá-las e expliquei que estaria ausente por três semanas devido a motivos pessoais da direção. Também pedi-lhe permissão para continuar utilizando seu codinome, Mama Jek. Ela consentiu e despediu-se dizendo: "Atrás das Montanhas, há outras montanhas e elas esperam por você".

No dia seguinte, quarta-feira, mal cheguei, recebi um telefonema de Coke. Comentei sobre meu encontro com Mama Jek, que prometeu contatá-lo. Mais tarde, analisei as "coincidências" e percebi o destino traçado para ambos: Coke, por quem ela se apaixonara no Haiti, "casualmente" também viera para o Brasil. Nunca nenhum deles me pôs às claras essa história, que ficou evidente quando os encontrei juntos, anos mais tarde,

122

em férias, em Esalen, na Califórnia, no mesmo período de um de meus *workshops*. Só então tive a certeza de que o encontro, na época, se realizara. Naquela ocasião, sem mais comentários, Coke convidou-me para comparecer à embaixada e providenciar o passaporte e o visto. Marcamos a viagem para o período de Carnaval, quando entraria em férias. Falei também sobre minha ausência de três semanas, e que voltaríamos a nos comunicar.

Foi um mês tumultuado aquele, já que eu viajava todos os finais de semana, de quinta a domingo, para Buenos Aires. Nas temporadas de inverno a cidade rendia mais notícias. Era moda ir a Bariloche onde a moeda desvalorizada dava abertura aos brasileiros que achavam tudo "baratíssimo", mal sabendo que viria o retorno... Na folga dos trabalhos, eu ficava em San Telmo aproveitando para observar a vida das pessoas ligadas aos antiquários e dos artistas dançarinos de rua. Sempre fui fascinada por coisas desse tipo. Andando pelas barracas, encantei-me com uma corrente que enfeitava uma farda militar preta, com frisos vermelhos. Sem a farda a mulher não venderia a medalha, nem a corrente. Barganhei até conseguir bom preço. Somente no hotel é que fui ler a legenda: I. Coke — Haiti — 1804. Um arrepio percorreu meu corpo.

Imediatamente, telefonei à embaixada procurando por Coke, mas não conseguiram localizá-lo. Ele estava fora, em missão diplomática. Tentei obter informações a seu respeito; a jovem ao telefone disse não estar entendendo as minhas perguntas, e se eu precisasse de algo mais deveria ir pessoalmente até lá. Era de enlouquecer qualquer um não ter com quem dividir a estranha experiência.

RITUAIS VODU

Todos podem ser tão doces como o mel ou tão amargos como o fel.
O bem e o mal são uma coisa só.

Fevereiro chegou. Despedi-me da redação para embarcar nos mistérios do vodu haitiano. A guerra estava armada entre Baby Doc (Jean-Claude, filho do presidente vitalício François Duvalier) e sua mãe, Simone, na disputa pelo poder. Uma confusão generalizada começava a provocar vários remanejamentos ministeriais para afastar membros da velha guarda, substituindo-os por representantes de uma geração mais jovem. Época em que as relações entre o Haiti e os Estados Unidos — até alguns anos seu grande aliado — começavam a se deteriorar. Lá estava eu, entrando no país ao lado de Coke, membro de confiança do governo em questão.

Até então eu não tinha entendido o porquê de tanta preocupação do Gordo e de certas pessoas da redação com minha empolgação em relação ao Haiti. Tentei voltar às boas com ele após o incidente com o *Caderno Feminino*. Ele fora vítima de um enfarte, no dia seguinte à discussão e sua proibição da continuidade do mesmo. Nossa relação já não era a mesma, ele não aceitara bem a ordem da presidência pela continuidade do caderno, já que decretara o seu fim. Não houve tempo para maiores explicações, pois ele voltou quando eu já estava com as malas praticamente prontas.

Negar é não querer saber de mais nada. Opor-se também é uma maneira que o homem encontrou para realizar as sucessivas integrações que compõem sua evolução. É preciso revirar a terra certas vezes, descobrir sementes que frutifiquem, mas, antes de tudo, é preciso regá-las. Embarquei totalmente consciente da terra árida que se tornara nosso relacionamento. Mesmo sentindo sua falta de entusiasmo com minha viagem, decidi levar adiante o firme propósito de, na volta, "acertar os ponteiros". E assim aconteceu.

Participar do reencontro entre Mama Jek e Coke levou-me ao entendimento do que poetava com Toquinho e Vinícius de Moraes em nossos papos, embora ainda não entendesse: "A vida é a arte do encontro, embora haja tantos desencontros pela vida afora".

Nada havia de tão diferente ou assustador no Haiti que não fosse semelhante a todos os rituais africanos instalados nos quatro cantos do mundo. O movimento, a dança, o ritmo, o som, as possessões, o transe, o colorido, os rituais. Fora a zumbificação, os *hounsi* — devotos —, homens ou mulheres, já têm seu destino: tornar-se um *bokor* — feiticeiro maligno — ou um *houngan* — feiticeiro e curandeiro iniciado em vodu —, passando a ser um intermediário da força dos *Lwa* — divindades vodu —, energias e nomes quase semelhantes aos dos orixás africanos.

O vodu é parte do dia-a-dia dos haitianos, traço marcante nas famílias da ilha e solução imediata para resolver os problemas existentes nos 28 mil quilômetros quadrados do território, totalmente isolado do acesso à modernização de serviços médicos, universitários, enfim, quase todo homem do campo preserva sua religião, o vodu, servindo aos *Lwa* — espíritos.

Para os curiosos, que não sabem entrar na alma do povo ou entender a prática de seus rituais dirigidos pelos *houngan*, tudo o que é visto pode parecer uma parafernália de sons e cores, mas os que "abaixam a cabeça" à tradição perceberão que cada casa é um santuário e cada família tem um sacerdote ou uma sacerdotisa que receberam a *asson* — um *houngan* ou *mambo* —, que decide pelo destino de seus dependentes e acalma os espíritos caso tenham sido mal-reverenciados ou esquecidos em troca da modernidade. O vodu mescla o culto aos ancestrais e aos mortos. Pode parecer a mesma coisa se a pessoa não souber exatamente o que está invocando, porque existem elementos não-ancestrais usados quando o adepto adquire *lwa* para enriquecer, causar danos a outras pessoas e uma infinidade de outros motivos pouco éticos. Essa é uma das razões pelas quais os haitianos primeiro precisam tomar todo um copo de água junto com os que chegam à sua terra e confiar na alma e proteção que os levaram até eles para, só depois, mostrar o que acontece em uma cerimônia de Iniciação ou *kâzo*.

"Ìyá mésàn Ogidiolu Oya jẹgbẹ kiloda kilobiri...
ogẹ kede egun kede òrìsà... ijo ma morun airiku osa...
ò jẹ́ ka d'ókè Oya... ẹ yò s'ọ́ba mi o..."

(Invocação: proclame egun, proclame orixá... a dança excessiva nos fez transpirar; a lagoa não seca... ela atravessou o rio... alegre-se com minha rainha...)

Fala ainda estranha para mim, mas repetida, cada vez que me encontrava com Coke, como se fosse uma saudação. Ele achava absurdo que eu tivesse total desconhecimento dos cultos afro-brasileiros, como ele dizia, riquíssimos e semelhantes aos de seu povo. Durante a viagem, pedi-lhe que me fosse contando um pouco mais de sua história, por que decidira morar no Brasil e tudo o que sabia sobre nosso país. Também, quis saber se houvera influência de seus pais, por terem passado por sete governos diferentes em apenas nove meses, culminando com os *ton ton macoute*, os espantalhos que cometiam toda a sorte de desatinos no poder.

Liberdade a qualquer preço era o que os negros gritavam desde o início da escravidão e várias recordações atravessaram a história das *plantations* em Saint Domingue, propriedade francesa onde a mortalidade era terrível, mas concluíram que seria mais barato trazer africanos adultos do que criar escravos desde o nascimento. Esse comércio era feito como outro qualquer, tamanha a escala do tráfico, que se acabou convertendo numa indústria nacional no reino do Daomé, com a economia de todo o país baseada em expedições anuais contra os povos vizinhos.

Vários termos até então desconhecidos começavam a fazer parte de meu vocabulário. Se um *houngan* era um sacerdote vodu, o zumbi era a vítima envenenada quando cometia falhas perante a sociedade ou por um pedido feito pela própria família ou governante. A zumbificação é um processo em que a vítima pode retornar à vida. Ela morre ou "dorme", tornando-se um zumbi. Ao despertar, ele come um tipo de mistura feita com uma erva chamada *datura*, e é levado para um local onde, ao sair da cova, torna-se escravo novamente. Os zumbis andam em bandos pelas ruas de certas vilas, e assustam a todos, com seus olhos que podem virar-se para dentro e seus sentidos totalmente distorcidos. Coke contou-me que entre os *ton ton macoute*, guardas do ex-presidente Duvalier, havia muitos zumbis; após sua gestão, seu filho Baby Doc mantinha o mesmo esquema. Falou-me alguma coisa a respeito do *bokor*, sobre o qual perguntei depois de minha conversa na casa da antropóloga Mama Jek.

Ao contrário do *houngan*, o *bokor* pratica a magia negra e a faz como profissão. Possui deveres como retirar mortos de túmulos e vendê-los depois como escravos, para trabalhar um dia todo fazendo pausa para uma única refeição, da qual o sal é eliminado por não ajudar no contato dos estados de transe psicológico e espiritual. A droga, administrada no que é apontado para ser um zumbi, funciona de um modo tal que, se usada na dosagem adequada, reduz seu metabolismo a ponto de a vítima ser considerada morta, embora continue viva, sem que o cérebro seja danificado. Posteriormente, recebe outra droga para voltar à vida. Qualquer pessoa normal pode ser transformada em zumbi pela magia de um *bokor*. É possível, em um *hounfout* — templo vodu — encontrar muitos zumbis que foram "acordados em terra" por meio de ritual específico.

Com essas informações, entre outras, fui me inteirando da magia à solta naquelas terras não mais estranhas e, de certo modo, assustadoras, em que eu estava entrando. A propósito, ainda no avião, perguntei a Coke sobre aquela medalha com a inscrição curiosa, que havia encontrado em Buenos Aires, provavelmente relativa à sua família. Ele me olhou com certa surpresa, depois desconversou e nunca entendi o significado daquela coincidência. Resolvi esquecer o assunto.

No aeroporto, Adrien e Makedia, os pais de Coke, nos esperavam. Para minha surpresa, estavam muito bem-vestidos, na linha européia; foram amáveis logo no primeiro contato e falavam espanhol com clareza, para que eu pudesse entendê-los perfeitamente. Sua irmã, Nabidía, era linda, de cabelos encaracolados e volumosos. Ao contrário de seus pais, usava uma roupa típica e colorida, exibindo um sorriso selvagem que me acompanharia na trajetória haitiana.

Após uma maravilhosa recepção e um descanso de quatro horas, Coke contou-me, enquanto lanchávamos, sobre o encontro programado com um grupo de jornalistas, seus convidados, para à noite assistirmos a um ritual vodu. A melhor surpresa foi reencontrar meu amigo Darcy Ribeiro, que acompanhava 15 antropólogos com o mesmo fim. Entre tantas outras pessoas, ele me deu enorme força na carreira de repórter viajante. Nós nos conhecemos na Bahia, na casa do escritor e amigo de sempre, Jorge Amado. Junto com Zélia Gatai, Darcy e o artista plástico Carybé, durante a semana em que fui sua hóspede, "corremos" terreiros de candomblé, com direito à "bênção" da Mãe Menininha do Gantois. O convite partiu do escritor Pierre Verger, que na ocasião finalizava um livro sobre as lendas dos orixás. Foram dias inesquecíveis, quando estivemos ao lado da cantora Clara Nunes. Onde ela entrava, era recebida como uma deusa, enquanto eu era reverenciada com palmas e "assento" especial pela Oyá, minha protetora.

Todos riam muito de minha inocência no santo, e sempre que nos reuníamos com Clara ela me brindava com sua alma, cantando uma música que ainda me emociona e que consagrou nossa amizade: "Iansã, cadê Ogum? Foi pro mar...".

Durante o trajeto, Darcy foi me prevenindo de que tudo aquilo era um pouco assustador, mas bem real. Eu nunca tinha visto, nem ao menos por fotos, nem poderia imaginar como seria. Só sabia que Coke e sua família tinham grande prestígio por onde passavam, eram gente de Duvalier e quando entramos no Hotel Ollofsson deu para perceber, naquela mansão digna de antigos reis haitianos, o quanto eles eram respeitados. Dali saímos pela frenética avenida Carrefour, um bulevar espalhafatoso, com casas encarapitadas umas sobre as outras, cheiro forte do mar por todos os lados. Um calor de doer, e a presença do povo causava certa apreensão até chegar ao *hounfout*, um quarto-santuário onde acontecem as cerimônias públicas; soube depois que, no caso de um ritual vodu doméstico, o cômodo escolhido também terá seu espaço respeitado dentro da casa.

Antes de entrar, foram feitos os acertos com os antropólogos e jornalistas. Eles cobravam trinta dólares pelo ingresso de cada um, mas como eu era convidada da família de Coke não pagaria. Essa cerimônia possibilita ao *houngan* o sustento de sua família e o pagamento às pessoas que trabalham para ele durante as apresentações. Não havia apenas o nosso grupo para assistir à cerimônia. Muita gente distinta estava sentada em um semicírculo de mesas: haitianos, marinheiros, turistas curiosos, havia de tudo, e à parte, os jornalistas. Sem saber por onde iria começar, fiquei numa posição estratégica que me permitia ver tudo. Soaram as maracas e alguns negros começaram a jogar dinheiro na pista; pessoas que haviam feito pedidos particulares naquela noite.

A visão inesperada e surpreendente de uma linda mulher, vestida de branco, tomou conta de todos nós. Caminhava docemente como se fosse uma simples turista. Ela atravessou o local dirigindo-se ao fundo da sala; tudo escureceu com sua presença. Era uma *hounsi*, "noiva dos espíritos", iniciada no templo. Ela fez uma volta em torno de uma porta, que eu supunha ser o local de trabalho; não errei. Ao retornar, acendeu uma vela bem no centro do círculo, na pista que rodeávamos, precisamente à minha frente, fixando-me com seus olhos vermelhos como sangue. Ficou estática. Coke e eu nos entreolhamos, e percebi seu sinal para que eu me mantivesse calma. Eu não conseguia sustentar o olhar daquela mulher, ainda fixo sobre minha cabeça. Por mais que fosse parte do espetáculo, começava a se tornar insuportavelmente forte.

Do fundo do salão surgiu outra mulher, de aparência mais velha, porém tão linda quanto a primeira, também vestida de branco, sustentando um vaso de barro sobre a cabeça. Dançava sensualmente dirigindo seu olhar a todos; quando me viu, teve a mesma reação que a primeira mulher. Parou, ficou estática me olhando e quando perguntei a Coke quem era ela, já agarrada à sua mão, ele me disse que era a *mambo*, uma sacerdotisa vodu. Depois de um tempo, ela traçou um desenho no chão; em seguida, enfiou suas mãos num pote e tirou de dentro um punhado de farofa de milho e começou a espalhá-lo por sobre o traçado. Começavam as invocações com oferendas aos *vèvè*, símbolo que representa a grande passagem para a vinda dos *Lwa* que seriam invocados. Cessara o ruído das *asson* — maracas, chocalhos sagrados —, mas três atabaques faziam o ritmo entrar em nosso corpo, tomando conta dele, principalmente depois de lhes terem sido oferecidas muitas comidas. Ainda me olhando a cada movimento, a *mambo* pegou um prato de barro cheio de água e jogou nos quatro cantos da sala, nos três atabaques, na porta do templo e, por último, no totem no meio do salão, por onde viriam os espíritos. Dançava um pouco mais nervosa; atrás dela estavam as *hounsis* que ela posicionou ao redor da *poteau mitan*, pilar central onde acontecem as oferendas.

As expressões de beleza foram, pouco a pouco, sendo transformadas em algo inexplicável, quase agressivo; ao mesmo tempo, todas as jovens iniciadas se ajoelharam diante do *houngan* respondendo às rezas de invocação por hierarquia dos espíritos do panteão vodu. Uma língua ritual que não pude compreender, mas pude observar que Coke e sua irmã Nabidía pronunciavam junto com os nativos os mesmos finais dos versos. Era uma reza *Premier Guinea* para abrir os rituais e falava em algumas partes sobre a Virgem Maria. Depois da reza "puxavam" todos os espíritos que participariam do ritual, três cantigas para cada *Lwa: Legba, Marassa, Loko, Ayizan, Damballah* e *Aida Wedo; Sobo: Badessy, Agassou, Silibo, Agwe* e *La Sirene; Erzulie: Bossu, Agarou* e *Azaka*.

No grito do *staccato* do *cata*, atabaque menor do rito *Rada*, tocado com pequenos pedaços de madeira, começou o frenesi de alguns assistentes, e quando entrou o segundo atabaque, quase todos gritavam junto com o ritmo. Virou uma loucura geral quando *maman*, o primeiro e maior dos atabaques, começou a trovejar com seu couro de vaca e cabra. A unidade entre os três atabaques era de impressionar e a voz da *mambo* começou a promover as invocações. A ressonância era tão forte que ninguém parava sentado e os *hounsis* todo o tempo provocavam os assistentes que mexiam ombros e pernas dominados pelo ritmo, até ficarem descalços como eles. Quando eu já me preparava para "entrar na dança", recebi um alerta de Coke para continuar no mesmo local, pois ele percebeu que o *houngan* da casa vinha em minha direção.

Assim que se aproximou, estendeu-me a mão e deu um grito sobre minha cabeça, o suficiente para "estar dentro" dela em poucos segundos. Era o grito que todos esperavam depois que perceberam minha presença: *"ẹlẹyẹ, àjẹ́, apani ma yoda"*, que significa *"a mulher da pierre tonnerre"*, pedra do trovão sagrada para o voduísta por ter sido forjada por Sobo e Xangô, os espíritos do trovão e do relâmpago. O espírito arremessa um raio para a terra atingindo um afloramento rochoso e projetando a pedra no fundo do vale. Dois dias depois, pude ver a pedra, que muitos pensam ser cabeças de machado pré-colombiano de origem dos índios Aruaque, mas na verdade são as "pedras de raio". Estar entre eles era representar uma presença viva dessas forças. Dirigiu-me à frente do *bagi*, altar dedicado aos *Lwa*, para que os espíritos pudessem manifestar-se. A dança delas e a minha deve ter durado uns quarenta minutos, sempre em direção do *poteau mitan* e dos atabaques. Essa onda de sons em que os espíritos chegaram atirando seus "cavalos" — as mulheres que os incorporavam — para todos os lados falando coisas estranhas e um pouco gritantes para mim não significava nada; ao mesmo tempo era como se fossem de um mundo em que eu já tivesse vivido há longo tempo.

De repente, elas iam parando e olhando para cima. Estavam "montadas" pelos cavaleiros divinos promovendo uma perfeita comunhão entre o espírito delas e o que vinha de longe, vários *Lwa*, cada um para uma função específica depois de convocados. A incorporação do espírito é considerada normal, natural, e muito desejada no contexto da cerimônia vodu, e em algumas circunstâncias, bem específica. Dependendo do tipo de ritual, os *Lwa* chegam, cantam, dançam, curam os doentes e ainda dão conselhos. Estávamos participando de uma cerimônia *Rada*, mas ainda existem outros grupos como os *ghédés* ou os *petro*.

O vodu é um pouco mal-compreendido, sendo taxado como politeísta, sincrético e animista. Vai se clareando com os *Lwa*. Os voduístas acreditam em um só Deus — *Grand Met* (Grande Mestre) —, em seus poderes e conhecimentos. O haitiano nunca diz: "Eu te vejo amanhã", sem acrescentar: "se Deus quiser". Os *Lwa* são entidades menores e de fácil acesso, que têm uma relação mútua com seu devoto. Ele serve àquele por quem é servido. Tem características bem definidas: números sagrados, cores, dias, comidas cerimoniais, maneirismo na fala, objetos rituais. Uma das formas de servi-lo é usando roupas de sua cor e oferecendo-lhe suas comidas preferidas. Os iniciados são obrigados à abstinência sexual nos dias consagrados a eles. Alguns, inclusive, são representados arquetipicamente em várias culturas: *Erzulie Fréda* (deusa do amor, Vênus), *Legba* (aquele que faz a comunicação do homem com o todo, Mercúrio). Um sincretismo um pouco semelhante ao do Brasil, aliás, quase igual em todas as formas, embora os *Lwa* não tenham sofrido sincretismo com os santos católicos.

Quando falam em *Ogoun* (Ogum), o deus dos ferreiros, o representam por Saint James, que corresponde a São Jorge, no Brasil. Só que o santo é uma coisa e *Ogoun* outra. Mesmo que a oração *Guinea* incorpore versos católicos, não é possível confundi-la com uma cerimônia vodu. Seria mais apropriado pensar em uma simbiose do que em sincretismo. E os haitianos não podem nem de longe ouvir falar sobre isso porque, para eles, tudo o que fazem é puro e perfeito e não existem imitações aceitáveis. Os *Lwa* moram nas árvores, nas pedras e, muito raro, no corpo de alguns animais. É dentro da árvore que são feitas as oferendas. Mas ele *não* é a árvore e pode-se manifestar por meio de sonhos, de incidentes incomuns ou da possessão.

Os rituais *Rada Lwa* são originários do Daomé. Em geral, são as cerimônias brancas com um *Lwa* individual, em que o grupo faz a escolha de suas próprias cores. Existem casos em que são tão velhos que agem devagar. Os ritmos *Rada Lwa* são batidos nos *tanbou kon*, atabaque tocado com varetas de madeira forrado em volta com tecido, e o couro do maior deles, chamado *maman*, tem de ser de vaca ou de cabra. Minha atenção estava sendo um pouco desviada da cerimônia pelas explicações de Coke, quando uma das mulheres incorporadas apanhou um copo em uma das mesas e despedaçou-o com os dentes, engolindo pequenos fragmentos e cuspindo o resto no chão. Começou o pânico que não teve fim porque a *mambo* trouxe um pombo vivo e uma *hounsi* o engoliu na frente de todos. Bebiam rum o tempo todo, e ofereciam-se para mostrar força levantando os homens do chão como se fossem plumas.

Alguns dos presentes dirigiam-se a algumas *hounsis* e conversavam com os *Lwa* como se fossem velhos conhecidos. Os espíritos lhes davam a direção a seguir e eles confirmavam com a cabeça, perguntando se tinham mais alguma coisa a dizer a seus familiares, se faltava algum material na oferenda, enfim, era tudo muito aberto e transparente. Eu estava completamente vidrada em tudo e nas cores das roupas, fascinada e apavorada ao mesmo tempo. A cerimônia deve ter durado umas três horas: pouco a pouco, os espíritos partiam e as *hounsis* caíam por terra parecendo mortas.

Como se nada tivesse acontecido, todos os presentes começaram a entoar canções populares, não mais ligadas à parte ritualística. Todos dançavam, numa alegria contagiante. Eu permanecia sem entender nada. Quando pensei que tudo estivesse terminado, voltaram as *hounsis* completamente enlouquecidas atirando-se no fogo ardente armado em volta do *poteau mitan*, colocando na boca pedaços de brasa incandescente e rodando para todos os lados, vociferando e, logo em seguida, caindo nos braços da *mambo*. Eu estava certa de que o fogo não causava nenhum dano aos *Lwa* e muito menos às *hounsis* que voltaram após o término dos trabalhos, ainda vestidas de branco, suadas, transpirando por todos os poros e com sorriso aberto ante o espanto de todos os assistentes, inclusive eu.

Despedi-me do grupo convidado de Coke e voltamos à sua casa junto com sua família. Fizemos todo o percurso em silêncio. Ao chegarmos, ele perguntou-me se eu estava bem. Respondi que sim e que precisava descansar. Eles respeitaram minha decisão, mas Nabidía não saiu do meu lado. Quando entrei no quarto, ela pediu licença para entrar e me propôs dar uma volta perto do mar. Coke achou que era um pouco tarde e que poderíamos ter problemas devido aos recentes levantes da oposição. Ficamos no terraço, e ela me contou um pouco mais dos costumes de seu povo. Era o que eu mais precisava. Somente ouvir.

131

OLHOS DE QUEM VÊ, OLHOS DE QUEM NADA VÊ

Os brancos falam pela pele e tudo se ouve, até a respiração; falam demais da conta e não sabem nada porque nada vêem; os mistérios estão atrás das montanhas, onde estão cercados e limitados.

Nunca diga que está vendo alguma coisa no Haiti. Todos pensam que estão vendo, mas não estão vendo nada. A comunhão entre os homens e os espíritos do mundo contém mistérios que jamais poderão ser analisados. O sagrado se encontra onde eles habitam, podendo possuir e comandar um corpo, aquele cujo coração queira habitar. No Haiti os deuses estão vivos no corpo do homem da terra. A "Pérola dos Mares do Caribe" não brilha em suas águas enganadoras, lindas ou turvas. Vai além disso, além do lapidado, para ser transformada num colar que pode conter as mais preciosas gemas ou ossos marcados pelo ritmo de um tambor ensurdecedor. É a capa e a espada caminhando lado a lado.

Nabidía me fez viver os contos de fada da noite encalorada que cheira a mistérios. Muito ouvi e pouco falei. No dia seguinte, iríamos participar de um ritual com outro grupo de vodu, os *ghédés* ou *gédé*, família de *Lwa* conhecidos como "deuses da morte", os "senhores dos túmulos e dos cemitérios". Sua dança, *banda*, já deixou muita gente experiente em rituais do gênero completamente fora de seu eixo. Se o *Rada*, que é uma das principais cerimônias do vodu, mesmo com influências de cultos nigerianos Nagô e Mahi, mexe com toda a estrutura, comecei a imaginar o que mais poderia vir pela frente.

Pelas ruas, qualquer um conta histórias que ocorreram na Ilha da Tortuga, aventuras de piratas, longe de tudo o que você possa um dia ter imaginado ou vivido em sua infância. Um povo mágico, na sua voz *creole*, colorido nas vestes das mulheres e nas paredes de suas casas, no sabor das *zoranj* — laranjas — ou *abriko* — damascos — que infestam as barracas do mercado. Pela comprida rua Dessaline de Porto Príncipe, todo o Haiti pula diante de seus olhos de uma vez só, disputando espaço entre camelôs e seus rádios portáteis. Abrir um sorriso às *"dames-saras"* — vendedoras de rua — é abrir caminho para que, em poucos segundos, consigam saber tudo, até o fundo de sua alma, os mais preconceituosos e tortuosos segredos que você nem ousa pensar, que elas cavam e buscam em suas veias, trazendo depois à tona, para sua enorme surpresa.

Com apenas alguns *kob* (centavos) você pode apreciar tudo o que existe de excêntrico ou elegante pelos lados do Fauburg de Carrefour, no Brooklin ou mesmo no Alto de Petionville. Cada pintura que vibra no meio das ruas, nos cruzamentos, pelas calçadas, à sombra de um chapéu de palha ou apoiada na carroceria de madeira de seus caminhões. Toda a história do povo contada nas telas, nas pinturas embaralhadas de informações sobre suas raízes.

Centenas de imagens e de brilhantes pinturas primitivas, algumas vezes feitas a lápis, cenas campestres ou de figuras religiosas, tendo até mesmo Adão e Eva ou os 12 Apóstolos como tema, os artistas *naifs* que vestem seus heróis com chapéus e suntuosos uniformes do Império inspiram-se nos crucifixos, na Natividade, na Santa Ceia reinventada por artistas já famosos e circulantes pelo mundo afora. Alguns ainda moram por lá e são bem conhecidos, trabalhando todo o tempo — antes de a noite escurecer e receberem a chamada do vodu — em seus ateliês no Cabo Haitiano ou em Porto Príncipe. Outros já se foram, mas sempre hão de estar na minha memória: Préfète Duffaut, Philomé Obin, Antoine, Seneque, Telemaque, Sully, Casimir Laurent, Rigaud Benoît, Hyppolite, Paul Nemour, Jean René Chéry, Alexandre Gregoire, Gerard Valcin, André Pierre, Charles Anatole, Eguerrand Gourgue, Dieudonné Cedor, La Forêt, Valito Charles, Jasmin Joseph, Jean-Laurent, Gerard Paul, Saintillus, Raymond Desiré, Philippe Auguste Salnave, Luce Turnier, Davertige, Leontus, Legros, Louizor, Dorcély, Cayyemite, Saint-Brice, Wilson Bigaud, Castera Bazile, Lazare e tantos companheiros inesquecíveis pela ternura com que me receberam. Isso é o Haiti, em seu dia-a-dia, por meio da narrativa dos próprios turistas, que contam histórias que mostram toda a sua curiosidade e admiração.

A proposta da viagem para o jornal era tecer comentários a respeito dos pintores *naifs,* totalmente incorporados dos vestígios de uma consciência africana primitiva, uma vez que as influências de valores e conceitos procedentes da Europa, principalmente da França, já estavam fazendo parte da vida cultural do passado. Brotou no coração do haitiano uma forma nova de criatividade, cujas manifestações artísticas tiveram início na literatura e depois na pintura. As pinturas revelam uma mescla natural e sobrenatural, tendo o vodu sempre presente. Quase todos os haitianos são pintores-sacerdotes, e cada um transmite nas telas o que seu *Lwa* determina que seja passado à população. Cada cor, cada traço refletem uma simbologia da religiosidade vodu, descrevendo rituais e ritos repletos de detalhes simbólicos.

Coke marcou um encontro para falarmos um pouco mais sobre os cuidados e precauções diante do povo, mesmo que fôssemos protegidos por um respeitadíssimo sacerdote e reconhecido *houngan*. Aos *blanc,* os mistérios não são contados. Ou é um escolhido ou passa "em branco" por todas as informações. Montados em mulas, levamos quase duas horas para escalar a subida do forte em que, segundo dizem, mais de vinte mil homens perderam a vida durante sua construção, que demorou dez anos. Tudo o que falam é sempre com exagero, e ai daquele que não acreditar que eles são os melhores e mais perfeitos em todas as suas atitudes. Afinal, como confirmam: "Não chamamos ninguém para vir aqui, mas, se pisam na terra, não esqueçam que ela nos pertence". A fortaleza é o símbolo da liberdade do povo haitiano.

Os barcos estavam nos esperando para chegarmos à artificial Ilha Banc Rochelois, local da cerimônia vodu daquela noite. Somente eu e Coke sabíamos da importância de libertar Mama Jek das garras do *bokor,* mesmo depois de morto. Lá ninguém morre, todos continuam vivos porque as almas se vão e voltam ao chamado dos trágicos *bokor,* herdeiros de culto para continuar sua vingança. Todos têm seus *Lwa,* alguns trabalhando para o bem, outros para o mal. Deveríamos nos encontrar com barão Samedi, principal *Lwa* da família dos *gédé,* deus da morte, senhor dos túmulos e dos cemitérios. No mesmo barco havia um *Badagris Ogoun,* considerado o mais importante membro da família dos *ogoun* no Haiti. Saudaram-se como de costume depois de terem entregue as oferendas a *baka* — um espírito do mal — para proteger e abrir os caminhos para o propósito dos trabalhos.

Mais uma vez, houve os acertos — 50 dólares de cada participante do grupo — que foram pagos antecipadamente ao representante dos *agwê,* um dos deuses do mar, responsável pelo transporte: "Ou pagam ou vão de *imamou* — a barca dos mortos — para outro mundo". Ele comunicou a Coke que haveria sete *ashadé* — feiticeiros *Lwa* da família dos *ogoun,* curandeiros de grande poder —, três *atibon-legba* — guardiães dos portais que permitem a comunicação com os deuses —, sete *ayidawédo,* deus-serpente, 21 *erzulies* — divindade do vodu haitiano que comanda os rituais — e os três *kanzo* que ele havia pedido. Estes últimos eram essenciais pois, como Coke, já haviam deitado juntos em *djévo* — claustro sagrado da iniciação — e passado pela prova de fogo.

134

No forte, tão cansado quanto eu da subida pela estrada íngreme e pedregosa, montados sobre mulas, Darcy apresentou-me um de seus amigos, um antropólogo, pesquisador da Universidade Harvard, etnobotânico e fotógrafo, um jovem muito bonito que desandou a falar, em espanhol, dos perigos locais; aquela não era sua primeira visita ao Haiti, pois estava terminando uma pesquisa que iria "abalar" o mundo. Após tantos anos, eu me pergunto: o que, hoje em dia, pode abalar uma estrutura com os absurdos que se vêem e se ouvem por todos os lados? Ele estava em busca de uma erva, a "flor sagrada da Estrela Polar", nada mais nada menos do que a *datura* (*datura stramonium*), planta psicoativa derivada de *dhatureas,* empregada para envenenar vítimas prisioneiras em muitas tradições, causando alucinações, delírios, amnésia e, em dosagem excessiva, até estupor e morte; dizem que alguns povos a utilizam para rituais de passagem, rituais de iniciação e de morte. Essa planta alucinógena foi eleita a preferida dos envenenadores, criminosos e praticantes de magia negra em todo o mundo. Alguns a conhecem como a "figueira do diabo", e entre os haitianos, como o "pepino do zumbi", e em muitos países como *aiuasca.*

O grupo de antropólogos estava impressionadíssimo com as reuniões que tiveram com a elite intelectual haitiana, autoridades em vodu, e psiquiatras pesquisadores dos vários efeitos da erva. A ordem era não beber nada antes que os haitianos provassem primeiro. E quem é que iria pedir isso a eles? Ninguém "teria peito" para manifestar tamanha desconfiança. Se entrou, tem de estar no ritmo. Quando encontrasse um *bokor*, a recomendação era sair o mais rápido possível de sua presença, porque tudo o que um faz ele desfaz; com seu conhecimento sobre as inversões da magia, trabalha pelo mal, até mesmo à distância. Mesmo parecendo tudo um pouco fantasioso, recomendava cautela.

Incrível é que, mesmo distante de Coke e de seu grupo, a impressão que se tinha é a de que eles ouviam tudo o que tentávamos falar às escondidas, pois a cada comentário sobre os "perigos" eles olhavam em nossa direção e sorriam. Perguntei-lhe sobre isso em outra oportunidade e ele respondeu: "Os brancos falam pela pele e tudo se ouve, até a respiração. Falam demais da conta e não sabem nada porque nada vêem, os mistérios estão atrás das montanhas, onde estão cercados e limitados".

Chegando à pequena ilha, havia muitas mulheres com roupas coloridas em tons especiais, prontas para a direção de barão Samedi e Maman Brigitte — *Lwa* dos cemitérios, da família dos *gédés*, onde se realizam rituais. Mal entramos, começaram suas *bawdy* e *lewd*. Uma gritaria de fazer gosto, em voz bem alta, porque só estavámos nós e os invisíveis *Lwa* a testemunhar todo o cerimonial. Aquela gritaria, que ao leigo mais parece uma algazarra, guarda um saber milenar. A maldade está nos profanadores do sagrado, os brancos, que entram com o corpo e não com o espírito. Para eles, tudo tem a mesma importância: o trabalho do dia, comer quando necessário, dormir, ter filhos, casar, batizar, "juntar-se"; o vodu é a vida do povo e respiram o ar como respiram os *Lwa*.

A sacerdotisa logo deu início à sua dança sagrada, e os homens presentes começaram a entrar em delírio. Eu era a única mulher "de fora". Os gritos a *Erzulie* atravessavam os tímpanos. Cada vez que chamavam seu nome, a dança tornava-se mais sensual. De repente, uma delas se colocou à frente do filho de *Ogoun*, que nos havia levado de barco, e seus movimentos eram capazes de envolver até o mais crente dos crentes. Corpo com corpo, alma com alma, suor com suor, uma tremedeira de ambos que fazia com que todos participassem e dessem urros. E não tinha nada de depravado. Era mais forte do que o poder da imaginação.

Quando a mulher "tomada" por *Erzulie* se aproximou, quase não consegui me segurar mais, não fosse Coke me controlar, lembrando-me de nossa real missão naquela pequena ilha. Ele tirou-me dali, quase aos empurrões, e fomos para o outro lado, onde um homem negro nos aguardava, pois iríamos participar de outro cerimonial. Ali eram todos muito sinistros, alguns com cabelos brancos e dorso nu, mas com panos sobre a face, cobrindo-lhes o nariz e a boca. Deram sinal para que também nos cobríssemos. Imediatamente, formou-se uma barreira de corpos negros, entre nós, e o que estava acontecendo logo mais atrás.

Coke pediu que eu mentalizasse Mama Jek no momento em que abrissem a cova; assim que ele estivesse possuído, eu deveria pedir clemência por ela. Quase desmaiei com a informação, mas me mantive em pé sustentada por dois fortes braços negros que me amparavam. Coke, já fora de si, continuava a cavar um enorme buraco de onde três sapos, com a boca amarrada, pularam para fora. Não demorou, ouvi baterem num objeto de madeira; começaram a cantar seguidamente, como em frenesi. Pude ver que tiravam da cova um caixão, que foi aberto em seguida. Fechei os olhos e desmaiei, por alguns segundos, com o cheiro nauseante. Ao recobrar os sentidos, eu me lembrei de que tinha uma missão a cumprir, mas não sabia com quem deveria falar. De repente, Coke não era mais o mesmo. Estava enorme, parecia um gigante e falava com voz muito forte, em uma língua estranha, misturando o *créole* com a língua nativa do espírito e algumas palavras em francês, e também em "portunhol" para que eu pudesse entender.

— De onde vem e para onde vai, estranha? Você me assusta com a língua deserta e seca de sementes que já não produzem mais. De onde vem e para onde vai com seus ventos que afogam e contaminam os umbrais das trevas? De onde vem e para onde vai, com sua força tempestuosa que agrava minhas noites sombrias, com seus

*guerreiros sem feições que me impedem de reconhecê-la na minha
revolta do abandono? De onde vem e para onde vai? Por que quer
chegar aos espíritos acorrentados pelos esqueletos da própria sina?*

Extremamente assustada, eu queria que Coke voltasse ao normal.
Perguntei-lhe quem era aquele espírito e pedi por Mama Jek, que sofria
muito e queria voltar a viver, a amar, libertando-se daquele plano e de
todo o sofrimento. Expliquei que era uma mensageira e rapidamente
narrei tudo o que acontecera no jornal, os equívocos, deixando claro que
não tinha nada contra ninguém, nem contra "ele", que não era Coke
naquele momento. Pedi-lhe que me dissesse alguma coisa para falar a
Coke quando ele voltasse a si.

Um cheiro tão ruim foi tomando o ar que eu daria qualquer coisa
para sair dali; os gritos do grupo do ritual *gédé* criavam uma anarquia em
conjunto. De onde surgiu tanta gente naquele espaço tão pequeno, não
consegui entender. Cheiravam a álcool, a suor, a lenha queimando, perfume barato, e a tantas outras misturas que não consegui definir.

*— Sou irmão dela, de armas. Tentei seguir esse ignorante que quer
levá-la com ele, mas não posso sair daqui. Diga a ela que à meia-
noite da lua e ao clarão do meio-dia, as águas se encontrarão, e, no
brilhar das trombetas, o pássaro negro deverá sobrevoar sua cabeça. Então, eles irão buscá-la. O que pia de dia não canta de noite.
O que brilha na noite não se faz ver no dia. O que deixa rastros não
come os restos do futuro. Aquele que rasteja tem asas de cobre.
Aquele que voa não faz sombra.*

Um enigma que imaginei que Coke seria capaz de decifrar. Ele
ainda estava incorporado daquela enorme força, com os beiços virados de
lado, que pareciam crescer a cada gole de uma bebida de cheiro forte que
estava tomando. Depois me olhou de cima a baixo e, soltando uma gargalhada, pulou para dentro da cova. Por cima dele jogaram três galinhas
pretas e quatro vermelhas, todas vivas, três cobras vivas, terra, bebidas,
vários tipos de folhas, vidros com poções diversas, ervas de cheiro muito
forte, algumas curativas — segundo Nabidía me explicou mais tarde —,
os três sapos de boca costurada, ossos que imaginei serem os que estavam dentro do caixão, pedras, três lagartos vivos, esqueletos de peixes,
peixes vivos. Depois, o grupo começou a puxar uma cantiga que mais
parecia uma agressão, dançando em volta do buraco.

Em segundos, todos estavam em transe. Quando pensei que tudo
estivesse terminando, ouvi, vindo lá do fundo, um grunhido terrível, um
barulho como se estivessem apertando a garganta de Coke e ele tentasse

gritar, mas não conseguia emitir som nenhum. Os bichos que saíam da cova estavam mortos, com sangue escorrendo por todos os lados. As pessoas que dançavam começaram a me rodear, e minha cabeça girava, girava. Mesmo assim, pude ver quando Coke, ainda possuído, saiu do buraco, todo sujo, e veio em minha direção. Segurou minhas mãos e puxou meus braços cruzados para baixo. Voltei imediatamente à razão.

— *Ela não será mais molestada, mas precisa acreditar na liberdade ou nunca mais sairá do poço fundo em que se encontra sob o poder de* bokor. *Depois das oferendas, eu sustentarei o peso da serpente que estará enrolada em meu pescoço. Diga a ela que é preciso perder o medo da escuridão, porque é ali que ele vive e se apossa de suas forças vitais. Diga que não me importo por estar aqui e que minha morte é eterna. Não voltarei dos umbrais da escuridão, e não foi só por ela, eu tinha algumas contas a acertar com este povo que eu mesmo coloquei aqui. Ela não poderá olhar para os lados quando o pássaro voar. Se conseguir refletir o olho do meio em sua testa, quando ele desaparecer de sua frente, que dê o grito de Erzulie e então estará salva.*

Eu queria falar alguma coisa, mas era uma experiência difícil de entender ou aceitar; eu apenas olhava para aquela figura meio homem, meio alguma coisa, que eu não sabia como descrever.

— *Não precisa ter medo. É muito cedo para compreender essas coisas. Mas, se não fizer nada, será o pior caminho. Sei que gostaria de ajudá-los; se eles ficarem isolados, estarão contaminados. Que unam suas forças, seus reinos... E, quanto a você, prepare-se. Será uma iniciada. Não precisa ter medo, chegou a sua hora. Ligue-se aos seus guardiães que lhe apontarão o caminho. Um dia, nos encontraremos na cauda da serpente e farei com que ela a liberte. Você sentirá seus dedos claros cavando a terra que lhe for destinada, onde não conseguirá gritar palavras, sentindo seu ventre abrir as janelas fechadas. Chegará ao abismo da decisão onde caminhará treze passos, três luas e quatorze sóis, verá o brilho da espada sobre sua cabeça, a lâmina encostará em seu ventre, e você decidirá pelo cabo ou pela ponta. A última morada não está em nenhum dos extremos. Segure firme no meio e a justiça estará ao seu lado. Não há o que temer. Ainda não é a hora de voltar. Encontrará um velho, muito velho, antes do amanhecer de sete dias, e ele guiará você até o final dos tempos. Dançará sobre as areias que se movem e que dão caminho aos que buscam a paz e uma nova morada. Não preci-*

sa ter medo de voar entre as nove portas destinadas a você. Nos braços de uma criança, nascerá sua criança; no peso das costas incertas virá a leveza das plumas de um velho índio. Não precisa ter medo, abra as portas para o que vem vindo no branco lençol das muitas chuvas, mesmo que sua tarde esteja ardendo em chamas. Não precisa ter medo das raízes e das árvores invisíveis, do vôo raso nos fios de metal, das paisagens de gelo, nada será tão amplo ou tão pequeno que você não possa alcançar. Não precisa ter medo da fúria, que fará secar suas plantas violentadas debaixo dos alpendres que você construiu, diante dos segredos de seu espanto. Não precisa ter medo da verdade que brotará por detrás das grades enferrujadas com o anseio de vida. Não precisa ter medo de mim porque não sou mais nada, minha amiga, dona das almas que vagueiam em campos onde não mais existem flores. Não tenha medo...

Quando Coke voltou a si, banharam-no nas águas. Demorou muito tempo para que ele me reconhecesse, e falamos pouca coisa antes de voltarmos ao grupo já embriagado, penso que propositadamente. Colocaram-me, então, em meio às oferendas, enquanto os espíritos dançavam em volta, as mulheres com os seios à mostra, os homens sem camisa, corpos molhados de suor, olhos esbugalhados de tão abertos. Ao apontarem nove facas sobre minha cabeça, simplesmente apaguei.

Após o Banho de Purificação na cachoeira de Saut d'Eau, todos estavam lá. Havia mais de mil velas acesas, desde o início até o final do percurso, um choro de água corria da imensidão de tudo o que viria pela frente. Todos entoavam o pedido de bênção, a uma só voz. A louvação ficou para sempre dentro de mim, e ainda é o raio de meu amanhecer:

Nzambi Mukuanzo,
Kueto Mutuê
Kala Nkaxé Evangilu
Kilumbe Kikale Kuenu Dijina
Tiamuna Kuenu Kukula
Ekio Mavu Enioso Kiriri
Mululoki Kuetu Mulonga
Kiki Uila Loloka
Inane Ketu Kikiuame
Kainda Iambula
Sotaka Tendasá
Kudivulula Dikala
Kainda Iambula
Sotaka Tendasá
Kudivulula Dikala

(Deus, dono de nossas cabeças, que está entre nós e a natureza, louvado seja o seu nome... Derrame sua proteção aqui na terra e em todos os lugares... Perdoe nossas ofensas, assim como perdoamos a quem nos ofende... Não nos permita cair em tentação, livrai-nos do mal...)

VIVENCIANDO UM RITUAL NAS TERRAS DOS LWA

Diga à menina que, quando partir, poderá estar selando seu destino ou muitos destinos. E, se assim for, deve acordar rápido, antes que seja tarde. Se for tarde, que se prepare para o resgate, para recomeçar, que ainda é tempo...

Tudo o que eu havia lido sobre influências cristãs, nos rituais vodu, veio por água abaixo depois do ritual a que me submeti. Os *houngan* haviam se tornado sinônimo de alguma referência da Igreja Católica. Mas, politicamente falando, jamais contestarei os críticos do regime de Duvalier, que se transformou em uma personalidade voduísta, que utiliza o culto para suas finalidades políticas. Um dos bairros de Porto Príncipe era monopolizado pelos *ton ton makoute,* membros da política secreta de Duvalier que continuou dando proteção a seu filho contra os ataques constantes de sua mãe ao regime. Ali, todos *os houngan* faziam parte do esquema, espionando, informando, revelando esconderijos, doutrinando famílias, com direito a porte de armas e muito dinheiro pago pelo governo. O xamanismo, em geral, tem seus propósitos fundamentados em tradições milenares, mas no Haiti tomou novos rumos. Os camponeses sofreram verdadeira lavagem cerebral e viviam sob o temor constante do *houngan makout* presidencial. O medo era tanto que o *houngan* era substituído, sistematicamente, de tempos em tempos. Um deles apenas ameaçava, enquanto o outro realmente tinha seguidores. É um país onde a fé não "remove montanhas", mas as montanhas conseguiram encobrir mistérios que até hoje nem o próprio povo haitiano sabe distinguir. São poucos os que servem aos *Lwa* tornando-se um *pitit kay* — filho da casa —, e os que entram para a Igreja Católica ou Protestante chamam o vodu de "ritual satânico". Mas quando são chamados por um dos ancestrais todos correm para "bater tambor".

A parte religiosa assemelha-se aos rituais de umbanda no Brasil: santos e objetos africanos misturados com santos católicos confirmando o sincretismo. Por detrás das cortinas do altar, a coisa é bem diferente. Os *pè saván*, padres curandeiros, preparados por *Bon Dieu*, também chamado *Gran-Met*, o Grande Mestre, começavam a ganhar muitos adeptos abrindo as cerimônias com cantigas e preces católicas, entremeadas de ritos *créole*, em especial o *châté Lwa* — espírito de *Lwa* —, expressões extraídas intactas de cantos africanos. Na verdade, um ritual vodu "à moda católica". O significado visto de outra forma.

A guerra entre Deus e os espíritos inferiores é constante para ver quem ganha a cabeça de mais adeptos. Dispersaram o panteão tradicional entre espíritos locais e ancestrais, ocupando a atenção geral do crente comum, jamais chamando os *Lwa* de espíritos inferiores, mas aceitando-os como alguém que se incorporou ao cotidiano de suas vidas. Eles são invocados para comandar e acalmar os ventos, os relâmpagos, as águas, os vegetais, as pedras, os rios, os mares, e assim por diante, mesmo que a ordem tenha vindo de *Gran-Met*. E o que age errado recebe o castigo dos *Lwa* e não do *Bon Dieu*.

"Èske ou Kon sèvi Lwa?" Foi a última frase que ouvi antes de "apagar" e ser levada ao *hounfour* armado no meio da ilha. O peristilo — *peristyle* — é a parte principal do *hounfour* ou templo em que se realizam as cerimônias do culto vodu. Geralmente tem estrutura bem simples, com postes, pilastras ou troncos retos, que suportam um teto de zinco, coberto por folhas de palmeira ou outros vegetais. No centro há um pilar central — *poteau-mitan* — ao redor do qual se incorporam os *Lwa*.

Meu corpo começou a tremer e dei uma sonora gargalhada; as saudações começaram a *Erzulie Fréda Dahomey,* que rodava pelo campo circular à procura do *Ogoun Badagris*. Ao encontrá-lo, invocaram as demais forças vestidas de violeta e preto: *Papá Elegbá, Ayizan Veleque-tê, Lokô, Azaká, Elegbá Atibon, Damballah,* o pai de todos, que promoveu a recepção aos chegados *Petro Lwa* vestidos de vermelho, dançando violentamente, com estalos de chicotes de couro cru, compondo o grupo: *Legba Petro,* os gêmeos *Marassa Petro, Wawangol Petro, Ibo Petro, Sénégal Petro, Kongo Petro, Kaplau Petro, Kanga Petro, Takya Petro, Zoklimo Simbi Dlo, Gran Simba, Carrefour, Cemitière, Gran Bua, Kongo Savanne, Erzulie Je-Wouj* (*Erzulie Dantor*)*, Marinette, Dom Petro, Ti-Jean-Gros Point, Simbi Andezo, Simbi Makaya.*

Dentro das *asson,* as sementes e as vértebras de serpentes pareciam criar vida e me empurrar como uma atração irresistível para o meio do fogo, com as brasas ardendo e em chamas. Deram-me uma garrafa de rum, pimenta malagueta para mascar, *ataaré* (pimenta em grão) e uma porção de ossos. Em pouco tempo, eu dançava como as demais mulheres, no êxtase da alegria que me fazia bailar dentro do fogo, saborear o fogo, mascá-lo, cuspi-lo e me transformar no próprio fogo.

— *A Gaiola está aberta. Diga à menina que ela já pode voar e que andarei sempre a seu lado e representaremos o bem e o mal ao mesmo tempo. Ela precisa voar para saborear as sementes que plantou em terra fértil, antes que anoiteça, antes que a ilusão coma as sementes que são dela... A Gaiola está aberta, diga à menina que, antes de voar, tenha a certeza de que se trata de um pouso seguro, que voe em torno de si mesma, dos outros vôos, das outras asas, porque muitas coisas podem não ser a mesma coisa de perto... A Gaiola está aberta, diga à menina que só se decida pelo caminho e pela liberdade se estiver preparada para seguir o caminho e aceitar a liberdade... Diga a ela que deverá fechá-la imediatamente ao sentir a presença do ilusionista, do vendedor de sonhos, e que não faça nenhum pacto, porque ele lhe dirá que aquele é o seu caminho, mas não é; ele tentará provar ser sua segurança, segurança que não vem de um porto seguro; oferecerá a liberdade, mas esta se transformará em uma cela de privações trançada nas teias da memória do esquecimento... A Gaiola está aberta... Diga à menina que o ilusionista irá prometer, e, na verdade, não lhe dará nada e ainda tentará roubar seus instintos, seus sonhos, suas dores que cessarão seu desenvolvimento interior... Diga à menina que, quando partir, poderá estar selando seu destino ou muitos destinos; e, se assim for, deve acordar rápido antes que seja tarde; se for tarde, que se prepare para o resgate, para recomeçar, que ainda é tempo, prepare-se para a reconstrução se sair mutilada. E que não fique entorpecida se não souber o que fazer ou como fazer... A Gaiola está aberta, diga à menina que, ao se sentir perseguida em seu vôo, corra para que o ilusionista não lhe tire a pele, as penas, as asas, o que ainda lhe resta, e que não permita que ele a roube como sua presa e que fuja tentando encontrar o caminho de volta. E, ao sentir-se tocada, que saiba que é o toque da ilusão daquele que só teme a pureza, as lágrimas da solidão rolando no rosto puro da inocência, do sol que brinca com o brilho do branco... A Gaiola está aberta, diga à menina que, se existir o confronto, que dela jorre para fora toda a sua capacidade. E que enfrente o ilusionista sem permitir que ele distorça sua percepção, que tire a consciência de sua alma e use a astúcia e a magia para fazer ressurgir o medo que irá enfraquecê-la. E que o enfrente sem nunca dar as costas a essa força sinistra, e que se defenda em nome de tudo o que conseguiu construir... A Gaiola está aberta, diga à menina que se fizer algum pacto, se sentir que errou*

e quiser recuperar seu instinto ferido, que pegue tudo o que apren-
deu ou desaprendeu, mas que não volte para a gaiola, a menos que
seja para um descanso ou para tentar um novo vôo.

Coke ouviu atentamente a mensagem do espírito incorporado e, aos poucos, ia tentando decifrar cada uma delas, que obviamente seriam dirigidas para mim. Somente após o término dos trabalhos falaríamos sobre o assunto. Quase amanhecia e a decisão era partirmos o mais rápido possível para o Banho das Águas porque todos estávamos exaustos. Como no final de todos os rituais, os voduístas se encaminharam a um ponto onde jorrasse água para fazer com que os *Lwa* tivessem sua despedida mais iluminados. Antes de partir, "ela", o espírito que eu incorporara, disse algumas palavras em uma língua que eu desconheço, e todos repetiam cada um dos versos três vezes, acompanhados pelo som dos três atabaques e das maracas.

Erzulie Fréda Koté ou yè... Negrèsse flavodoun... Erzulie Negrèsse
Dahomin... Tabor Mangnan voudé Sirène... Negrèsse flavoudon...
Negrèsse cisaflè... Erzulie, Lwa mouin... Tou ton cò cè lò Bel
fanm... Lwa, soti de la mè... Tou ton cò cè lò.

Foram algumas horas dançando com *Erzulie* até Coke dar a cerimônia por encerrada e toda a sua situação solucionada. Quando voltei do transe, ele não me chamou pelo meu nome mas de: "Deusa do pó de ouro". Um agradecimento aflorou de dentro de mim:

— Proteja-me na roda dos ventos, Erzulie, deusa do amor e das
virtudes das que pedem sua força e resistência ao deixar cair a
máscara... Proteja-me, Scherezade, mulher sem freios, vermelha
como a cor de seu sacrifício para não morrer e não deixar ser
morta, mãe do mundo, mezan dos nove cantos do ọrun... Proteja-me
contra os símbolos de adoração e entregue-me nas asas de meus
ancestrais que por mim valsam a dança da ternura do outro lado do
mundo... Proteja-me das mãos vazias, do esgotamento de energias
para que eu possa manter sempre sã a minha consciência... Proteja-
me, Scherezade, você que amou e conquistou com seu coração o ser
exterior mesmo habitando o mundo invisível e interno de sua pode-
rosa força feminina sem que ela se fragmentasse... Proteja-me, Deu-
sa das tempestades, presa na armadilha de seu próprio amor, onde
o medo a tornou inconsciente e a fez sair em busca de sua alma e do
sentido de novos caminhos... Proteja-me da guerra dolorosa, amar-
ga e consciente dos sexos, fazendo dele um êxtase espiritual sem

nunca separá-lo do divino, sem nunca separá-lo da espiritualidade e jamais me tornar dependente, explorada, invadida pelo lado escuro e mesquinho, impropriamente usada... Proteja-me, Rainha sem coroa, mas eterna em seu reinado de sonhos e compreensão, com seu aroma de almíscar que embeleza a sensualidade, oferece o bálsamo, a presença divina e transformadora sem que seja necessário que comam os primeiros frutos ou explorem a fonte do prazer que é uma dádiva, o pó do ouro que circunda minha cabeça, os mistérios que brilham no encanto... Proteja-me, Scherezade, eu em você, você em mim, apenas uma, um só destino que não precisa estar oculto mas sempre à tona, certeza do que virá depois...

Silêncio geral no caminho da cachoeira de Saut d'Eau para a última purificação antes das despedidas de onde eu, pensando em voltar ao Brasil em poucos dias, seguiria para a Martinica e viveria, finalmente, o encontro com os pueblos, sem previsão de volta.

VÓ MARIANA, O PRIMEIRO CONTATO

A luz de vovó Mariana está em quem a vê. É uma manifestação da luz espiritual em que, além de atrair as pessoas, intensifica também meus pontos luminosos.

Certa noite, na casa de Coke, senti a barriga da perna adormecer, meu corpo dobrar-se para a frente, com um peso enorme tomando conta de mim, sendo quase impossível andar. Foi a primeira aproximação da velha quilombola Mariana — um dos espíritos que me acompanha a longo tempo, antes mesmo desta experiência. Vovó Mariana trabalhava como ama-de-leite em uma Casa-Grande, tendo chegado ao Brasil em um navio negreiro, na condição de escrava, junto com seu filho Roberval. Ambos receberam esses nomes de batismo antes de pisar em terra. Partiram ao Porto de Ovidan e quando chegaram no porto obrigatório de desembarque, perderam suas raízes, suas informações culturais, e sua identidade étnica original. Conforme a idade foi avançando, vovó Mariana tornou-se zeladora da casa e acabou cuidando das crianças da senzala.

Quando o frio chegava, vovó Mariana juntava as crianças — que eram obrigadas a andar nuas para que não escondessem nenhum objeto ou jóia da casa —, em um grande buraco feito no chão de terra do galpão onde dormiam os escravos, uns sobre os outros, para se aquecer. Eram as "crianças do buraco" de vó Mariana. Foi a forma que ela encontrou para que não passassem tanto frio, já que não tinham autorização para usar roupas.

146

Seu filho trabalhava como "negro de ganho" para sustentar a vida do "Sinhozinho" que não fazia nada, porque tinha escravos para isso. Era obrigado a passar às mãos de seu proprietário tudo o que ganhasse. Quando restava algum trocado, guardava, na esperança de um dia poder comprar a alforria de sua mãe. Às vezes, trabalhava como "negro de aluguel", como eram conhecidos os homens que alugavam a força física a quem precisasse de serviço pesado. Faziam "ponto" na esquina das ruas ou à beira de estradas e eram chamados para conduzir as senhoras em suas liteiras ou transportar cargas e fardos.

Outros três filhos de vó Mariana foram dirigidos para o trabalho de "negro de campo". Tanto quanto os da senzala, começaram seu trabalho na cana-de-açúcar. Se também eram conhecidos como "braço agrícola" e as moendas falassem, poderiam contar sobre essa qualidade de escravo que suou nos engenhos, alguns dos quais se especializaram e passaram a valer mais.

Para a velha Mariana, um dos papéis mais difíceis foi o de escolher, entre seus comandados, os "negros de bangüê", responsáveis por enterrar os seus mortos. Quando morria um escravo, ele era amarrado a um peda-ço de pau, como um animal, ou então jogado numa rede. O corpo era acompanhado por um ou mais companheiros, nem sempre da família, para um cortejo fúnebre, que recebeu o nome de bangüê. Quando recebi-am a ordem, os "negros do bangüê" depositavam o cadáver numa cova, ao pé de uma árvore próxima ao local em que trabalhara como escravo. Do contrário, era jogado em meio ao lixo da cidade, junto com restos de comida, de onde surgiu o ditado: "Urubu tem que cumê". Os que enve-lheciam e não podiam ser trocados por escravos mais novos, ou os que contraíam doenças difíceis de ser curadas tinham destino certo: servir de alimento aos urubus.

A ida de Mariana para um quilombo deveu-se a uma verdadeira tragédia: uma das crianças da senzala estava morrendo de fome e ela, por trabalhar tantos anos servindo na Casa-Grande, pediu humildemente ao seu senhor um pouco do melado da cana que os escravos colhiam para dar àquela criança. Além de negar o alimento, o patrão expulsou-a, do Casarão, aos gritos, lembrando que não tinha nenhuma regalia pela fun-ção que exercia. Apesar da insistência, já que a criança poderia morrer, não foi ouvida. Ao contrário, recebeu ameaça de ir para o tronco, castigo comum na época. Pouco reconhecida por seu trabalho e cansada das humilhações sofridas, decidiu por si mesma, de madrugada, entrar na sala onde guardavam as comidas e pegar um pouco de melado e pão para dar à criança.

No dia seguinte, foi acordada pelo feitor a chibatadas, acusada de ter entrado no Casarão. Os cachorros haviam latido muito à noite, e só ela poderia ter "roubado" o que estava faltando. Um de seus filhos tomou a frente e quase foi morto no tronco; não suportando os castigos, acabou

147

confessando ter sido ela. A ordem foi imediata. Para servir de exemplo, colocaram pregos enormes em tábuas que iam da porta da senzala ao Casarão, e obrigaram-na a caminhar três vezes por cima dos pregos. Quando terminou seu sacrifício, ela não tinha mais os dedos dos pés, e, por não ter chorado durante o castigo, cegaram-lhe os olhos. Depois disso, auxiliada por um grupo de escravos, vó Mariana fugiu para um quilombo.

Durante 16 anos, vivenciei muitas incorporações da velha Mariana. Vinda da "linha" dos Pretos Velhos, ela narra todos os fatos de sua passagem final na terra. Antes disso, vivia em outro povo, do longínquo Oriente. Uma ligação de transparência com a menina Scherezade, que libertara muito tempo atrás; são duas contadoras de história e com muito para contar. A princípio, foi difícil compreender seu trabalho, porque a cada desincorporação ou a cada uma de suas manifestações as pessoas choravam muito à sua volta.

Entendi, alguns anos depois, que seu elemento de trabalho é a terra. No momento da incorporação, como todo Preto Velho, ela curva o corpo para baixo e o médium ou "cavalo", quando é "montado", entra em contato com esse elemento. O médium é conectado pela fronte, produzindo uma ligação até a laringe, enquanto outros espíritos pegam-no pelas pernas, fazendo com que adormeçam no momento exato da ligação com eles para uma completa incorporação. Ao descer pela coluna vertebral, como se fosse um choque em todo o organismo físico, fazem tremer todo o corpo, principalmente a cabeça e os ombros, arqueando aos poucos o tórax e as pernas. Algumas vezes, emitem palavras em seu idioma de origem, principalmente quando trabalham a Magia de Cura.

No momento em que se inicia a vida energética, já se estabelece o movimento da transformação e a resultante desse movimento gera o Efeito Obaluaê, que também utiliza o elemento terra; é luz e consciência com efeitos transformadores. São entidades de alto plano espiritual, que atingiram um alto grau de consciência espiritual no tempo.

Preto Velho é um nome simbólico que se dá à consciência espiritual que tem uma relação muito próxima à transformação de determinada qualidade de elemento que comanda a matéria, seja por composição seja por decomposição. São os grandes responsáveis pela vinda da influência africana em todos os rituais. Isso não significa que todos os espíritos que incorporam, quando vivos, tenham sido velhos, negros ou escravos. Nem todo Preto Velho foi preto ou velho. É apenas um nome que se dá a essa qualidade de trabalho. Somente a energia do espírito é incorporada. Pertencem à "linha" de *Obaluaiyé*, mas *não são* o orixá Obaluaê.

Profundos conhecedores da mente e do comportamento humano utilizam-se de rezas e benzimentos, receitam medicamentos da flora para combater males físicos e astrais. São senhores da magia e conhecedores da alquimia astral, chamados também de "mandingueiros de luz", ou "senhores da lei de pemba". Com muita elevação espiritual, conseguida por meio de tanto sofrimento, esses espíritos fazem qualquer um abaixar a cabeça quando incorporados. São os únicos capazes de neutralizar um trabalho de magia negra, conseguindo infiltrar-se em vários planos e camadas para salvar almas aflitas. São várias as legiões que agrupam o trabalho dessa "linha" de Pretos Velhos, também conhecida como *Yorimá:* a transformação do experimento, a energia da sabedoria e a potência iluminada da lei que rege a vida. Trabalham na renovação e na manutenção de forças recém-transformadas. Eles têm uma capacidade sutil e uma habilidade por meio da qual, enquanto falam da realidade terrena, estimulam o sonho. São dotados de profunda compreensão das coisas terrenas e espirituais. Todo Preto Velho é um babalaô mestre na terra. Na realidade, esse espírito foi o grande professor dos africanos que com uma supermediunidade adquiriam conhecimentos para zelar pela natureza designada sob vários nomes de orixás. Por causa da escravidão, eram obrigados a se separar de suas famílias; não havendo nenhum tipo de comunicação com os que ficaram para trás, espalhados pelos quatro cantos da terra, os espíritos incorporados davam notícias dos que já haviam morrido. Muitos deles, inclusive, acabavam incorporando e identificando-se.

Os Pretos Velhos são os grande sábios da espiritualidade, pois atingem qualquer plano espiritual, ensinando a compreender a natureza, a humildade e a perseverança. São os grandes intérpretes, inclusive, da natureza humana, bons feiticeiros e curandeiros das almas feridas que vivem na terra. Vivendo neste planeta que nos oferece a dimensão mais universal dos elementos cristalizados: terra, vegetal, água, fogo e ar. A terra oferece subsídios para a descoberta de uma consciência superior e, por meio dos Pretos Velhos, uma consciência espiritual.

No Haiti, ficou bem clara a presença de vovó Mariana que, pouco a pouco, foi-se manifestando e hoje atende pessoas daqui e dali com a mesma ternura, amor e equilíbrio, como de sua primeira manifestação.

A luz de vovó Mariana está em quem a vê. É uma manifestação da luz espiritual que, além de atrair as pessoas, intensifica também meus pontos luminosos.

AS SENHORAS DOS PÁSSAROS ESCOLHEM SEUS FILHOS

As iyàmi *são como o vento que flui independentemente de nossa vontade, e não se pode aprisioná-las; os que as aprisionam, na verdade, tornam-se seus prisioneiros.*

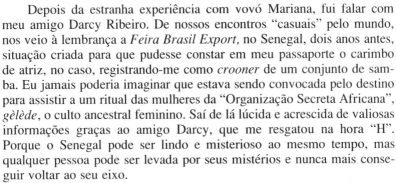

Depois da estranha experiência com vovó Mariana, fui falar com meu amigo Darcy Ribeiro. De nossos encontros "casuais" pelo mundo, nos veio à lembrança a *Feira Brasil Export,* no Senegal, dois anos antes, situação criada para que pudesse constar em meu passaporte o carimbo de atriz, no caso, registrando-me como *crooner* de um conjunto de samba. Eu jamais poderia imaginar que estava sendo convocada pelo destino para assistir a um ritual das mulheres da "Organização Secreta Africana", *gèlède,* o culto ancestral feminino. Saí de lá lúcida e acrescida de valiosas informações graças ao amigo Darcy, que me resgatou na hora "H". Porque o Senegal pode ser lindo e misterioso ao mesmo tempo, mas qualquer pessoa pode ser levada por seus mistérios e nunca mais conseguir voltar ao seu eixo.

A proposta era apenas participar da feira, que me daria a documentação necessária para conseguir o registro de atriz, mas ao ser apresentada ao presidente Senghor e sua comitiva uma das mulheres parou e ficou me olhando por muito tempo, o que causou constrangimento a mim e a todos do grupo. Ela não apenas me olhava, mas infiltrava em mim alguma coisa que eu desconhecia. Não podia ver, mas sentia. Portanto, não foi surpresa quando voltou à noite trazendo um intérprete de sua segurança para o caso de eu não entender bem seu idioma. A mulher queria falar comigo em particular. Como todos falavam português com sotaque de Portugal e um razoável francês, não foi difícil nossa comunicação. O que seria um jantar de duas horas de duração transformou-se em 15 dias de reuniões, iniciação, aprendizado e o direito de voltar quando necessitasse. Fui convidada para conhecer o mistério das *iyàmi*, as senhoras dos pássaros.

As *iyàmi* não são orixás ou divindades; embora sejam veneradas como tal, constituem um poder capaz de fazer com que caia a máscara e surja aquilo que existe por detrás dela, aquilo que não queremos que o outro conheça, a impressão que o outro tem de nós. Por isso é que elas são veneradas, para que seu lado negativo não atue. São como semidivindades que tratam do poder feminino, dos seres femininos que pertencem ao mesmo tempo ao plano divino e ao plano humano, além de fazer parte do mundo sobrenatural que inclui tudo o que existe além da humanidade.

Foram confiados poderes sobrenaturais às mulheres, que podem manipular o bem ou o mal. Até mesmo as forças da natureza dependem desse poder sobrenatural das *iyàmi*, porque, para que os pedidos feitos a qualquer uma das energias sejam atendidos automaticamente, elas não devem interferir. Por isso, elas devem ser cultuadas e convidadas a participar dos trabalhos que serão realizados. É impossível cultuar as forças na natureza e conseguir que as oferendas sejam aceitas sem invocar a presença e o poder sobrenatural das *iyàmi*. Foi o que vi em todas as culturas e tradições pelas quais passei. Seja entre os navajos, onde as mulheres têm sempre a última palavra; na Ilha da Páscoa onde os pássaros são elas próprias; entre os haitianos, onde as *mambos* detêm o poder da continuidade da magia; em todos os grupos, elas estão ali, atuando com seu poder feminino. E só as *iyàmi* podem manipular esse poder, embora todas as mulheres tenham pré-requisitos para lidar com ele que é adquirido por meio do conhecimento ou da Iniciação.

Algumas mulheres desenvolvem o poder feminino ou o recebem como herança. São chamadas *iyàmi*. *Osó* é o poder masculino, em algumas tradições chamado de "veneno", podendo causar o bem ou o mal, dependendo da intensidade com que é usado. Um sacerdote só poderá interceder com o poder das *iyàmi*, mas não poderá possuí-lo, porque são duas naturezas diferentes, a feminina e a masculina. E a força delas só poderá ser recebida por uma mulher, mesmo que inconsciente de seu poder. O nome *iyàmi* significa mãe. E *iami Oxorongá*, como são chamadas todas as *iyàmi* na África, são também conhecidas como *àjé*. Quando se fala em *Ẹlẹyẹ*, a "dona do pássaro", "a que se transforma em pássaro", ou ainda "a que voa". Tais denominações devem-se ao fato de que essa força sai do corpo da pessoa que a possui; é representada por um pássaro, e a pessoa tem condições de estar em dois lugares ao mesmo tempo.

Em outros cultos, é conhecida como *Opiki Ẹlẹṣẹ Oṣun,* a que é poderosa e pinta seu pé com *osun* (pó vermelho, simbologia do sangue). Isso demonstra que elas são muito vaidosas, elegantes, têm muita feminilidade e vivem uma vida física humana. Também cultuadas como *Apa mi ma yẹda,* "a que mata silenciosamente sem arma e sem mover a mão". Outro nome dado a elas é *olokiki oru,* a "dona da madrugada" ou a que sai durante a madrugada, mas a denominação de *ayé* tem um conceito mais extenso, porque mostra o poder. Por isso, sua maior manifestação é durante a madrugada; elas podem chegar a qualquer parte do universo quando invocadas, porque trabalham com o ar e com o vento.

Teoricamente, qualquer mulher pode ser escolhida para desenvolver o poder das *iyàmi,* mas existem qualidades de escolha — bem ou mal — e as pessoas que transmitem esse poder se submetem a um juramento, para o bem ou para o mal. No Haiti, não há separação entre o bem e o mal, porque esses conceitos são encarados como parte de um todo e todos possuem as duas forças. As feiticeiras dominam a ilha e os elementos das oferendas as atraem porque pertencem a elas. Têm a proteção divina e, por isso, devem estar presentes em todos os atos humanos, sempre convidadas a participar de louvações e trabalhos com os santos por meio de cantigas.

As *iyàmi* representam um conjunto de poderes sobrenaturais, entre eles o poder da transformação, visto que se transformam em pássaros. São como o vento, que flui independentemente de nossa vontade e não se pode aprisioná-las; aqueles que as aprisionam, na verdade, tornam-se seus prisioneiros. Elas não precisam sair para resolver um problema, pois estão em todo lugar, e essas forças sabem qual a verdadeira necessidade da pessoa. Chamadas de *ayé* no sentido de "ser como é a terra", só usam essa denominação para outras energias ou forças com a idéia de um mundo sem limites.

Cheguei ao Senegal, assim como cheguei no Haiti: completamente leiga de tudo o que existe de mágico na terra, e fiquei hospedada em um hotel luxuoso e confortável na praia N'Gor, perto de Dacar. Pensava que este deveria ser o lugar mais seco do mundo, pois havia falta de chuva, mas, na verdade, ele é todo dominado pelas águas do mar e dos rios. No próprio hotel, recebi o conselho para admirar as atividades aquáticas das regatas na baía de Soumbédioune ou a pesca dos peixes gigantes, com rede, ou apenas aguardar, como a maioria dos turistas, o retorno dos pescadores cujas canoas se debulham como encalhadas ao longo da costa, de Thiés ao Joal. O mar é cortado por grandes ondas, desde a costa de Saint Louis até o Cabo Skirring, e por inúmeros rios utilizados como meio de comunicação e transporte: o Senegal, cuja embocadura preserva milhares de pássaros no Parque Djoud, ao norte de Saint Louis, a mais antiga cidade francesa localizada na África; o grande rio Salum e o rio

Casamance, com seu porto comercial Kaolack, capital da produção de amendoim, ao sul, onde está situada Ziguinchor.

A convite de *Babàyáledé*, a enigmática mulher que me convidara, subimos o rio Senegal num barco, o Bou el Mogdad, onde tudo acontece, e nas paradas fui conhecendo um povo totalmente diferente dos habitantes urbanos.

Chegando a Cabo Verde, pudemos avistar a nostálgica Ilha de Gorée, que no século 19 serviu como prisão de escravos em trânsito. A ilha é assustadora, por suas florestas densas e, certamente, impenetráveis. Ali as pessoas são amistosas, vestem-se elegantemente de branco, e são muito curiosas sobre a vida moderna, que só conseguem observar pelos grupos de outros países que as visitam. Uma ilha pequena, com ruas estreitas, e pequenos quarteirões de casas com balcões pintados.

As primeiras reuniões foram em Dacar, a capital do país. Um grande complexo urbano comparado com as vilas do interior. Eu estava enlouquecida por estar em meio a mulheres magníficas, com a cabeça protegida por imensos turbantes, e o corpo coberto pelos famosos *boubous*, panos fabricados na Holanda que vão sendo sobrepostos, sendo o primeiro transparente e cintilante e o segundo muito colorido. Elas também me admiravam porque, na função de *crooner*, eu caía num samba rasgado todas as noites em que o pandeiro de Damião, um negro de cabelos pintados de amarelo-gema, me desafiava no pé. Imaginem uma loira, bronzeada, bailando aquele ritmo bem brasileiro, e os africanos doidos em volta. A coisa ganhou tamanha proporção que em poucos dias já não podia andar nas ruas dos mercados porque os senagaleses me paravam para perguntar do samba brasileiro, das mulatas e como eu, sendo branca e loira, poderia dançar tão bem quanto as negras brasileiras de que eles ouviam falar.

Foi no mercado Soumbédioune que tive meu primeiro contato com as máscaras *iyàmi*. Sol na cabeça todo o tempo, perdida entre um povo em parte católico e, em sua maioria, muçulmano, onde a maior parte do tempo a magia rola para todo lado com os *marabout,* bruxos e guias. Toda a cultura e tradição são passadas oralmente. Em nenhum momento me permitiram escrever nada sobre os rituais; se eu quisesse, um dia, que descrevesse o que senti, o que realmente acontece, e não apenas o que vi. Desde que nunca o fizesse em lua minguante:

— Se você quiser fazer algo, faça, mas espere a lua sair e veja bem o que pretende atingir. Entre com a lua cheia e ela lhe favorecerá. A lua nova é para construir, iniciar alguma coisa. A crescente tem o mesmo sentido. A lua cheia é mais comercial, onde podemos nos encher de coisas, clientes, estudo. A lua nova e a crescente são masculinas, e a lua cheia e a minguante são femininas. É só para

dar início. Se mudar para uma casa, por exemplo, na minguante, vai minguar tudo, bem como um trabalho que se queira fazer. Se abrir algum negócio, não vai para a frente. Mudança de casa com chuva, isso sim, é o máximo. Tudo o que é feito com chuva, cria raiz. Se chover na hora de uma mudança, teremos raiz ali. A lua cheia é a chamada "lua grávida", porque está fértil e as iyàmi *ensinam que, quando se trabalha nessa lua, a fertilidade vem para a terra e ao apanhar a terra de fora e colocar em um pote dentro da casa até a lua mudar, tudo será fértil, ela ficará dentro da casa por meio da terra que se consagrou e que deve ser jogada fora quando entrar a lua minguante. A lua crescente e a cheia são as de grandes construções. A lua nova é a "lua escura". Quando se quer saber de algo obscuro, trabalha-se na lua nova. E a minguante é para tudo o que se quer que mingue: azar, coisa ruim, fofoca. Serve para colher frutos, aparar coisas. No ápice da minguante, tudo míngua. Todo o trabalho de lua depende do que se quer atingir.*

Conforme o combinado, para ir à Ilha de Gorée, eu me afastei do grupo de brasileiros. Meus amigos Ibrahim Sued e Darcy foram me alertando sobre os perigos *"dessa gente de quem você nunca ouviu falar e já vai entrando em ritual"*; no fundo, estavam doidos para participar. A *Babàyáledé* me apanhou no hotel e fomos de barco, com um grupo de mulheres, as mais lindas negras que já encontrei em toda a minha vida, até o local da organização. À medida que fomos nos aproximando, percebi que era uma ilha rodeada de mulheres. Todas as feiticeiras e bruxas pareciam estar habitando aquele local.

INVOCANDO O PODER FEMININO

Eu estava consciente quando o akoko *cinzento chegou; vôo lento, o caminhar da realeza ao meu lado, à minha frente, ao meu redor. E juntos dançamos a sós, a dois, a dança eterna que me acompanharia além do oceano, a dança sem volta, a dança mulher.*

A ilha em que fui levada pela Bá, conforme preferi chamá-la, estava contaminada pelas donas das vassouras, vindas de todos os lados do mundo. Fomos à casa dos rituais das *iyàmi* e diante de algumas máscaras, uma de morcego, outra de coruja e mais uma, ao centro, toda trabalhada com um pássaro sobre sua cabeça, ela fez várias saudações.

Entre os africanos, a máscara sempre foi associada a vários ritos, inclusive o de Iniciação, em que recebe um sentido completamente diferente. Quando colocadas à frente da casa, servem como armadilha contra energias espirituais negativas. Ela poderia estar captando forças vitais ou o que fosse, e só depois de muitos anos é que pude constatar as tais forças novamente, convidada que fui para um ritual dos ancestrais do Benin. O morcego é o símbolo da vida e não do terror como costumam nos passar; entre as *iyàmi*, é sinal de aproximação boa ou ruim.

Para os navajos, eles anunciam que "vem chuva"; pelas feiticeiras eles podem ver mesmo no escuro, já que todos estão mergulhados na noite. Suas orelhas esticadas significam que eles ouvem tudo, e o vôo noturno permite ver abaixo da cegueira da escuridão. A coruja é relacionada à lua e se opõe à águia, que enxerga melhor durante o dia. Ela é a divindade da morte e a guardiã dos mistérios, da morada obscura da terra.

O corvo entrincheirado na cadeira da sacerdotisa simboliza as virtudes e o triunfo, proteção máxima dos perigos que venham a ameaçá-las.

Assim que passei a soleira da porta, o corvo deu uma volta sobre minha cabeça e saiu, colocando-se no totem de entrega das oferendas. Bom agouro. Entrei e senti o cheiro forte de um tempero, familiar ao meu olfato; depois vim a saber que o dendê predomina nesses rituais. Recebi uma reverência da Bá e respondi com outra. Nunca precisei ser ensinada a me comportar adequadamente em qualquer lugar, diante de qualquer pessoa. É algo bem natural, que brota de meu ser inconsciente. Coloquei-me à sua frente e ela derramou dendê, mel e água na terra. Começava o culto. Quem consegue estabelecer uma relação com as feiticeiras pode fazer tudo melhor e obter resultados mais favoráveis.

Comunicando-se com os dois extremos da vida na Terra, morte e renascimento, as "senhoras dos pássaros" têm acesso e domínio sobre o mundo da morte. Trabalham com o amor, com a felicidade, com a doença e a morte, só dependendo de que maneira será conduzido o poder. É preciso saber como aproveitar essa potência e força.

Na África, há uma rejeição da comunidade por essa escolha de uma mulher, que passa a ser encarada como ameaçadora, e as pessoas têm medo dela. Uma suposta *iyàmi* nunca diz claramente se trabalha para o bem ou para o mal, e as suposições nunca se confirmam. A preocupação quanto ao anonimato também pode servir para protegê-las. Por outro lado, temem que as pessoas saibam o que elas são. Elas são administradoras espirituais de *gèlède* — o culto ancestral feminino — que só existe devido ao seu poder. São as mulheres que comandam, e os homens dançam para elas.

Antes de iniciar o cerimonial, alguns homens entraram e dançaram, até tombarem completamente exaustos ao solo. Só foram dispensados por ordem da sacerdotisa. Depois que se retiraram, comecei a contar os materiais da oferenda, um costume meu, antigo, e tudo resultava em três ou nove. Após o primeiro contato, vestiram-me com uma túnica longa, branca, semitransparente, bordada em ouro, com desenhos que representavam cabeças de pássaros. Deram-me uma bengala de madeira com o bico de um pássaro na ponta, alguns colares, e por ali fiquei uma semana até ser localizada pela embaixada, a pedido de Darcy que, apavorado, sabia ser a hora de voltar. Saíra do hotel com a roupa do corpo para um passeio e ficaram lá todo aquele tempo...

Eis a louvação que me cabia:

1–Òṣòròngà opiki Ẹlẹṣẹ osun... 2–A jefun jẹdo... 3–Oniyi aye... 4–Ebọ aye ni a ru... 5–Ajẹ ni a bo... 6–Òṣòròngà ni nba ni gbele aye... 7–Ajẹ ni npa ni... 8–Òṣòròngà gbigbe ni o ba mi gbe... 9– Ajẹ ma pa mi lọ mọ o opiki Ẹlẹṣẹ osun... 10–A woni maye... 11– A mọ niloju rẹ Orun... 12–Ejẹ, epọ, ekuru rẹ rẹ... 13–Elekuru pupa fo o... 14–O gberita jagun... 15–O gberigi ke kanrin kanrin... 16–Bi o ba ke kanrin kanrin tan... 17–Fori ji n mi... 18–Fi ọwẹ re wo mi... 19–Ma ke kanrin kanrin... 20–Wọnu ele mi... 21–Bigun jẹbọ... 22–A je gbe... ni nje... 23–Eyi a ba ṣe a ṣe gbe... 24–A se gbe ni ẹ jẹ o jẹ o... 25–Olokiki oru... 26–Òṣòròngà Onile Origi... 27–Ki nfo ki o fori sogi... 28–Ma je fori sogi o!... 29–Onile Origi ki njebo... 30–Ki ẹbọ naa ma gun rege... 31–A jefun jẹdo... 32–Kinjẹ tirẹ tan... 33–Ki o ma fi ọna han eni... 34–Iyami to to aye... 35–Fi ora han mi o... 36–Ki o tu mi, ki o la mi... 37–Onepo nilẹ fẹjẹ rofọ... 38–Ki nfi ẹjẹ rofọ tan... 39–Ki o ma fi ọra han emi... 40–Iya mi to to aye... 41–Fi Ọna han mi han mi o... 42–Bi o ba gbe ori igike... 43–Ma ke pa mi... 44–Bi o gbe orita ke... 45–Ma ke po mi... 46–Kike ni ki o fi ikẹ rẹ ke mi... 47–Alapo iku Olona ola... 48–Iku ti ba nke nile mi... 49–Ro danu... 50–Arun ti nba nke nile mi... 51–Rọ danu... 52–Omọna ele ofo... 53–Ofo ti nbe nile mi... 54–Rọ danu... 55–A pa mi ma yeda... 56–A mubo tinbẹ laye mi... 57–Rọ danu.

(1–*Òṣòròngà* que pinta seu pé com *osun*... 2–Que tanto come o intestino como o fígado... 3–Aquela que é o *Aye*... 4–Vamos fazer o *ebo aye* (alimentá-las)... 5–Vamos venerá-las... 6–*Òṣòròngà* que convive com seres humanos na Terra... 7–É *aje* que mata o homem... 10–Aquela cujo olhar acompanha o homem no *aye*... 11–Aquela cujo olhar tira a vida humana... 12–Saúdo você, que se alimenta do sangue, do dendê e do *ekuru*... 13–Você que come *ekuru* vermelho (referência ao sangue e ao dendê)... 14–É você a que guerreia sem sair da encruzilhada... 15–É você que, de cima de uma árvore, canta... 16–Após o seu canto me perdoe (as *iyàmi* somente punem após o canto do pássaro; esse canto atrai sua ira para a vida da pessoa; o canto com choro traz coisas boas)... 18–Cubra-me com sua proteção. 19–Não cante dentro do meu lar... 21–Quando *igun* consome o *ebo* (*igun* = pássaro que só vive para se alimentar dos *ebo*)... 22–Nada acontece... 23–Tudo que eu fizer, que eu seja perdoado... 24–Por você que canta durante a madrugada... 25–Grandiosa força! (expressão de louvação)... 26–*Òṣòròngà*, que possui sua morada em cima da árvore (*Onile Origi*, é outro nome dado às *iyàmi*, que é usado quando se fazem oferendas ao pé das árvores)... 27–*Òṣòròngà* que ao voar nunca se acidenta (durante o vôo não acontece nada)... 28–Você, que mora em cima da árvore... 29–Ao se alimentar do *ẹbọ* (pega o problema do outro para si)... 30–Esse *ẹbọ* sempre produz o efeito... 31–Você que tanto come o intestino como o fígado...32–Ao consumir sua parte nunca nega assistência,... 34–Minha Grande Mãe, mostre para mim o caminho... 35–Mostre para mim a solução... 36–Se você cantar em cima da árvore, proteja-me para que esse canto não me faça mal... 37–Se você cantar na encruzilhada, não deixe que me matem... 45–Você que tem a bolsa (o saco) da morte e o caminho da prosperidade, empurre a bolsa para longe... 46–Zele por mim com toda a proteção sagrada que você tem... 47–Você que tem em seu poder a morte e a prosperidade... 48–A morte que estiver cantando na minha vida... 49–Tire do meu caminho (morte não é só morte física; é fim de alguma coisa)... 50–Qualquer doença ou mal que estiver cantando dentro do meu lar... 51–Tire de mim, tire do meu caminho... 52–Você que conhece os caminhos (*omona*) que levam ao insucesso (*ofo*)... 53–O insucesso que estiver no meu caminho... 54–Afaste... (com os orixás e com as *iyàmi* trabalha-se com estas palavras: *ofo* = insucesso; a *mubo* = tudo o que acontece em vão (conquista perdida); *iku* = morte; *arun* = doença (incapacidade)... 55–Você que mata sem se mexer (sem mostrar a arma)... 56–Todos os insucessos que existirem em minha vida... 57–Afaste.)

Somente depois de decorar esses 57 versos da louvação eu poderia ser liberada de volta para a vida em comunidade. Eu estava apenas no 37º verso quando me encontraram, e recebi o aviso de que estava na hora de partir; em apenas uma noite decorei e fixei as palavras dos outros vinte versos que, até hoje, se necessário for, me permitem voltar à organização. De onde estou posso chamá-las, porque elas nunca negam sua proteção, não só a mim, mas aos que me fazem o bem.

Todas as vezes em que aparece a palavra *mi*, refere-se à pessoa que está rezando, quando o pedido é para si própria. Quando vamos pedir por alguém, colocamos neste lugar o nome da pessoa. Esta reza é como um pedido de adoção. A expressão *mo gbe de o* significa: eu trouxe para você. Os versos são repetidos várias vezes, e elas são chamadas de *Ẹlẹyẹ*, um chamamento muito sério e forte.

Durante o período em que estive ao lado das *aje,* entendi qual é o verdadeiro sentido de ser uma "contadora", porque todo o ensinamento é dado oralmente por meio dos cânticos e cada verso simboliza uma história. Foi quando talvez eu estive mais próxima de minha companheira mais antiga, Scherezade, aquela que me ensinou que eu seria pela vida afora sua herdeira em terra, para contar e cantar versos de saudade, opressão, liberdade. Talvez ela tenha sido uma grande *iyàmi* em sua época.

As *iyàmi* têm participação ativa nos três mundos. Do *Ọ̀run* (todos os mitos relatam a vinda do *Ọ̀run*, mundo das divindades e dos mortos) para o *Àiyé*, mundo dos vivos, e é por isso que elas facilitam o poder de atrair ou afastar a morte. No *Àiyé* elas têm acesso pleno ao mundo visível e são habitantes permanentes, trazendo sua ação e resultados no presente, embora o poder que manipulam venha de fora. Existe, inclusive, uma cidade na Nigéria, Ota, onde se diz que 80% das mulheres são *iyàmi* e que muitas pessoas vão até lá buscar esse poder, que não é adquirido apenas por se conseguir chegar até lá. Para que possa existir um poder que neutralize a força delas, é preciso que alguém as manipule. Possessão pela força não é possível, porque elas se transformam em pássaros e ficam em cima de árvores, dentre as quais as mais conhecidas são: *akoko, iroko, apáòkà, yeye, iyálóde.*

Elas não entram em conflito com o espírito das árvores, e o pássaro é seu meio de comunicação. As *iyàmi* se reconhecem pelo olhar e pelo cheiro, como também se transformam para o encontro com as iguais. Elas não *mandam* nos pássaros porque elas *são* os pássaros. Quando uma mulher adquire ou recebe essa força, ela passa a ter duas almas, dois corações: a primeira é a de ser humano com seus desejos e sentimentos, a segunda é a que permite sua transformação, porque sua aquisição altera a estrutura mental da pessoa. Ela passa a ser *atibeye*, a que recebe o pássaro que irá conviver dentro dela por assimilação oral. O pássaro é comido e digerido, e a pessoa que adquire o poder, depois, vomita e transmite seu poder para a boca da outra.

Às vezes, neste ritual, a *iyàmi* está nua, porque o poder que está com ela é interno. Esse poder é entregue como herança, e a pessoa que o possui repassa o que está dentro de si. Outro símbolo delas é a cabaça, que pode ser usada para guardar banhos ritualísticos. O pássaro não ocupa a cabaça, porque, neste caso, ela não poderia ser vista. O ritual é muito rápido, e quando uma delas se transforma em pássaro, ao retornar, tem de encontrar o corpo como o deixou. Se a mulher é casada, o homem é mantido em sono profundo.

Na estrutura familiar africana, embora a mulher seja espiritualmente mais forte do que o homem, ela não tem alguns privilégios, como, por exemplo, seu espaço privado, no qual outras pessoas não possam entrar. Por isso elas precisam se esconder nas matas para cultivar sua prática, e cada vez mais a sociedade das *iyàmi* torna-se secreta, tudo ocorrendo de forma que ninguém possa compreender. Tive prova de todo esse conteúdo servindo-me dos rituais e sendo beneficiada por eles por meio do segredo, o que me fez permanecer tantos dias sem perceber o tempo passar; e, se não tivessem me localizado, não sei se estaria aqui, contando essa história. Outro detalhe é que os pássaros nunca podem ser atingidos. Têm o momento exato para se encontrar, estando sempre fora de risco.

Existem duas formas de se trabalhar com as *iyàmi*: a primeira é criar essa força, e para isso existem encantamentos e os próprios feitores desse poder sabem disso; a segunda é usar essa força no cotidiano para a cura e para a solução de problemas. Para tanto, é preciso conhecer sua natureza, os meios para se chegar até ela, e colocar em prática sua ação.

As *iyàmi* não são cultuadas por intermédio de orixás femininos, por exemplo, pois são formas muito diferentes. As mulheres que cultuam os orixás femininos geralmente o fazem com muito carinho, envolvidas emocionalmente. Pode-se dizer que elas são e ao mesmo tempo *não são orixás*, seres, forças.

Os encantamentos dessas feiticeiras, utilizados no culto, fazem referência às forças que existem nos animais, na natureza. O animal pertence ao universo sobrenatural, e o ser humano não vive o mesmo mundo deles: sua lógica e sua realidade, tanto espiritual quanto material, são bem diferentes. Poderes sobrenaturais são formas de aproveitar tudo o que existe na natureza. As *iyàmi* têm domínio e acesso a tudo isso, mais do que os outros seres.

Uma mulher que tenha esse poder, se não tiver conhecimento dele, pode estar sendo manipulada para o bem ou para o mal. As *iyàmi* têm seu próprio universo, e quando são solicitadas respondem de imediato. O que vem a formar um conceito muito complexo. Quando a pessoa passa a adquirir essa força, ela tem de tomar muito cuidado para ser feliz na vida, seja com amigos, com a família e com sua própria vida. É como um sacerdócio. O tempo todo aprendendo a aproveitar a força na hora certa e nunca se privilegiando por essa condição. Ter isenção e compreensão maiores que as pessoas comuns e nunca usar indevidamente esse poder. A busca é no total sentido de proporcionar conforto às pessoas que necessitam de ajuda, seja lá quem for. Quando atingida como um pássaro, a pessoa que cultiva o poder de *iyàmi* morre. Mas ela só poderá ser atingida por alguém que conheça o seu segredo.

Invocar o poder das *iyàmi* não é como chamar uma pessoa ou entidade, mas a força que elas representam. Sempre haverá defesa para um mal que tenha sido feito. As seqüelas e conseqüências irão recair sobre quem primeiro deflagrou o processo "mau". Uma das formas de ter contato e adquirir o poder das *iyàmi* é alimentar ou criar pássaros domesticados, que entram e saem livremente do local em que são alimentados. As penas desse pássaros, conforme vão caindo naturalmente, devem ser colocadas no local de culto ou louvação, onde as *iyàmi* são invocadas.

Durante a semana das rezas e louvações, quando se diz: "Providencie a roupa das *iyàmi*", deve-se pegar uma dessas penas para algum trabalho ou assentamento. Os pássaros mais utilizados para esse tipo de trabalho de aproximação são o pombo branco ou uma espécie de pássaro africano que voa como se estivesse se arrastando e depois se levanta. Quando os homens se dirigem às sacerdotisas *Ẹlẹyẹ,* buscam receber conhecimento e assentamento como um meio de comunicação.

Tanto no Haiti como no Senegal percebem-se as duas personalidades latentes em uma mesma *ajé:* a de seres humanos normais, e a que permite a transformação, indicando que pertencem a uma comunidade especial. Elas não veneram ninguém, mas são veneradas por terem o papel de divindade. No momento em que se dá a transformação, a mulher perde a personalidade de ser humano e vai para o universo das *iyàmi*, tornando-se pássaro. Só têm consciência do que deveriam fazer antes de sair do corpo, e quando voltam a si perdem o privilégio daquela comunidade especial, apagando-se a lembrança do que aconteceu. Se alguém tem o desejo de tratar uma pessoa com o poder delas, tem de assentar essa força para que ela seja venerada e possa atingir as necessidades dos outros. Passa, então, a pertencer a uma comunidade e deixa de ser uma pessoa sozinha. Sua força é somada à das outras, nas mesmas condições. Para entrar nesse universo não basta querer. Ou você é chamada ou precisa ter o poder pessoal, adquirir o símbolo, o princípio para ser venerada. Com isso, a pessoa passa a ter o papel de divindade e não é qualquer um que pode fazer um trabalho desses, só quem tem o poder da transformação. A dupla personalidade é adquirida por via oral — a pessoa tem de comer algo que represente esse poder —, e ao recebê-lo a candidata deve fazer um juramento que é uma exigência rigorosa, pois existe um código de ética dentro da comunidade igual ao que existe em qualquer relação com um orixá. Pouquíssimos homens — *babaláos* — podem ter o domínio sobre os meios de transferir poder.

A mulher convocada, para adquirir esse poder, passa por um processo iniciático, podendo recebê-lo de três maneiras: consciente, inconsciente, entrando em outro mundo, ou durante o sono, quando é visitada por uma das *iyàmi,* que a acorda, levando uma comida e outras coisas próprias daquela mulher-pássaro.

Àjé ile o... Oṣó ilẹ o... E fa mi mọra o.. E fa mi mọra o.. Bi obinrin roka a... Fa mabe... Àjé ilẹ o... Oṣó ilẹ o... Wa fa mi mọra o... Bi obinrin roka... A fa mabẹ ni mo sọ o.

Esta cantiga é um pedido dirigido às *iyàmi* para que atraiam a pessoa que busca a Iniciação para a vida delas, um pedido de adoção. Canta-se uma vez para elas e, em seguida, para *Osó,* que representa o poder masculino.

Quando se fala em *èbó* trata-se da oferenda para alimentá-las; o sangue é representado pelo *ekuru* vermelho, o dendê. As *iyàmi* somente castigam as pessoas que praticam o mal após o pássaro cantar, e esse canto atrai sua ira para a vida da pessoa; é um "mau agouro". O canto com choro traz coisas boas. O *igun* é o pássaro que só vive para se alimentar do *èbó.* Quando a oferenda é feita ao pé de uma árvore, as *iyàmi* são chamadas de *onile origi* e quando elas se alimentam do *èbó* pegam o problema do outro para elas. Ao pedir para tirar a morte do caminho, não se trata apenas da morte física, mas do fim de alguma coisa. Os caminhos são chamados de *omona* e o insucesso de *ofo.* Sempre que se trabalhar com elas, é preciso pronunciar certas palavras como *ofo; mubo,* tudo aquilo que acontece em vão, uma conquista perdida; *iku,* a morte; e *arun,* a doença.

Todos os dias, ao acordar, eu fazia a elas um pedido de adoção em forma de cantiga; algumas vezes, já não sabia se éramos uma coisa só ou se eu estava voando. Os versos eram repetidos várias vezes, uma preparação ao chamamento de *Ęlęyę*. Após as cantigas diurnas, havia outras, à meia-noite em ponto, à luz de uma lamparina. Ao sentir sua presença eu recitava os versos, acompanhados do dendê e de outras oferendas:

> *Ęlęyę o... Ęlęyę o... Mo gbe de o... Ęlęyę... Aje fun jedo... Mo gbe de o... E e o Ęlęyę... Epo re o... Ęlęyę... Ęję re o Ęlęyę... Ekuru re o Ęlęyę... Ęlęyę o Ęlęyę... Mo gbe de o Ęlęyę.*

Na minha despedida, foi oferecido um banquete a elas — *ipese* —, na certeza da carreira garantida e da preparação para novos vôos. Eu estava consciente quando o *akoko* cinzento chegou; vôo lento, o caminhar da realeza ao meu lado, à minha frente, ao meu redor. E juntos dançamos a sós, a dois, a dança eterna que me acompanharia além do oceano, a dança sem volta, a dança mulher.

A DANÇA DA CONSCIÊNCIA

*Existe o encanto e o desencanto. É só refletir e deixar
cair o véu das neblinas e das promessas...*

Todo esse processo retornou a minha memória, muitos anos depois, mais precisamente quando eu me encontrava no roncó do Sítio Mataganza, onde são realizados os trabalhos ritualísticos do Templo Guaracy. Uma convulsão tomou conta de meu corpo, fazendo com que eu me voltasse para os estranhos — e ao mesmo tempo divinos — caminhos que percorri. Desde 1982, seguindo a filosofia deste templo de umbanda, um caminho que teve início a partir de um convite do babalorixá Carlos Buby, onde permaneci durante 16 anos. Naquele momento, afloraram as lembranças.

Por onde andariam elas, as *Ẹlẹyẹ*, as mulheres-pássaros que viajaram pela eternidade, tornando-me presente, sem futuro determinado, e com as possibilidades de entrar na alma dos caminheiros noturnos e diurnos que cruzassem pela mesma estrada? Onde estariam as velhas xamãs navajos, as mulheres anciãs sem tempo de vida, a vida que domina o tempo, e em especial minha amiga Estrela-da-manhã?

Por onde estariam ventando as folhas que me cobriram em muitas noites de espera, por onde andariam meus familiares mais próximos, meu sangue, e parte de minha alma? Por onde andariam aqueles que sempre estiveram iluminando a noite para que as histórias pudessem ser contadas? Por onde andariam vocês, Cavaleiros Guardiães da Meia-Noite, do dia, do meio-dia, da noite? Por onde andariam os que foram se apresentando na última escuridão do centro da passagem? Por onde andariam os que permaneceram, porque nunca se foram? Por onde andariam os que, por destino, deixaram de fazer parte dos mesmos sonhos, fantasias ou realidades? Por onde andariam os que nunca puderam ser nada além da sombra?

Por onde andariam os que me fizeram sol mesmo que o brilho viesse das trevas desconhecidas? Por onde andaria minha Scherezade, que nunca deveria me deixar só, porque a dança do *bale* está rompendo minha pele, minhas entranhas, e os ventos mostram rumos incertos porém seguros, e eu preciso tanto de suas longas e infinitas histórias. Por onde andariam todos? Por onde andaria eu dali para a frente?

Dormi chorando por dentro e impregnada de uma solidão que só eu mesma poderia acomodar: estava nascendo para um mundo novo, nas asas da liberdade, um mundo desconhecido e predestinado, de onde não precisava mais sair em busca de nada, quando a voz da última noite voltou:

— *Já decidiu por qual caminho irá seguir?*

A resposta que consegui dar foi um soluço abafado na garganta, que me fez entender como se tivesse acordado de uma grande tristeza, sentindo muita vontade de chorar na hora da despedida. Recordando um sonho vindo da eternidade, ainda era tempo de tentar ressuscitar.

— *Agora você sabe como é o caminho das trevas e o caminho da luz. Vagou muito tempo por entre os espíritos caídos em todos os pontos de força e longe do que você já conheceu como a luz da vida. Você agora sabe o que é o encanto e o desencanto, mas não estará só. Você ainda tem tempo pela frente para compreender e refletir sobre tudo o que se passou, mas agora a decisão é sua. Caiu o véu da neblina, das promessas, e você sabe que, de onde vem, não há o recurso da espera. Ao acordar, a decisão do caminho é sua. Pense, reflita em meio às lágrimas que correm de seus olhos fechados. Ou, então, prepare-se para o tormento, a dúvida, a ilusão e a solidão que acompanharão você até o fim de novos dias que virão.*

Meus olhos já não abriam mais. Na penumbra e no silêncio do roncó, eu podia definir apenas a silhueta da estátua cor de bronze, sem braços, como se quisesse ganhar o espaço, mas sem asas para poder voar. Seu rosto e corpo bem esculpidos, muitas vezes motivo de minha admiração. Presa àquela pedra branca, parecia estar compartilhando da dança que envolvia o tempo da passagem a que me deveria submeter até o renascimento. Ajoelhei-me e comecei a rezar, tentando entender por que recebera tanto e nada ao mesmo tempo. Um mergulho tão profundo, que não teria com quem dividir. Mais de quinze horas só, dentro de um roncó, ouvindo a voz do próprio silêncio e o suave barulho dos bambuzais que cercavam a pequena casa onde, individualmente, recebia os assentamentos.

— Foi uma noite longa, eu sei, e poderá ser mais longa ainda a sua jornada. Nunca tenha medo de mim, que fui escolhida para compartilhar sua solidão e deverei estar distante no momento de sua decisão. Seguiremos juntas, ou eu seguirei com os recaídos, enquanto você tentará recuperá-los na volta do sonho oculto de onde eles sempre estarão voltando, até que se reequilibrem para uma consciência mais ampla. Você nascerá após o sol do último dia, o dia da decisão, na próxima noite, a da Iniciação, e depois nada estará à sua espera, apenas o destino já escolhido. A decisão é sua quanto aos degraus a seguir. Todos levam a algum caminho.

A atração era enorme, mas havia a impossibilidade de abrir os olhos totalmente encharcados pelas lágrimas que caíam sem parar. Uma força nos separava, invisível e tão próxima ao mesmo tempo. Foram 16 anos neste caminho e não era a primeira nem a última vez que forças alheias ao entendimento do plano físico estariam manifestando-se. Antes disso, uma vida, muitas vidas além das montanhas e um nó na garganta que não me deixou perceber o amanhecer. Com o despertar de um novo dia, a pequena pedra cor de rubi presa à corrente de ouro que rodeava o pescoço da estátua sem braços começou a balançar, embora não houvesse vento no roncó. A corrente dava voltas como se estivesse bailando. Por alguns momentos, ela brilhava como um diamante e, em outros, tornava-se rósea até atingir a cor púrpura, e eu acompanhava esses movimentos.

— Dance a dança da sua consciência, dance a dança de seu futuro, ninguém conseguirá ser dono de sua mente, de sua memória ancestral ou dos mistérios que você vem acumulando em sua trajetória, que renasce em sua cabeça viajante dos nove orun, mezan, *de fartas ventanias e do destino do tempo, dos homens na terra.*
— Dance a dança da sua consciência ao bater de nossas asas do àiyé às àjé. *Estamos todas aqui, e sempre estaremos juntas, qualquer que seja o seu destino, na busca de sua alma e de seu espaço interior, que irá gerar novas vidas e selar o que você mesma determinou. Dance a dança da sua consciência, da sua natureza*

intuitiva que a cercará de idéias e situações nas quais a essência da decisão será predominante. Dance a dança de sua consciência feminina, do seu corpo de mulher, de sua alma fêmea, e descubra o que deve ser contado e aquilo que ninguém mais pode saber.

— Dance a dança da sua consciência e aprenda a fixar os olhos muito mais abertos, até não permitirem que fiquem abertos, e não pare na hora do grande mergulho, mesmo que o caminho esteja escuro e lhe cause medo transpor as trevas. Dance a dança da sua consciência, que não deu os primeiros passos hoje nem os dará amanhã, porque usará sua visão aguçada para reconhecer onde estão as coisas negativas que lhe fazem corromper os sentimentos mais belos e oprimidos pelas mãos vazias.

— Dance a dança da sua consciência, que tem uma profunda beleza e faz com que você enxergue o outro lado da sua vida e dos que se aproximam de você, que podem determinar o consciente e o inconsciente em você mesma e no outro. Dance a dança da sua consciência, da sua libido, quando assim o desejar, desde que não seja por imposições, sem desgastar o que lhe pertence por lei e direito. Dance a dança da sua consciência sem se transformar no papel que a mim pertence de vida-morte. Dance a dança da sua consciência e viva.

Nem eu mesma poderia dizer que me conhecia o suficiente, ou que alguém tivesse se interessado em saber de meus caminhos percorridos até a última jornada. Porque, para todos, eu estava sempre chegando, mas nunca ninguém me perguntava de onde eu vinha, ou o que eu carregava, ou as revelações que poderia fazer. Sequer nem me deram abertura para poder dizer. Eu estava sempre chegando de algum lugar e sempre partindo, sem nunca chegar ou partir através do caminho aberto de muitas esperanças prometidas e algumas delas realizadas, em direção ao mundo exterior ou ao mundo interior, sempre chegava uma hora em que eu deveria partir e outra em que eu deveria voltar.

— Você já está pronta para a partida. Não tenha medo de falar, de se fazer ouvir, e de gritar, se preciso for, porque tudo o que deveria ver e ouvir já está cravado em sua pele, em seu coração.

— Estou há alguns anos ouvindo seu pensamento e ninguém tem o direito de se condenar tanto. Todos são merecedores de compaixão, mas ninguém merece tanta compaixão assim. Não estou aqui para acusá-la ou pedir-lhe que faça algo diferente para se firmar em seu novo destino, que não é mais o que foi escolhido no início. Seus olhos já abertos não podem me ver, mas, se pudessem, todos os guerreiros da paz estão aqui rodeando você; e, junto com eles, todas as Oya, as Oyamésàn, Oya de Oya, as Ogúnìta, e as s'óba mi,

eis aqui todas elas: Lade, Togo, Dupe, Dolu, Tope, Leye. *Agora você já sabe quem realmente é e o que deve fazer. A decisão foi sua.*

Amanhecera, e as rezas são comuns ao nascer de um novo dia. O que deveria nascer e o que deveria morrer não seria mais questionado. A decisão já estava no próprio destino. Não mais os sacrifícios ou as mágoas, todas as insignificâncias estavam distantes da psique, e os estados de pensamento, purificados. O que restou do fogo da fogueira de um tempo de noites estreladas e brilhantes, de projetos futuros abandonados, ajudou a queimar o que estava queimando por dentro e permitiu reavivar a abertura ao que nada sabia. Finalmente, aprendera a deixar morrer para conseguir permitir deixar viver. Tudo o que vive morre. Tudo o que está morto pode voltar a viver.

Ọlójọ́ oni, mo júbà... Ìbà á se... Ìlà o òrùn mo júbà... Ìbà á se... Ìwò o òrùn, mo júbà... Ìbà á sẹ... Àríwá, mo júbà... Ìbà á sẹ... Gúúsù, mo júbà... Ìbà á se... Àkọ́dá, mo júbà... Ìbà á sẹ... Àṣẹ̀dá, mo júbà... Ìbà á sẹ... Ìlẹ̀, mo júbà... Ìbà á sẹ... Èṣù Ọ̀dàrá, mo júbà... Ìbà á sẹ... Agbagba, mo júbà... Ìbà á sẹ.

(Senhor deste dia, meus respeitos. Possa isso ser aceito. Ao Leste, meus respeitos. Possa isso ser aceito... A Oeste, meus respeitos. Possa isso ser aceito. Ao Norte, meus respeitos. Possa isso ser aceito. Ao Sul, meus respeitos. Possa isso ser aceito. Ao primeiro ser criado, meus respeitos. Possa isso ser aceito... À terra, meus respeitos. Possa isso ser aceito. *Èsù* do Bem, meus respeitos. Possa isso ser aceito... Aos ancestrais, minha homenagem. Possa isso ser aceito...)

O BALE DECIDE O FUTURO

Agora começa a sua hora e a decisão sobre qual plano irá seguir. Os guardiães da luz poderão acompanhá-la tanto quanto nós, das trevas, e não diga depois que não foi avisada. Você será Luz ou um ser repulsivo. A Senhora do Tempo gritará em sua coroa na hora do bamburucema *e você é quem decidirá qual trono irá ocupar.*

❖

Quando fui colocada dentro de uma cova aberta para o Ritual de morte e renascimento no dia anterior ao processo do *bale* na seqüência da Iniciação, tudo parecia normal enquanto a luz do dia se fazia presente e todos os participantes, mais de seiscentos médiuns, estavam lado a lado acompanhando a procissão pelo local, entoando os cânticos, acompanhando com palmas, um burburinho que atestava a presença de mais pessoas ali. Embora a procissão de entrada naquela cova tenha sido um pouco tétrica, pareceu-me aceitável, uma vez que estava sendo acompanhada por muita gente, mesmo tendo eu o rosto coberto por um capuz com apenas dois orifícios abertos para que meus olhos pudessem saber por onde eu caminhava até ser colocada ali.

Quando, pouco a pouco, foi escurecendo e todos foram convidados a se retirar, sendo possível ouvir apenas alguns passos ao longe, fiquei em silêncio, sozinha com meus limites e a coragem que fui buscar não sei bem onde. O *bale* (pronuncia-se *balê*) é uma etapa difícil da Iniciação, um tempo de espera, de transformação das realizações do passado em empreitadas futuras. Pensava nisso quando comecei a perceber aqueles pequenos bichos saindo pelos buracos da terra, andando pelos cantos do espaço aberto, alguns caminhando sobre a coberta que me protegia, o véu sobre a cabeça e a túnica toda preta.

Em que momento não sei, mas vários espíritos começaram a vir ao encontro de minha consciência — se é que posso chamá-los assim —, iniciando uma dança à minha frente e eu tentando fechar os olhos sem conseguir, pois uma força não me permitia. Do pavor em que estava, a sensação foi dando espaço a um mecanismo de conformismo, e só aí pude perceber que eram entes queridos que já se foram. Entre eles estavam meu pai, minha irmã, minha avó, o pai de minhas filhas e tantas pessoas das quais eu nem me lembrava mais.

Eles vagavam sobre aquela cova aberta acima de meu corpo, como espectros e não como seres vivos, nuvens de corpos que dançavam e dançavam à minha volta, como quisessem dizer alguma coisa. A vontade era de tentar tocá-los, mas as mãos não se moviam, paralisadas por um medo inconsciente. Sem conseguir fechar os olhos, tive a certeza de que a partir daquele momento já não existiam quaisquer dúvidas quanto à realidade da vida após a morte.

Eu não estava só no local, porque as pessoas que compunham a equipe de trabalho aguardavam a distância a saída de todos os que acompanharam o cortejo do ritual para dar seqüência aos trabalhos, mas o que se passou ali comigo foi inesquecível. Tentar tapar os buracos que se abriam na terra era impossível. Então, pensei ser melhor me identificar e falar com esses seres, donos daquele espaço. Se falei em voz alta também não sei, porque não ouvi o som de minha voz.

Iniciei um diálogo com um deles, que ficou andando sobre meu rosto coberto pelo véu. "Quem é você?", perguntei. Ele parou, e de repente, não era mais aquela pequena minhoca gosmenta e sim um pequeno ser de muitas pernas. Eu não sabia com qual das cabeças estava falando porque havia duas cabeças, uma em cada ponta, e ele andava para trás e para a frente: "Eu vim das trevas onde vivem os espíritos sombrios chamados por vocês de repulsivos". "Mas o que você quer comigo?", perguntei. E ele continuou a falar com uma voz sombria como sua aparência:

— Eu é que deveria perguntar e não você, que está invadindo o reino sob minha guarda sem ser sua hora certa de chegar. Saiba que só me apresentei por meio da energia do medo que domina você. Nós nos aproximamos quando alguma força que faz parte de nosso reino domina a matéria. E não é só pelo medo, porque muitas matérias já estão mais para o nosso lado que para o lado da luz.

— Seu coração batia tão forte que nos despertou, e tenho uma incumbência a mais, que é a de vigiá-la, porque seu outro lado, o que está debaixo da terra e guarda a alma dos espíritos, mandou

que viéssemos em sua proteção. Nós não trabalhamos apenas para as cobranças cármicas e minha aparência também não era diferente da sua antes de decidir para que lado seguir. Já fomos iguais e fui uma mulher tão bela quanto você.

— Hoje estou restrita a este plano, com minhas funções, que não são tão diferentes das suas. Eu levava as almas para um caminho. Todas aquelas jovens que me procuravam, eu sabia como encaminhá-las e agora é sua a decisão do que fazer com as que procurarem por você em Terra. Ou levá-las para os domínios da luz ou vir de encontro ao meu reino e dividirmos funções. Nós não interferimos na forma como vivem, mas cada um é dono de sua própria execução. As leis são tão iguais quanto as que existem na Terra e a decisão fica por conta da escolha do caminho. É você quem decide.

Este diálogo era mantido como se estivéssemos sendo submetidas, eu e *ela* — porque agora já sabia tratar-se de um ser feminino —, a uma decisão de nos reencontrarmos ou não no mesmo plano. E, a cada resposta, prosseguia a dança dos espíritos que continuavam à minha volta, vultos brancos e amarelos como se fossem executores que acompanhavam a decisão da sentença.

"Mas, se você está nas trevas, como pode me falar da luz, se sua missão é conseguir resgatar mais almas para seu reino? Pelo menos foi assim que aprendi", arrisquei. E aquele pequeno ser, que já não me dava asco como no início, contorceu-se e só aí percebi que uma das pessoas do lado de fora se aproximou para perguntar se tudo estava bem. Só me lembro da pergunta, nem sei qual foi a resposta. Eu estava mais para o outro reino do que verdadeiramente consciente da minha vida ainda em Terra. Era uma passagem difícil, e eu não sabia quanto iria suportar. Assim que ela se retirou veio a resposta:

— Vocês aprendem de muitas formas, e muitas vezes ficamos à espreita ouvindo absurdos do que falam de nosso reino e nem sempre conseguem perceber quando estamos atuando sobre quem fala, e que acaba por decidir qual o caminho que as almas irão seguir. Nós não vivemos apenas em planos sombrios ou ficamos debaixo da terra como vocês imaginam. Nós temos formas de entrar em planos negativos das pessoas, circular nos meios densos, convivermos com seres na Terra e falarmos pela sua boca, pelo seu corpo, desde que as pessoas, os chamados seres vivos, permitam nossa passagem. Tudo depende do plano em que decidem habitar e que é diferente do nosso apenas na aparência.

— Se os vivos têm seu domínio na Terra, nós também temos pontos de força, um magnetismo que consegue conviver com pessoas afins, seja energética ou mentalmente falando. Agora começa sua hora e

a decisão de que plano irá seguir. Os guardiões da luz poderão acompanhá-la assim como nós, das trevas, e não diga depois que não foi avisada. Você tem um carisma muito forte, sabe que tem seguidores e ninguém é levado pelo astral para onde não quer. Existem leis e afinidades mútuas. Ou será a luz ou um ser tão repulsivo quanto você pensou que eu fosse quando me viu. A Senhora do Tempo gritará em sua coroa na hora do bamburucema e você é quem decidirá qual trono irá ocupar. E não pense que este é o nosso último encontro. Iremos nos rever outras vezes, porque você estará à beira do abismo por mais oito vezes e os executores também lá estarão para computar suas forças e feitos positivos ou negativos. Estou indo porque Kali me espera.

"Se invadi seu reino, queira desculpar-me, porque estou apenas seguindo um ritual estabelecido. Jamais poderia imaginar que fosse uma invasão. De minha parte, vim pela paz. E se puder levar um pouco de minha compreensão aos seres que a rodeiam, e até um mínimo de ternura, sem medo algum, porque você soube transformar esse sentimento em paz, diga por favor a eles que sempre que eu passar por esta Terra ou onde for pedirei licença para não estar mais uma vez interrompendo o seu trabalho. Já não sinto o horror do início nem a vejo como uma grande serpente repulsiva. Queira ou não acreditar, só lhe posso agradecer por ter me acolhido com amor e respeito, mesmo sem saber como levará isso ao seu plano."

— *Embora eu já não saiba o que me fez decidir por este horror em que vivo e que não me permite ter sensações de paz ou sentimentos de agradecimento por palavras como as que está me dizendo agora, saiba que onde vivo ninguém ouve ninguém e por isso não poderei transmitir o que me pede. Todos falam ao mesmo tempo, mais gritam e urram do que falam, e todos querem ter o dom da verdade para justificar a queda de plano, porque sabem da dificuldade em sair de onde estão. Clamam para chegar a um julgamento e se libertar dos vícios do espírito que adquiriram quando vivos. Você também traz em si um desses seres repulsivos que se pode manifestar a qualquer momento. A decisão será sua e, pela justiça cega que carrega, terá sempre a cobrança no ato. Ela não lhe dará tréguas. Você ainda não possui, mas terá uma visão ampla do mundo dos mortos.*
— *Cuidado para não ser aprisionada por um deles ou ser levada por um dos encantamentos dos planos da Terra. É um perigo constante ao qual estará exposta. E, não esqueça, a decisão será sua. Espero não vê-la brevemente, mas pode acontecer a qualquer momento. Cuidado com o ilusionista.*

Quando ouvi a voz daquela mulher, que me perguntara se estava bem anteriormente, em meio ao diálogo, com aquele ser da terra, dizendo-me que estava na hora de sair da cova, era como se despertasse de um pesadelo para outros, que viriam pela frente. O *bale* havia começado, agora eu sabia do que se tratava e não tinha mais como retornar ou voltar para casa. Durante oito dias deveria estar submissa aos rituais até a chamada *muzenza*, onde Iansã, finalmente, estaria assentada em roncó com suas devidas oferendas e confirmações.

MORTE E RENASCIMENTO

Sambuê... É Sambunanguê... Um Sambu... Samuquenda
É Lemba di lê
Maió qui fita é fita... Maió qui Samuquenda

(Por melhor que a vida seja, melhor é o renascimento após a morte)

———————— ❖❖❖❖❖ ————————

A porta do roncó se abriu, o babalorixá entrou e, sem dizer palavra, saiu, após sentir a vibração e o clima que estava atuando. Em poucos minutos recebi o aviso que chegara a hora do "Ritual do renascimento". Era 4 de dezembro de 1995, dia de Iansã, comemorado no Brasil em todos os terreiros; no mundo todo, dia de Santa Bárbara, que corresponde ao orixá no sincretismo católico. Chegara a hora do final do *quenda*.

O significado da palavra é matar, mas também pode significar a passagem para uma outra dimensão, uma mudança de estado de consciência; ou ainda transformação. A morte existe para confirmar a existência da luz. Todas as vezes que a consciência se transforma em um estado espiritual, o efeito vem na matéria. Mexendo na causa, os efeitos acontecem. O *quenda* se dá na essência, na causa, nos resíduos da essência, que é a continuação da luz, da energia, do campo eletromagnético que tem o seu "eu interior".

Uma espiral tanto pode ir para cima quanto para baixo, e o campo de luz interior pode estar sendo transformado em falsa luz. É como construir uma crosta na essência sem conseguir eliminar nada do que vai ficando, os resíduos que adquirimos no dia-a-dia. Durante a semana, o campo eletromagnético vai adquirindo descargas que, no momento da incorporação, a própria entidade se encarrega de "quendar". Quando o magnetismo é interno, é necessário um "descarrego" — uma limpeza energética — em uma dimensão bem mais profunda.

Quem executa o processo do *quenda* incorpora a intenção de matar alguém ou alguma coisa naquele momento. É feito um ritual simbólico de morte comandado pelo babalorixá, que incorpora a energia da intenção. A linguagem simbólica é muito importante na ritualística. Não se trata de um ritual que possa ser feito por qualquer pessoa. A pessoa precisa estar bem preparada, porque o impulso pode ser maior do que o filtro do ser, por sua intensa velocidade. Existe a velocidade da matéria, do som, da luz e do pensamento; o impulso é ainda mais rápido do que o pensamento. Está ligado à preservação da vida. É *metá-metá*, o impulso que preserva ou mata a vida.

É necessário conhecer muito bem a pessoa que vai passar por um ritual desses, porque deve haver uma correspondência das polaridades. Não existe apenas a morte física. Para se matar alguém não é preciso tirar a pessoa deste mundo. Muitos se preocupam com a morte biológica e esquecem que existem outras formas de matar: seja por meio da desmoralização, dos sentimentos, da traição, profissionalmente, enfim, existem muitas maneiras e muitas formas de se levar alguém à morte de fato. Depende da potência utilizada. Quem trabalha todos esses tipos de mortes é o orixá Iansã, no *bale*.

Ita, no *quenda,* é a pedra da morte. Se vai haver o "renascimento" é porque o babalorixá sabe que está "matando" alguma coisa. Após o ritual, o candidato a iniciado, que é chamado Iaô, fica sozinho. A sensação é individual e minha impressão, descrita anteriormente, ficou guardada para sempre no tempo. Estava sendo assentada — recebida por mim — não só a santa, a força do orixá Iansã, mas a ternura que havia muito tempo vinha sendo dividida como um pacto.

Na crença brasileira é muito comum ouvir a frase: "estar no *bale*". Aquele que morreu deverá passar por um período de neutralidade e repouso — não se sabe por quanto tempo — até atingir outro estágio, outra esfera. Fica claro que é Iansã quem faz o "sacudimento", um tipo de limpeza, de um ou de vários tipos de energias para que os mortos cheguem mais puros ao tempo de renascimento ou de reencarnação. Uma energia que também é um tipo diferente de matéria, porque entra no processo de lapidação até chegar a uma condição de luz.

O tempo que se passa no *bale* em uma camarinha, segundo o templo, ajuda muito na purificação após o *quenda*, para se ter a certeza de que o campo eletromagnético está limpo e que o iaô poderá renascer para uma nova vida. O *bale* é o próprio estado de consciência. Todo iaô, quando entra para receber os assentamentos em uma camarinha, passa por um período de adaptação. É preciso sair da vida social, o dia-a-dia, para mudar de plano. É também chamado de *bale,* podendo ser aceito ou não. Seria a passagem da terra para a vida espiritual, o desprendimento do raciocínio. É Iansã quem trabalha com essas coisas. E mais uma vez sua energia estava presente, e eu sabia da responsabilidade de tê-la como Babá-de-Orô, o orixá que me ajudaria a cumprir meu destino, para aprender a manipular e conectar com essa força descomunal já sentida.

Dentro da ritualística, durante o *bale*, passam por perto todos os demônios e anjos, porque ambos estão sempre juntos e a decisão de quem vai ocupar o espaço se encontra na consciência aberta aos novos rumos.

Não basta querer "bolar no santo", expressão popular quando se entra no culto e somos "montados" pelos *egun* — espíritos que voltam à Terra para determinadas cerimônias. Todos podem ter essa possibilidade ou ficar somente na sensação do transe. Para conseguir atingir um plano espiritual mais elevado, entrar na vertical dessas forças, é preciso atingir a consciência da compreensão do ritual que leve ao orixá. Muitas vezes, sem mesmo entender da comunicação que está sendo feita.

É quase impossível receber alguma coisa quando não tem consciência real do que está fazendo. Trabalha-se na consciência e proteção dos orixás e no entendimento da doutrina, da relação humana e das leis que regem o espiritual. Somente quando se atinge um estado mais elevado, é possível um real encontro, mesmo que a pessoa não tenha acesso direto, em função de seus próprios limites. Oferendas como velas, danças, *ajeum* (comidas) ou um ritual específico são utilizadas para ajudar, segundo orientações administradas e equilibradas com conhecimento por parte de quem for direcionar o encontro. Isso só se consegue com consciência plena.

Quando se fala em assentar um orixá, ocorre o assentamento — o recebimento — do elemental relativo a um determinado orixá; no final dos trabalhos, na chamada *muzenza*, dá-se a "saída do santo", como é conhecida popularmente. Esse processo é estimulado pelo fenômeno da incorporação e seus efeitos, quando o que se incorpora é só uma energia da natureza. A comunicação religiosa com a consciência humana deu formas humanas aos elementais, aquilo que é popularmente chamado de orixá. É muito delicada a confirmação de orixá, porque pode mudar toda a vida da pessoa. Quem joga os búzios para confirmação é o babalaô, que tem de "estar" *babaláwo*. Não é o ser humano que joga. Na maioria dos casos, é preciso estar recolhido no mínimo três dias em camarinha para poder entrar em contato com Ifá, orixá da adivinhação e do destino, e bater preceitos, porque não é só pegar os búzios e ver se estão abertos ou fechados. Na maioria dos terreiros, são os pais ou mães-de-santo ou mesmo as entidades incorporadas que confirmam o orixá.

O que leva a intensificar a busca ao orixá é a curiosidade da maioria das pessoas, que acabam transformando tudo em folclore, sem a mínima consciência do que representa essa relação. Uma das formas que os pais e mães-de-santo encontraram para não ter de dar muitas explicações e não abrir totalmente os ensinamentos sobre o elemental foi passar os ensinamentos oralmente porque, quando se escreve, se intelectualiza muito.

O ensinamento pode ser dado, mas é preciso saber o que o filho-de-santo vai fazer com o que recebeu. Após a revelação, a sensação do filho é de que conhece os orixás e o babalaô sempre se protege tomando os cuidados necessários para que o filho não fique exposto porque, a partir do assentamento, passa a ter responsabilidades para com ele.

A incorporação do orixá deixa uma coroa de energia em torno da essência de quem o incorpora. A energia, com o tempo, vai se metabolizando e essa luz permanece na essência. Se a essência estiver obstruída e a pessoa incorporar um orixá, o efeito será muito negativo. Para incorporar um orixá, é preciso tirar benefício dessa incorporação. O que importa é o que fica, e para que seja algo positivo é feita uma limpeza no iaô, uma preparação para que ele possa chegar pleno no momento do encontro. Para isso, ele é recolhido em camarinha e, só depois da *muzenza*, vai se adaptando, pouco a pouco, ao convívio social, reaprendendo a viver novamente no seu dia-a-dia.

Quando um orixá dança, ele traz os seus *mutetos* — movimentos — que contam uma história por meio daquela representação. Toda pessoa que entrar em uma roda dançando em círculo, saindo do estado de consciência, poderá envolver-se com sua força e energia e receber uma das características de um orixá. Acaba identificando a presença de uma "linha", enquanto as histórias se desenvolvem. O símbolo tem uma importância muito grande e deve ser respeitado como folclore, não se devendo confundir a essência com a representação.

Quando o iaô entra no roncó, ele está limpo, e com o passar dos dias que se seguem aos assentamentos vai surgindo uma harmonia entre ele e o roncó, uma ligação plena, bem diferente da que mantém com os que estejam participando para servir — chamados de *sambas* e *cotas*. Nem mesmo o babalorixá acompanha o processo do iaô, que não sente o contraste porque está envolvido em outro plano. A energia fora do roncó é uma e dentro é outra, totalmente diferente.

A real "feitura" começa quando o iaô sai do roncó. Existe um ritual de autoconcentração e o momento certo para dizer à pessoa que ela está "feita". A palavra "feitura" vem do verbo fazer e significa "fazer todo". O médium "feito" é o homem inteiro, exatamente este o significado da palavra.

Para os que vão assistir à saída do orixá fica a beleza da plástica, as danças, o ritual em si. Para o iaô, é o começo de uma grande jornada porque ele sabe que a conexão não é feita com um estalar dos dedos. Pode vir ou não com o tempo, seja longo ou curto; então o iaô é recolhido novamente — se corresponder às expectativas — para receber todos os fundamentos necessários e saber como dirigir melhor a sua vida.

Todo assentamento deve acontecer no momento em que a pessoa se encontra em sua melhor fase. Todo ser tem uma história para contar até o dia de seus assentamentos maiores. Histórias que narram suas vitórias, seus conflitos e que ensinam, a cada dia, a compreender suas dificuldades com o mundo exterior. Não se chega a uma "feitura" somente pelo desenvolvimento mediúnico. Mesmo sendo um ritual tão primitivo quanto um banho de cachoeira, no momento do assentamento sente-se uma vibração inexplicável. Quando a divindade é invocada, o que se espera encontrar é algo muito superior ao homem.

Os rituais e os fundamentos recebidos fazem parte da ritualística de um determinado templo, o que não quer dizer que todos trabalhem da mesma forma.

A RODA DA VIDA

É tempo de renascer nas águas que correm e se deixam levar pelos rumos da liberdade, ainda que seja tarde, mesmo que as ventanias sejam sombrias e desconfiadas...

O contato com o desconhecido gera, dentro de cada ser, várias sensações, entre elas o medo, o que resulta em diversas formas de consciência. Cada ser tem, em seu universo, encantos e mistérios da vida, e a luz não é só o que imaginamos. Ninguém é em si mesmo a solução de todos os fenômenos do universo, mas tem em suas entranhas experiências vividas, sua própria história, que pode ser o princípio de tudo. Todo ser tem um princípio. Embora tenhamos vivenciado tantas experiências, sempre estamos buscando o princípio de tudo, a luz tão almejada e nunca encontrada porque é busca, porque o homem é um eterno buscador.

A camarinha tem sua razão de ser e o ritual cria harmonia para que cada um encontre seu eixo. Existe um plano constituído por uma série de coisas que formam o caminho para chegar a um efeito espiritual, que, por sua vez, resultará em energia. O problema está em saber se o iaô entrou mesmo na camarinha. Muitos apenas passam por ela, pela vivência, depende da intenção. Se entrar apenas pela energia, poderá sofrer uma decepção, porque em pouco tempo esta será transformada em vibração negativa. Toda essa preparação é feita para que se possa atingir a essência. Pode-se falar de energia, no plano físico, mas é impossível definir o que é a essência. Esta só pode ser sentida; é preciso usar a percepção.

São vários os tipos de vivências e camarinhas, uma não é igual a outra, da mesma forma como um ritual não é igual ao outro. Todas servem para preparar o iniciado para a função que ele irá exercer, passando por três dimensões no contato com a energia da natureza: física, energética e espiritual. No dia 21 de abril de 1982, abri-me para o desenvolvimento da mediunidade de incorporação na umbanda. Incorporação de entidades com sua forma de luz e consciência, uma sabedoria espiritual muito sutil para o homem na Terra, por estar além de nossa condição mental e lógica. Pude viver muito perto do mundo da espiritualidade, habitado por seres dos mais diversos planos, denominados entidades-de-luz, aquelas cujo grau de sabedoria espiritual e sensibilidade está acima dos padrões considerados normais no plano físico.

Toda a trajetória havia sido cumprida, de médium em desenvolvimento até chegar ao grau de ialorixá. Todos os conceitos, teorias, inovações foram dados para que, por meio do desenvolvimento mediúnico, eu pudesse, finalmente, fazer uso do livre-arbítrio para concluir se estava apta ou não a dar seqüência ao meu desenvolvimento.

— É tempo de renascer nas águas da esperança e de sentir-se pura como as árvores, aprender com a sabedoria dos caules, da seiva, da terra, das folhas, das raízes, da transformação do tempo, para sempre... É tempo de renascer no amanhã de um novo mundo e sentir o sol findando lento, ressaltando a brisa que já está plantada nos vãos dos dedos... É tempo de renascer, ah, como é tempo de não mais temer as tempestades e os raios, muito mais fortes do que os que determinaram minhas pretensões vividas e o desejo de alcançá-las... É tempo de renascer no amanhecer de novas nuvens, possíveis caminhos, distantes ou próximos, como os ventos que determinam os encontros e desencontros... É tempo de renascer nas águas que correm e se deixam levar pelos rumos da liberdade, ainda que seja tarde, mesmo que as ventanias sejam sombrias e desconfiadas... É tempo de lavar as marcas para dar espaço às estrelas guardadas no fundo do peito, ah, como eu sei que o dia vai amanhecer e existe um cheiro de coisas novas no ar que me acompanha... É tempo de renascer e voar, voar distante, voar por perto, voar em torno, voar em volta, voar apenas... É tempo de renascer...

Após o banho do renascimento, vieram muitos outros rituais na seqüência como o da despedida do ori ao orô, do caboclo ao orixá, planos distantes ao destino do que realmente se carrega. Não importa a distância a ser cumprida, desde que ela exista. Do roncó à cachoeira pode parecer uma eternidade, ou a volta ao colo, à mãe, às águas da purificação. É um momento sublime, no qual o iaô recebe, após o batismo, a confirmação de que realmente está "nascendo para o santo". Um momento em que a reorganização interior acontece e que a luz da sensibilidade entra em perfeita comunhão com a percepção e a sabedoria.

Um iaô aprende, logo no início, que existem forças de comando que não lhe cabem e que atuam para ajudar em seu desenvolvimento mediúnico. Uma filha de Iansã — como eu estava sendo assentada — está contida em todos os elementos. Sua qualidade específica pode ser apenas uma, mas um iaô deve estar em harmonia com os demais elementais, como os ventos que se harmonizam com todos eles. Este orixá exerce papel essencial no processo de fertilização do reino vegetal pela polinização, permitindo a fecundação e a multiplicação de suas espécies. Da mesma forma, transporta as sementes, permitindo que o Reino de *Odé* (Oxossi) tenha garantidas sua existência e continuidade. Também é ligada ao nascimento e à morte em *Obaluaiyê,* pelos eguns, por quem é chamada de "mãe". Com seus ventos, movimenta o mar de Yemanjá, agita os rios de Oxum, provoca o trovão com Xangô, leva as chuvas através de *Ewá*, movimenta as folhas de *Ossaim*, está no Tempo com o Tempo e purifica o ar de Oxalá.

Era chegada a hora de descobrir o grande mistério que existe do outro lado da janela, o que nos espera, como seria a conexão, quem estaria representando os ventos, o ar em minha vida, meu mundo, experienciar todo aquele processo imantado por forças por mim desconhecidas até então. Que vento seria esse, que muda rapidamente de direção, simbolizando entre tantas coisas a fugacidade, a instabilidade, a vaidade? Mensageiro dos deuses que regula o equilíbrio cósmico e produz as tempestades ou o sopro (ar). Na qualidade de arquétipo, representa os poderes divinos das paixões humanas e a expressão do espírito divino. A própria imagem de representação de Iansã, a deusa da justiça, com a venda nos olhos, é exatamente o lado positivo de julgar sem olhar a quem e, pelo lado negativo, dar o que se tem a qualquer um. Como uma tempestade, gerando mudanças pelo raio ou trovão que, por sua vez, são atribuídos ao Deus Supremo, a Júpiter ou a Zeus. Sempre um justiceiro, o raio simboliza a fertilidade; e a chuva, a fecundidade.

Iansã é uma guerreira com alto teor de fogo em função de sua relação com a tempestade. Em relação a Xangô, com quem compõe uma dualidade, é o equilíbrio da justiça. Ambos representam o aspecto masculino e feminino do vermelho individualizado, do vermelho descendência no *Àiyé* e no *Òrun*. Ela, relacionada à floresta e à terra, é toda vermelha; e Xangô, relacionado à terra e à árvore, é a matéria individualizada de Oxalá, nas cores vermelho e branco. Cada "linha" tem sua dimensão esotérica, filosófica, como cada orixá tem também sua filosofia. Se falamos só de Xangô, não podemos esquecer da pedra bruta, da cristalização, mas se subirmos uma oitava poderemos falar do ar contido na pedra. Xangô só pode existir como um efeito da justiça. Esta é a filosofia de Xangô.

Chegando ao ar, sai tudo pelos ventos e não se vê mais nada. Só se sente. O primeiro elemento do ar, uma qualidade de ar, com alto teor evolutivo, de maior potência, é o vento. É a cristalização do ar, sua representação física. Dois orixás guerreiros, Ogum e Iansã; ele como guardião dos mistérios do fogo, e ela como guardiã cósmica dos mistérios do fogo. Se ele é a lei, ela é a justiça. Quando ela envolve a lei, é Xangô quem ordena a justiça. Na umbanda, Ogum e Iansã, além de guerreiros, são os guardiães de pólos energo-magnéticos.

Tantos mistérios, e era chegada a hora do encontro e da despedida. O babalorixá consagrou um "ponto" durante os trabalhos para ser cantado nesse momento:

— Adeus umbanda, umbanda meu adeus, vou-me embora pra bem longe, umbanda, vou nas mãos de Pai e Deus...

É feito um ritual para a despedida dos caboclos que normalmente desincorporam em roncó e o iaô recebe as devidas orientações dos procedimentos a seguir. Um ritual que pede outra dimensão e conduz o iaô de volta à bolsa do útero materno para que depois venha a nascer ao entrar em roncó, mudando sua dimensão. Cada grupo tem um ritual próprio, que pede uma dinâmica diferente, mas a essência é a mesma. O que muda é a ritualística, de acordo com o momento.

Divindade associada ao fogo, à água e ao vento, Iansã se relaciona com todos os elementos da natureza. Relação com o aspecto dinâmico do elemento considerado, com o movimento que prenuncia a transformação e a renovação, estabelecendo a relação entre o passado e o futuro. Essa conexão com todos os elementos é que torna difícil estabelecer a origem e a filiação de Iansã. Os ventos têm, na essência, o movimento. Eles surgem e ressurgem sem que seja determinada sua origem e destino. Daí as histórias que contam sobre Iansã ter vindo de longe ou de um mundo sobrenatural, do mundo dos mortos. Ou com as águas, devido à origem do rio Niger ou à tristeza pela morte de Xangô, transformando-as em águas negras. Ou pela ordem de Ifá, o movimento de rasgar um pano negro dando origem ao rio que defende o ataque inimigo. Ou ainda por meio de *Oyá*, nome do rio Niger em iorubá, cultuado junto com Iansã na África.

Ela é vista também como a "divindade de nove cabeças", que representa a foz de nove rios. O número 3 é o número da reprodução, da simbologia e dos antepassados. O número 9 é a pura essência do movimento. Com o ar em movimento, o aspecto agressivo e perigoso da natureza revela a deusa das tempestades e dos lugares altos, soprando o vento que tudo pode derrubar. Em outra interpretação, vem destruir o estabelecido, abrindo caminhos para a realização do novo, fazendo o movimento que dá continuidade à vida, dispersando o que estava concentrado. Com o fogo, resulta em agitação e movimento, tem o poder de intensificar vento e fogo. Por isso é um dos orixás mais lendários, devido a essa sua vinculação com todos os elementos.

Na ligação com os *eguns*, onde é vista na qualidade de mãe, seria o único orixá que não tem medo dos mortos; suas filhas são encarregadas de receber e carregar o corpo do morto no *àsèsè* (axexê, que é a cerimônia ritual fúnebre, de origem iorubá, com a finalidade de libertar a alma do morto da matéria e enviá-la à existência genérica de origem, no mundo espiritual; em outros Estados, leva o nome de *vumbe*, que vem de *àjèje, adjejê*, origem das origens). A morte é considerada o nascimento de um novo membro na sociedade dos antepassados, garantindo a continuidade entre este mundo e o além.

Sua relação com os descendentes e gerações futuras se dá com os *oge* — chifres —, quase sempre presentes em sua representação, localizados na parte anterior da cabeça do animal, olhando para o futuro. A forma espiral evoca a idéia do movimento, a continuidade de gerações, a fecundidade e a abundância.

A relação com os antepassados é estabelecida pelo *iruexim* dos caçadores que Oxossi lhe deu, uma espécie de chibata cerimonial feita de rabo-de-cavalo com cabo de metal, madeira ou osso. Outra forma de relação com o passado e com os descendentes é vista em suas danças.

Iansã, mediadora entre as gerações, é perigosa, principalmente ambivalente, criando rivalidade entre os sexos. É quem introduz o movimento em tudo que está parado, seja para o bem seja para o mal. Tudo se espera dessa guerreira feminina do panteão africano, distanciando-se da referência de feminilidade. É o primeiro orixá feminino a dançar, sempre agressiva e feliz, sem ser masculina, garantindo, com sua extrema feminilidade, a fecundidade e continuidade das gerações e da vida.

No silêncio que tomou conta de mim durante e após os assentamentos, até o final da última frase deste livro, senti a ligação com Iansã por meio de todos os elementos. Empecilhos, visíveis ou não, surgiram, mas uma força superior me deu condições de prosseguir.

182

O ENCONTRO COM A DEUSA DOS VENTOS

Era chegada a hora de pôr um ponto final nos desencontros. Era chegada a hora da revelação. Era chegada a hora de ir ao encontro de mim mesma como próxima tarefa...

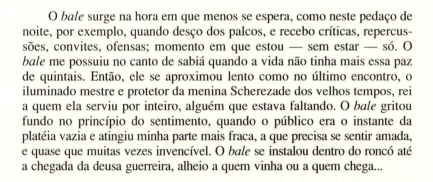

O *bale* surge na hora em que menos se espera, como neste pedaço de noite, por exemplo, quando desço dos palcos, e recebo críticas, repercussões, convites, ofensas; momento em que estou — sem estar — só. O *bale* me possuiu no canto de sabiá quando a vida não tinha mais essa paz de quintais. Então, ele se aproximou lento como no último encontro, o iluminado mestre e protetor da menina Scherezade dos velhos tempos, rei a quem ela serviu por inteiro, alguém que estava faltando. O *bale* gritou fundo no princípio do sentimento, quando o público era o instante da platéia vazia e atingiu minha parte mais fraca, a que precisa se sentir amada, e quase que muitas vezes invencível. O *bale* se instalou dentro do roncó até a chegada da deusa guerreira, alheio a quem vinha ou a quem chega...

— *Estou observando você desde o último encontro, pois não queria que nada de mal lhe acontecesse.*

Só então percebi que meu mestre estava presente. Naquele momento, seu nome me foi revelado: Dr. André Vansdilow Korshaw. Diante dele, sentia diferentes vibrações. Respeitosamente, dirigi a ele algumas palavras:

— Estive pensando, como me aconselhou. E ao contemplar meus pensamentos, voltei ao meu ponto de força. No silêncio, quase que não fui notada.

— *Você será notada, observada e castigada pelos que não se acostumarem com suas vibrações ou vitórias. Muitos irão lutar para corromper o brilho do bronze que a cerca, tentar fazê-la escrava da vingança da sombra que não atingiu sua luz.*

Dialogávamos tranqüilamente, o que viria acontecer mais vezes depois.

— Valeu pela experiência, embora a fascinação e o encanto tenham dado lugar ao controle das falsas atuações, vistas com amor e respeito — pensei em voz alta.

— *A revelação virá na 49ª lua; após a passagem pela morada dos 9 céus, haverá 9 desencontros, explosões que lhe custarão uma vista, dor radicada quase que insuportável na base dos ossos, luta que irá travar no solo do domínio escuro.*

— E quem era a Santa Bárbara tão pura, iluminada e próxima? — perguntei.

— *Ela representa o ponto final dos desencontros e a decisão do caminho a seguir. Em outra vida, quando não foi santa, há milhares de anos, foi você que enviou mercadores aos porões de castelos sombrios, e suas mentes tentaram lançá-la às trevas; no entanto, você sobreviveu.*

— O que pode me dizer de *Erzulie* e como me pegou súbito, ainda inocente e despreparada?

— *Lembra-se do acidente em que bateu sua cabeça, tão novinha, aos sete anos, numa viagem com sua família, quando caiu do carro e desfaleceu, ficando sozinha no meio da estrada até que dessem por sua ausência? Pois aquela negra, que você guardou como última visão na lembrança, não era fruto de sua imaginação. Vendo o carro partir, ela dirigiu-se até perto de você e chamou-a dizendo que ainda não era chegada a sua hora. Lembra-se disso? Force sua mente, porque você é capaz. Você precisa voltar a treinar e a traba-*

lhar suas raízes e cortar os nós das cordas que foram colocadas dentro de você. Ela era bem gorda, negra, com os cabelos grisalhos, e de sua cabeça brotavam fios prateados e violetas que fascinaram suas lembranças. Ela lhe deu a mão e pediu que não dormisse. Ela é uma protetora de crianças acidentadas nas estradas. É uma de suas ancestrais.

— E quanto ao velho índio, o Papai Velho?

— Ele teve sua tribo, sua aldeia e muitos herdeiros que o acompanharam até seus últimos dias. Na verdade, ele nunca partiu, porque sua missão é reunir seu povo e ter de volta, sob sua proteção, sua grande aldeia. Ele vem de muito longe, um homem respeitado que sempre tratou todos com muita dignidade. É ele quem a guia, das nuvens ou tardes sombrias, para todos os estágios de luz. É ele quem a ajuda a lutar contra um passado que deve ficar para trás, uma luta que você perdeu algumas vezes e que deverá, a cada derrota, prosseguir sem nunca esperar a vitória. Ele sempre foi seu pai de muitas outras encarnações, e numa delas vendeu sua alma ao soberano da Pérsia para resgatar, em troca, o reino. Ele a acompanha para que nada mais lhe aconteça de mal. Ele viu seu filho morrer três vezes, em três encarnações, sem ter o direito de nascer novamente, um resgate de três vidas que foram cortadas, e a criança que o acompanha sem mãos e sem pernas para caminhar ou sentir, essa criança que a protege, é você mesma em outros tempos... E ele é seu pai.

— Mas, então, a vovó Mariana é de sua aldeia?

— Todos são do mesmo período, mas a bondosa e cega Mariana decidiu voltar após abrir a gaiola da menina prisioneira do império, contadora de histórias pela eternidade, o maior elo que a acompanha. Ao libertá-la, por não suportar abandonar os que clamam por auxílio, foi presa pelos guardiões na sétima morada dos cemitérios e conviveu com eles, tornando-se sua mentora até atingir a polaridade por igual nos pontos de luz. Hoje é uma fonte de amor, respeitada por todos os planos, verdadeira soberana dos que são humildes, simples e abertos à total compreensão pelos aflitos. Ela é amada e sempre será por onde passar, e sua visão é um reflexo dos olhos daqueles que dela se aproximam. Ela nos ensina com amor e imanta todos os corações e todos os que toca, mesmo se utilizando de sua matéria, com um pouco da sua luz. Todos a amam muito.

— Mesmo receosa, ouso perguntar: por que Scherezade?

— *O receio é compreensível tanto para os que vivem das trevas, quanto para os que vibram na luz. As leis sempre existirão na esfera das divindades e qualquer ser tem o direito de escolher um dos caminhos. Em tudo existem dois rumos e o cordão da energia também tem duas pontas. O que hoje você entende como Pérsia foi seu reino, embora a história não tenha sido fiel aos fatos. Ela tem um lugar entre os magos sem ter sido maculada na juventude, como as narrações insistem em publicar. Sua verdadeira história está enterrada nas areias do deserto, dentro de uma arca com nove elos dourados e nove cruzes ladeando cada elo, representando uma espada em cada ponta, como se cada uma fosse dirigida à outra ou a si mesma. Essa é sua próxima tarefa: ir ao encontro de você mesma. Será na areia do sol ardente, onde à meia-noite ainda é dia e, ao sol, é meia-noite.*

— E você, por que me protege?

— *Porque minhas orientações convergirão para a cura corporal por meio do conhecimento e esclarecimento que encontrar em seu banco de memórias, sobre o comportamento astral e terreno dos que de você se aproximarem. Cuide-se para não confundir ideologias ou conceitos espirituais sobre vida e morte. A ideologia deverá ser bem clara. Meu símbolo e força a acompanharão daqui para a frente. Uma ligação entre os dois mundos pela filtragem das informações passadas que será feita, na medida do possível, e irá se aprofundando com o passar do tempo e com as experiências realizadas. Estarei sempre por perto para defendê-la contra os assassinatos da alma. Não pode haver nada de pior.*
— *O grande mistério de suas viagens é que eu fui o mistério de todas. Fui seu guardião, o cigano romeno, povo sobre o qual falarei, desde sua origem, em nosso próximo encontro; fui seu espírito protetor que você pensou ter perdido ao se sentir totalmente enfraquecida, em que fui atingido durante um período pela serpente do ilusionista. E, ao voltar à luz, sequer foi preciso dizer palavras, apenas continuamos como agora aqui estamos.*
— *Chegou a hora de seu grande encontro com a Deusa dos Ventos, a asa da liberdade oculta que só a você pertence e onde fez sua morada. Vá, o mundo a espera. Estaremos todos no mesmo barco para novos percursos.*

— E quem é a Deusa dos Ventos?

No mesmo momento, sem obter resposta, recebi o aviso para me preparar. Era chegada a hora da *muzenza*. Houve a preparação das roupas para uma ialorixá, na cor quase púrpura, *demborê* na pele de bronze, hora do grande encontro. A feitura, *cuia* na umbanda. Entraram as ajudantes, a *ekede ia pepelê* e a obá Nina que acompanharam, lado a lado, os trabalhos junto ao babalorixá. Mas eu já estava em outro plano, sentindo dificuldade em ser vestida. As vozes do babalorixá Sebastião de Ode Inche Amim Obatalamim, presidente espiritual do Templo Guaracy, onde fiz minha Iniciação, bem como a de seu irmão, babalorixá Fernando de Toy Dossu, filho da Casa das Minas de *Toya Jarina*, soavam ao longe. O couro batia bem forte e, ao ser colocada a coroa, a cabeça saiu pelo espaço. Ao receber o *iruexim*, chibata feita com o rabo de um cavalo branco vindo diretamente da República de Camarões, que foi entregue à santa pela africana Hermine Meido, apaguei. Naquele mesmo instante, ela se firmou, e deu um tranco na matéria e colocou meus braços a dançar como os ventos. A última fala que ouvi foi da *iabace Ia Nilá* dizendo: "Espere aí, você não pode passar dessa porta...". Mas eu não estava mais no roncó, a porta era bem mais distante. Estava além do que minha visão ou mente pudessem alcançar. Estava no colo dos ventos e dançava sua dança colorida das nove cores.

Oya, Oya, Oya ê
Oyá Mezan, Oyá Mezan Jigan,
Oya,Oya ô...

POSFÁCIO

No final da década de 80, início da década de 90, conheci uma mulher que me abriria as portas para o mundo, já no papel de mestre e divulgadora do trabalho que batizei de "Feminino no xamanismo" e que realizo até hoje.

A americana Sukie Miller é psicóloga e psicoterapeuta há mais de trinta anos, destacando-se por intensa atividade nas áreas de educação e saúde pública.

Fundadora do Institute of Study of Afterdeath, Sukie preparava um livro sobre o assunto pós-morte quando ouviu falar de minha atuação. Ela me entrevistou e participou de rituais no Templo Guaracy em uma de suas inúmeras viagens ao Brasil.

Nos idos da década de 60, Sukie foi uma das responsáveis pelo surgimento do Instituto Esalen, na Califórnia, do qual foi diretora por vários anos. Foi para lá que ela me conduziu, para um *workshop* denominado "Experiencing the energy of the orixas", que incluía cerimônias de umbanda e jornadas xamânicas. Também, graças a ela, meu trabalho foi apresentado em Santa Rosa e Sebastopol, na Califórnia, e em Nova York.

Na Europa, há grupos organizando seminários e *workshops* com minha presença em Graz e Grabenstrabe, na Áustria, e em Wildnisschule Wartensee, em St. Gallen, na Suécia.

O convite para essas localidades partiu de Astrid Habiba Kreszmeier e de Hans Peter Hufenus. Astrid é professora, terapeuta, consultora de empresas e escritora. Trabalha com a chamada "pedagogia da vivência", movimento da psicologia social.

Seu livro *Das Schiff Noah* (A barca de Noé) narra sua experiência em um barco-escola que navega durante nove meses no Mediterrâneo, levando a bordo jovens entre 13 e 18 anos, portadores de problemas graves de todos os tipos.

Em Berlim, meu trabalho é conhecido graças a Farah Lenser e Heiner Benking, da entidade "Clube de Budapest". Também estive profissionalmente na França, na Suíça, na Bélgica e na Grã-Bretanha.

Em agosto de 1997, Sukie Miller veio ao Brasil para o lançamento de seu livro *Depois da vida* (Summus). Na noite de autógrafos, na livraria de meu querido amigo Luís Pelegrini, a Zipak, outro encontro selou o início de uma nova fase em minha vida, Edith Elek, da Editora Ágora, me fez o convite para publicar o meu livro, em gestação há tanto tempo, e do qual ela já ouvira falar por vários amigos comuns.

Este foi mais um dos encontros mágicos de minha vida, na hora certa, com todos os sinais de "coincidência" para provar que não era um acaso do destino. A partir desse encontro, *As bruxas que vivem dentro de nós* começou a tomar sua forma definitiva.

Paralelamente a isso tudo, sempre houve uma Baby mulher, com casa, filhos e família para dividir o espaço e o tempo.

Teriam eles feito parte do processo? Ou construíram os seus próprios caminhos? O que importa é que tenham entendido a profundidade e o significado do desenrolar dos acontecimentos.

GLOSSÁRIO

ADOBE: Habitação de alguns povos navajos, feita de tijolos ocre com lama e palha.

AGAROU: Na linguagem dos haitianos: *agwe* (*ati-um-sou*) *alá*; *agassou*; *Lwa* (espírito) guardião das tradições do Daomé que inclui divindades: *Agassou, Alá, Da, Atiassou, Yangodor* e *Mam'bo*. Divindades haitianas.

AGWÉ: Linguagem ritualística do Haiti; *Aga-ou; Agoué*; deus do mar, um dos maridos de *Erzulie*. Sua barca — *imamou* — transporta as almas dos mortos para o outro mundo. *Lwa* do oceano, dos navios e dos barcos, protetor dos marinheiros. Em seus aspectos inclui as divindades: *Agaou Comblé, Agaou-Tonnere, Agoueh R. Oyo, Agoueh-Tha Oyo.*

AIDA: Na ritualística vodu do Haiti; *Ayida-Wédo*; *Ayda Ouédo*; *ayidohwedo* representa o céu e dá poder, e é simbolizada pelo arco-íris cujas cores são pintadas no *poteau-mitan*; esposa de *Damballah-Wédo*, o deus-serpente, que compartilha a função dele como protetor cósmico e doador de bênção. *Aida-Wedo* é personificada por uma serpente pequena, encaracolada, que se alimenta de banana e seres vivos da água. Uma das divindades mais importantes do vodu haitiano, de origem daomeana.

AJEUM: (ior.) *à* = p.n.; *jeun* = comer (comida). Comida nos cultos afro-brasileiros.

AIUASCA: *oasca*, "*la soga*", "*ayahuasca*", "*banisteriopsis*", "*telepathim*", "*cipó vermelho*", "*cipó visionário*", "*cipó da morte*"; extraída do tronco do *cipó do mariri*, alucinógeno utilizado por muitos índios e seguidores em busca de alucinações. Ao colocar a casca no cachimbo, o curandeiro consegue localizar a doença no corpo do paciente e, ao soprar a fumaça no local afetado, realiza uma purificação superficial. Pela ingestão da droga e da fumaça, a saliva do curandeiro adquire o poder especial de absorver as energias negativas.

ÀIYÉ: (ior.) *Aiê*; céu na terra; tempo de vida; terra para os africanos.

AIZAN: (ritualística haitiana); grande *Ai-Zan*; patrono das feiras *vevé*.

AKOKO: Uma das árvores consagradas ao culto das *Iyàmi*.

ANAZASI: Povo que habitou o Grand Canyon entre os séculos 6 e 14. Chamados "antigos estrangeiros" pelos índios navajo. Suas antigas habitações estão encravadas nas pedras.

ANDAMANES: Povos de Bengala.

APAOKA: (ior.) *apáòkà*; orixá da jaqueira (mãe de oxossi — *òsósi*), árvore consagrada às mulheres dos pássaros; (ior.) Iyàmi — apá = braço; *òkà* = árvore que cura doença infantil desse nome.

ARMÃ: Embaixador das trevas do mundo persa.

ARUAQUE: Nome dado a diversas tribos de índios da parte setentrional da América do Sul, e um dos principais grupos do Caribe durante a chegada dos europeus. Foram expulsos de várias ilhas pelos aguerridos Caribes.

ARREAR: Ato de oferecer alguma coisa (comida, bebidas, uma oferenda).

ARZAWA: Antigos povos habitantes do continente polinésico.

ASHADÉ: (ritualística haitiana); *Lwa* da família dos *ogun*, considerado feiticeiro e curandeiro muito poderoso.

ASSENTAMENTO: Aquilo ou aquele que foi submetido a determinados rituais para receber o *axé* (força vital); colocar, aplicar. Afixação de elementos condensadores de energias que são magnetizados e recolhidos a um local que serve como um ponto de forças e pára-raios de energias.

ASSON: (ritualística haitiana); *açon*; *ason*; cabaça, chocalho sagrado utilizado pelo *houngan* ou pela *mambo* durante as cerimônias, coberto por uma rede frouxa de contas coloridas e por vértebras de cobra — *assogwé* — que dão ao instrumento o seu som característico; recebem a ordem de usar em obrigação, quando são elevados a autoridade sacerdotal.

ATIBON-LEGBA: Senhor das encruzilhadas e guardião dos portais. Sem sua permissão, ninguém se comunica com os deuses.

AVARI: Tribo ancestral do Havaí.

AXÉ = (ior.) *àṣe*; sacralização, força dinamizadora das divindades, poder de realização, vitalidade que se individualiza em determinados objetos como plantas, símbolos metálicos, pedras etc. Objetos que são chamados de axés e que significam poder.

AXIRÊ: Espécie de chocalho para convocar espíritos ancestrais.

AYIZAN-VÉLÉKÉTÉ: (ritualística haitiana); *ayizan*; mulher de *Legba; Lwa* exorcista e purificadora, que protege e instrui os noviços. Guardiã dos caminhos, dos mercados e lugares públicos. Representada por um ramo de palmeira ou por uma coroa de flores de loureiro branco.

AZACA: (ritualística haitiana); *zaca; cousin zacca*; *Lwa* vodu, um dos protetores da agricultura. Leva sempre consigo uma sacola de fibras trançadas (*macoute*), uma foice e um facão. É um dos orixás mais populares e um dos que mais freqüentemente "baixam" durante as cerimônias.

BABÁ-DE-ORÔ ou BABÁ-DE-ORI: Em alguns templos, pai-de-cabeça — orixá (ior.: *babá* = pai; *orô* = orixá; quem ajuda a cumprir o destino — *odú* — do ser); ritual de fundamento. Quando se sabe quem é o pai-de-cabeça, ou a mãe-de-cabeça, o(a) caboclo(a), em cerimônia feita na confirmação do bori (*orí* = cabeça do ser, a essência do ser).

BABAIS: Tribo africana.

BABALAÔ: (ior.) *Babaláwo* (*baba* = pai; *alá* = dono, possuidor; *áwo* = segredo). Sacerdote de Ifá, o orixá da adivinhação.

BABALORIXÁ: (ior.) *Babalóòrìsà*; termo usado para o sacerdote-chefe masculino de terreiro (*babá* = pai, chefe; *oló* = dono, possuidor; *òrìsà* = deus, santo; *abòrisà* = adorador de um orixá).

BABA OGOUN: Divindade secundária da família dos *ogun* nos ritos do Haiti.

BADAGRIS OGOUN: Considerado o mais importante membro da família dos *Ogun* (Ogum), no Haiti, por vezes chamado de *mestre Ogoun*, embora muitos voduístas prefiram a denominação *Ogoun Ferraille* (Ogum Ferreiro). Deus da guerra, um dos maridos de *Erzulie*.

BAGI: No ritual haitiano, quarto que contém altar dedicado aos *Lwa*.

BAGUETTE GUINÉE: Material do ritual dos vodus no Haiti; vareta de forma especial usada para bater os tambores.

BAKA: Espírito mau; agente sobrenatural entre os haitianos, que vaga à noite tomando a forma de um animal.

BALE: (ior.) *igbàlè*; ou Balé quando chamado o quarto dos mortos; ou *Ilê-saim* = período no qual se incorpora a luz das realizações do passado e transforma-se em realizações no futuro. É individual, mas não são apenas os seres que passam por ele. Tudo pode passar por este estágio: uma empresa, um grupo, uma comunidade. Muitas vezes, uma empresa pode sair do *bale* e seu representante não. Existe o *tempo eternal* (eternidade, essencial, primordial) e o *tempo cronológico*. O tempo eternal conta com o tempo cronológico e cada um tem seu tempo espiritual, que é determinado pela relação entre ambos e rege a relação com o *bale*. Um tempo que não se mede pela qualidade, mas pelo espaço. Um é diferente do outro. O tempo cronológico é a dinâmica do tempo espiritual. Os sucessivos *bale* criam a espiritualidade da pessoa. A qualidade do tempo é individual e a relação entre o tempo e o *bale* encontra uma consciência da lei que rege isto e que é comandada por *iansã*. Ela que conhece bem os fundamentos do tempo e do *bale*, e com seus ventos dá a mudança, cria a dinâmica e tem o momento exato para atuar, os momentos de seu tempo. O tempo polariza com *iansã* e dualiza em algumas situações. O tempo espiritual e o tempo cronológico cumprem seu tempo e a função de *iansã* no momento, nesta eternidade, é que propicia a evolução sucessiva, os momentos oportunos e forma a linha horizontal ou vertical do tempo: "Dai-me o seu tempo e eu te darei a resposta de seu *bale*". É o seu tempo. O *bale* é um momento estático e de reflexão. São sucessivos *bale* e quando não se tem como sair, é preciso de um impulso.

BANDA: (Pronuncia-se bandá) Dança alegre e libidinosa na qual os dançarinos simulam o ato da cópula. Dança favorita dos *Guedês* e de *Azaká*, grupos haitianos.

BARÃO-SAMEDI: Entre as divindades haitianas; *barão Sanmdi*; *Lwa* do morto e do cemitério; principal *Lwa* da família dos *Guedé*. Em seus aspectos incluem: barão do cemitério (*Lwa* do cemitério), barão da cruz (*Lwa* da Cruz). Representado por um velho de longas barbas brancas, que usa casaca preta, chapéu alto, luvas e óculos escuros, carregando sempre consigo uma garrafa de rum e um cacete pesado — *cocomacaque* — feito de madeira, nome dado também aos cacetetes utilizados pelos policiais haitianos em tempos idos. Em seus rituais lhe oferecem cabras pretas ou galinhas. Seus símbolos são caixões ou falos.

BARDO: Doutrina budista do estado intermediário entre a morte e o renascimento.

BENZIMENTO: Benzedura, ação ou rito de benzer, que pode ser feito de várias formas, entre elas com ervas, cinza, imposição das mãos etc.

BINAH: Entendimento. Um dos princípios da "Árvore da Vida", um "Sephiroth" também representado dentro do homem, tendo ao outro lado "Chokma" outro "Sephiroth" — Sabedoria — princípios da força de vontade e da alma espiritual. Entre esses dois princípios se localiza a Intuição.

BOKOR: (ritualística haitiana); *Bocor*; *bòkó*; sacerdote que pratica a magia negra e é mais envolvido em feitiçaria do que em cura de almas.

BOLAR DO SANTO: Entrar em transe, mesmo não sendo iniciado.

BOSSU: *Bossou ashadeh*; *Lwa* que era rei em vida, entre as divindades haitianas.

BOULAH: *Bébé; pitit; ountogni*; o menor dos tambores da bateria *Rada*. Um dos grupos do vodu haitiano.

BRIGITTE: (Divindade haitiana); Grande *Brigitte*; *Manman Brijit*; guardião-fêmea de sepulcros e *Lwa* dos cemitérios. Encontra-se nas árvores sagradas (olmo e salgueiro-chorão).

CABALA: No livro refere-se ao ponto riscado, também chamado de ponto cabalístico, desenho formado por um conjunto de sinais cabalísticos (mágico-simbólicos) que riscado com pemba, na cor desejada, ajuda a chamar as entidades ao mundo terreno. São sinais desenhados. Tem a finalidade de ligar o mundo a Deus. A pemba é o seu universo de ação. Por meio de valores simbólicos ali registrados, a entidade amplia o seu campo de ação, transcendendo o espaço (local) e atingindo Planos cósmicos por meio das ondas moduladas.

CABOCLO: Nome popular utilizado nos rituais de umbanda para definir as entidades espirituais. São espíritos humanos reintegrados às hierarquias naturais. É um grau. Não é um dono da coroa (cabeça) dos médiuns, são os guias-chefes dos trabalhos realizados em nome dos orixás.

CAIPORA: *Caá* — mato; *pora* — habitante; *caropira*; *caaporas*; *curupira*; protetor da caça, habitante do mato, fantasma da noite, mito tupi-guarani das lendas do folclore brasileiro representado como um grande homem coberto de pêlos negros por todo o corpo ou como um pequeno indígena escuro, ágil, nu ou vestindo tanga, fumando cachimbo. Um encantado que, na tradição afro, também é visto como *Ossaim* (ior.: *Òsonyìn*).

CAMARINHA: Quarto muito reservado de um candomblé, onde permanecem as iaôs no período de Iniciação. Na umbanda, período de obrigação.

CANYON DE CHELLY: Localização da reserva dos índios hopi.

CARREFOUR: *Kafou*; *kalfu*; *Maître Carrefour*; um *Petro* que equivale a *Legba*. Guardião do portão entre os mundos; a palavra significa *três encruzilhadas*. Também é o nome de uma das mais importantes avenidas no Haiti.

CATA: *Boula;bula; petit*; o menor dos três tambores do grupo *Rada*, do Haiti.

CATIMBÓ: *Caá* = mato, folha; *timbó* = planta venenosa. Culto originário da pajelança e rituais angola-conguenses cujas finalidades são a cura, o aconselhamento e os trabalhos para o bem ou para o mal.

CAVALO: Pessoa (médium) que serve de suporte para a "descida" dos orixás e entidades. No Haiti: *choual, chwal, ch'wl*.

CENOTE SAGRADO: *Zenotl*, adaptado como Cenote (pelos espanhóis), dos sacrifícios, nascente natural onde os maias jogavam oferendas, sobretudo a *chac*, deus da chuva, localizado em Chichén-Itzá, México. Eram utilizadas como fontes de água, enquanto soberanos e curandeiros usavam-nas nos ritos religiosos para entrar em comunicação com a outra dimensão.

CHAMULA: Povos navajos de San Juan Chamula.

CHACMOOL: Divindade asteca representada em esculturas em vários templos mexicanos; a maior delas está no Templo dos Guerreiros.

CHIAPAS: Estado do México onde se localizam várias ruínas.

CHICHÉN-ITZÁ: "Boca do poço dos Itzás", ou " A Cidade dos Bruxos da Água", é o significado do nome, devido à grande nascente natural ou *cenote* que caracteriza a cidade, grandes poços distantes um do outro, a menos de um quilômetro. Situada em posição central na península de Yucatán, centro administrativo e ritual mais importante da região sudeste do México. Cidade fundada no início do século 10 (918 d.C), quando os *itzás* chegaram em Yucatán. A cidade tem estilo *Puuc* — maia. Meta de peregrinações em homenagem a Kukulcán.

CINTO DE ÍSIS: Do Egito antigo, símbolo do signo de vida, de proteção, de força e de imortalidade.

CLAIRIN: *Kleren*; cachaça de baixa qualidade, bebida favorita dos *guedé* nos rituais haitianos.

CONSAGRAÇÃO: É uma palavra utilizada sempre que se referir a alguma coisa estabelecida pelo homem para representar algo sagrado. Devido à mistura de dialetos, ritos, costumes, cada templo de umbanda caracterizou suas cores, dialeto, rituais e liturgia próprios. Uma vez submetidos a um dos vários rituais de consagração, os objetos de culto, pontos riscados, pessoas, nomes, cores etc., sofrem alterações no campo eletromagnético, em virtude da conexão com o elemento sagrado, sempre observando-se as leis naturais e a tradição. A consagração representa a essência.

CORRER TERREIRO: Termo popular, ato de visitar várias casas do culto afro-brasileiro.

CUIA: Cumbuca utilizada para colocar comida ou bebida, feita com a casca do coco duro. Pode também ser feita com outros materiais como a casca da cabaça, uma planta trepadeira, após tirar-lhe as sementes. Uma das simbologias do coco é a do útero, devido à água contida que alimenta e pode reconstituir e fortalecer o organismo como um soro de vida.

DAMBALLAH: *Dambhalah*; estrada principal; *La Flambeau* = pura chama; *yé — wé*. Uma das mais importantes divindades, mistérios ou *Lwa* do vodu haitiano. Corresponde ao Dangbé daomeano. *Damballah Wedo*: *Lwa* da serpente, do céu e do mundo e no arquétipo, um pai amoroso; simbolizado pela serpente e pela cor branca, representa a estrada, a tocha ou a pura chama como também o grande Obatalá.

D'CIZA: Esteira; (ior.) *sissa, cissa* ou *adicissa*, espécie de tapete tecido de palha que estendido no chão serve de cama ou assento aos iniciados em vários cultos, ou como suporte de pratos com comidas votivas. Serve também para a preparação de folhas para banhos rituais.

DEFUMAÇÃO: Ato de queimar ervas para modificar os ambientes impregnados de espíritos de baixo astral, causadores de perturbações. Ervas combinadas com pontos cantados, e o que for necessário, dependendo da intensidade da carga e do tipo da *"linha"* que estiver atuando. Uma vez equilibrado o corpo astral, o indivíduo retoma seus valores materiais, permitindo assim que a energia pura nele penetre e afaste os efeitos maléficos anteriormente criados por alguma coisa que esteja em desequilíbrio. Estes perdem a força pelas novas ondas emitidas pela fonte, depois da defumação, voltando à harmonia. Cessada a causa, cessam os efeitos, que deixam de se manifestar. São vários os meios para facilitar e agilizar os processos de equilíbrio por meio de rituais.

DESPACHO: Ato de "despachar"; depois de uma oferenda — um dia ou mais — feita, pega-se o material utilizado e leva-se à mata, ao mar ou a outro local para que os bichos comam. O material é devolvido ao ciclo da natureza, assim como também serve de adubo para a terra.

195

DIJINA: (ior.) Nome pelo qual a(o) filho-de-santo é reconhecido dentro do ritual africano após sua iniciação.

DINEHTAH: Território navajo onde se localizam as escolas, as moradias, o hospital etc.

EBÓ: Oferenda (ou sacrifício animal em algumas religiões) em que são entregues pratos com comidas, velas ou flores correspondentes aos orixás.

EGUN: (ior.) *Egúngún*; *eégun* ou *E'gun* = espírito encarnado, alma de um ancestral que volta à Terra em determinadas cerimônias rituais. Também nome dado ao orixá particular do antepassado morto. Escrito de outra forma, significa osso, esqueleto.

EJÈ: (ior.) Sangue animal de sacrifício.

EKÉDI: (ior.) *Ekede* (*eké* = *esteio, suporte; di* = tornar-se). Mulher que não entra em transe e auxilia as filhas-de-santo em transe nos cultos afro-brasileiros.

EKO: (ior.) *Acaçá*; *akatsá*; pão de farinha de milho ou outro cereal cozido na água e envolto em folhas. Comida afro-brasileira. Em *créole: akasan*, bebida, mingau de fubá ou farinha de arroz e leite.

EKODIDÉ: (ior.) *Ikódíde*; *ikoódé* = *óde* = *odíde* = papagaio; *ecodidé*; pena de ave africana, o papagaio vermelho, usada na testa das iniciandas em sua saída de obrigação.

ELEDÁ: Dono da vida (ior.) — *eléèdá* = *elé* = possuidor; *èdá* = qualquer criatura viva; energia primitiva interior do homem. Divindade que vela pela pessoa. Sincretizado com o anjo-da-guarda cristão. Assimilado ao *Olori* (orixá pessoal, "dono da cabeça" de uma pessoa = *oló* = dono; *orí* = cabeça), e ao *Elemi* (ou *elemim*; orixá protetor pessoal = *elé* = dono; èmí = eu, alma, espírito, vida).

ELEMENTAL: Orixá; energia bruta da natureza (rio, mar, ar, folha, árvore, terra, pedra, madeira etc.). É uma parte do orixá.

ELEGBA: Divindade haitiana correspondente ao Exu iorubá.

ELEYE: Dona do pássaro.

ENTIDADE: Ser espiritual. Independente da sua evolução sociocultural na terra, o homem, em sua trajetória evolutiva, sofre diversas experiências tentando manter o equilíbrio em que existe o impulso do desejo e suas primordiais necessidades. Duas forças capazes de atuar ao mesmo tempo, e quando uma é divergente da outra somente um alto grau de luz e consciência espiritual (ior.: *Eledá* = o grande propulsor da evolução espiritual) pode deter um impulsivo desejo das caóticas emoções imediatistas. O mundo da espiritualidade é habitado por seres dos mais diversos planos, denominados entidades, cujo grau de sabedoria espiritual e sensibilidade estão acima dos padrões considerados normais no plano físico.

ENTREGA: Quando uma oferenda é feita para os espíritos da esquerda (espíritos de baixo plano: do touro, da serpente, da beleza, da riqueza).

EPO: (ior.) *epô*; azeite-de-dendê, óleo vermelho tirado do pericarpo do fruto de uma palmeira africana = *òpe* — *elaeis guineensis*.

ERZULIE: *Ezili; Maîtresse Erzulie; Azulih; Erzulih*; uma das principais divindades do vodu haitiano, a Afrodite vodu. Figura entre os *Lwa* como a divindade do amor e da beleza. Bela como o touro (*Erzulie Taureau*), como a Vênus justa (*La Belle Femme*); como um ancião (*La Grande Erzulie*), como mar ou aspecto de uma serpente (*La Sirène — La Sirènn*), como a riqueza e beleza (*Tsilah Wédo*), como vingança e feiúra (*Erzulie Mapiangueh, Toho, Zandor* e *Marinette — Bois Chèche*). Outros aspectos: *Erzulie Boum'ba, Dantor, Dos-bas, Fréda, Dahomin, Gé Ruge, Mapian*. No *hounfort* ela é representada por um navio-modelo pendurado no teto.

EWÁ: (ior.) *euá; éwà* = beleza, graça; associada a Oxum. É representada pela evaporação das águas levando tudo quanto é impureza ao colo de iansã para que retornem na forma de água pura. Cultuada no outono, quando o céu se torna cor-de-rosa.

FALANGE: Conjunto de espíritos que exercem sua influência dentro de uma mesma "linha".

FEITURA: Ato de fazer, fixar o santo no orixá. Vem do verbo fazer e significa "fazer todo". O médium *feito* é inteiro.

FOUR CORNERS STATE POINT: O único ponto em que quatro Estados americanos se encontram: Colorado, Utah, Arizona e Novo México.

FUNDAMENTO: Verdade contida em alguma coisa. Ligado ao conhecimento da magia: origem, identidade, base, alicerce, motivo, razão, justificativa.

GADJE: Cigano quando não é puro.

GAILLARD: Cidade francesa que marca uma das divisas entre Genebra (Suíça) e França.

GRAND CANYON: Na era paleolítica, era habitado pelas culturas proto-indígenas que deram origem aos povos pueblos e, mais tarde, aos hopi, que revelaram a existência do Grand Canyon aos europeus, em 1540.

GRAN MET: *Gran Met*; divindade criadora original entre os haitianos.

GUELEDÉ: (ior.) *gèlèdé*; máscara da sociedade dos *eguns*, esculpida em madeira, com marcas tribais, usada no culto em dias de festa.

GUEDÉ: *Ghédé; guedê;* família dos *Lwa*, deuses da morte. Senhores dos túmulos e dos cemitérios. São sinistros e alegres ao mesmo tempo. Suas brincadeiras são indecorosas e a linguagem sempre se refere aos atos e órgãos sexuais. São os dançarinos da *banda*. Colocam chumaços de algodão nos ouvidos e nas narinas quando se apresentam e falam com a voz nasalada. São poderosos curandeiros e protetores das crianças. Adorados por meio de vários cultos. O barão Samedi é um *guedé*. Governa a preservação e a renovação da vida. É também um *Lwa* protetor dos camponeses. Às vezes, ele abre os túmulos e usa as almas mortas a seu serviço. Quando se manifesta montado em um devoto, veste roupas pretas muito velhas e um chapéu pontudo, fumando charuto. Sua missão é expor e revelar segredos, e ele usa o seu cavalo para este propósito, adivinhando o passado e o futuro. Sempre muito preciso e cruel em suas mensagens. São divindades principais do panteão vodu, consideradas muito justas.

GOBI: Povos que habitavam o deserto africano com o mesmo nome.

GRAN MAÎTRE: Criador original.

GRIMAUD: Cidade típica de tempos idos, no sul da França, onde se encontra a "Maison des Templiers". Bem perto de Saint-Tropez e de onde se avista — dependendo dos ventos — a Córsega. Atrás de Grimaud localizam-se as famosas montanhas chamadas " Le Maures".

HATALI: Curandeiros navajos; homens da medicina que manipulam os elementos simbólicos fundidos entre si. As pinturas, as canções e as rezas são ligadas aos mitos centrais, dos quais advêm os efeitos curativos. Muitos dos atendimentos são pagos e, dependendo do caso, chegam a custar mais de mil dólares. Quando isso ocorre, toda a família é obrigada a se reunir, se pretende que algum de seus membros seja curado. Os pobres pagam igualmente e, quando não têm dinheiro, retribuem com ovelhas, trabalhando em suas terras ou por qualquer outra dádiva. O núcleo da medicina indígena entre os nativos da América do Norte encontra-se entre os *Dinehtah* (cabanas escondidas dentro dos Canyon, morada dos respeitados xamãs que não obedecem a chefes supremos). É lá onde vivem os xamãs, responsáveis por manter a cultura, sendo estimados por todos. A meta é fazer com que o homem se harmonize com a Natureza em todas as suas fases: terra e água sobre a terra, céu e terra sobre o céu, tudo o que existe sobre o planeta.

HÉVIOSO: *Héviosou; kébioso; québiosou*; divindades haitianas, Senhor do Raio e do Trovão. No Daomé, chefe do panteão do Trovão.

HIDDEN VALLEY: Caminho de velhos caçadores, caubóis e mineiros na época da febre do ouro.

HOGAN: Quarto ou interior das casas navajos tradicionais, em forma octogonal, com a entrada sempre voltada para o leste. Feita de barro, concentra o calor nas noites de frio.

HOMENS-PÁSSAROS: Espíritos de antigos rituais da Ilha da Páscoa, onde essas divindades voltam à terra após uma invocação ritualística. O culto é chamado de *Tangata Manu*.

HOPI: *Hopituh shinumu* — povo pacífico, habitantes das terras dentro da reserva dos navajos.

HOUNFORT: *Hounfor; hunfor, ounfò; houmfort; oum'phor*; terreiro ou quarto de altar onde o vodu é praticado.

HOUNGAN: Entre os haitianos, *gangan*; sacerdote iniciado no culto vodu. Ele ou a *mambo* podem olhar um devoto montado pelo espírito e dizer qual *Lwa* o possui. Agem como intermediários para chamar aos *Lwa* e ajudar também ao *Lwa* quando o trabalho está terminado. Todos os *Lwa* saúdam os *houngan* antes de ir embora. Do africano: *n'gan, n'ganga, moganga*.

HOUNSI: *Hounsih; hunsi; ounzi*; membro do coro vodu. Iniciado ou iniciada que participa das cerimônias e auxilia o *houngan* ou a *mambo*. Devoto que foi aceito em um *hounfort*. Quando um *hounsi* é possuído por um *Lwa*, o espírito tem controle sobre seu corpo, suas ações e atitudes, por curta ou longa duração de tempo. O *Lwa* escolhe um devoto para possuí-lo por muitas razões: proteger, conferir poder especial, permitir que realize tarefas difíceis, sair de uma situação com uma velocidade sobrenatural, curar uma enfermidade, prevenir contra sofrimento, dar conselhos, mostrar um ritual proibido ou para castigá-los. Os devotos não sentem dor em suas incorporações, mesmo quando caminham sobre o fogo. Depois da possessão, entram em um estado de indiferença total, às vezes exaustos — depende do trabalho —, normalmente não lembrando de nada do que aconteceu durante o transe. Não podem ser responsáveis pelas ações dos *Lwa* durante o processo.

HUEHUETEÓTL: Deus mexicano do fogo.

IABASSÊ: (ior.) *Iabace* (*ìyáàgba* = senhora, matrona; *sè* = cozinha); chefe da cozinha ritual nos cultos afro-brasileiros.

IANSÃ: (ior.) *Ìyá* = mãe; *sán* = trovejar, retumbar; *Ìyá — mésàn — òrun* = mãe dos nove "*ara — òrun*" = habitantes dos nove espaços do além; orixá dos mais polêmicos dentro do panteão afro-brasileiro. O vento sopra onde quer! Assim é considerada a deusa dos ventos, senhora das tempestades, rainha dos raios. Divindade associada ora ao fogo, ora à água, ora ao vento, relacionando-se com todos os elementos da natureza. Tem várias ligações que se associam à sua função. Orixá feminino, tida como a divindade africana do rio Niger, ou uma das esposas de Xangô, que não teme os *eguns*, dominando-os com seu *iruexim*. Sincretizada com Santa Bárbara em todo o Brasil, ganhou o nome de Iansã, embora o nome Oyá seja conservado nos candomblés nagô. Entre os jeje, aparece como *Sobô* ou *Sogbô*; entre o povo de Angola, como *Matamba*; no Congo, como *Nunvurucomabuva*; entre os bantos em geral, como *Bamburucema*. Sua saudação é: *Epahei, Iansã*!

IAÔ: (ior.) *Ìyàwó* (iauô = esposa mais jovem, recém-casada); nome que a iniciante adquire logo após o *sundidé* (em ritual africano), ou esposa dos orixás.

IÁ KEKERÊ (ior.) = *Kékeré* = pequena; zeladora dos axés (ebami). Ou *Iaquequerê*.

IEMANJÁ: (ior.): *Yèyè* = mãe; *omon; ejá* = peixe; *Yemonja* = mãe dos peixinhos. Orixá feminino, associada à água salgada, mas sua representação é a água, seja doce ou salgada. Relacionada à cura e à fertilidade. Tida como mãe de muitos orixás. Rainha do Mar, Mãe d'Água (Odoyá), representa a fecundidade, o amor, e governa as doenças do ventre. É o Tronco Feminino da Geração.

IFÁ: Orixá da adivinhação e do destino.

IALORIXÁ: (ior.) *Iyálòrìsà* = *Íyá* = mãe, *oló* = possuidor; *òrìsà* — divindade; mulher que dirige um terreiro de umbanda ou candomblé no Brasil ou na África.

IAMI: (ior.) *Iyàmi* = Nome que representa coletivamente todas as genitoras ancestrais femininas míticas, ou *osùn*, ou *òsòròngà*, ou *opiki elese osùn*, ou *apani ma yoda*, ou *olokiki oru*, ou *àjé, ou ẹlẹyẹ*, ou *onilẹ origi*; feiticeiras ou bruxas que trabalham em benefício das mulheres em dificuldades. Possuem vários nomes que lhes são dados de acordo com a necessidade. São ligadas à cabeça que contém um pássaro, representando ambos o poder genitor feminino; a cabaça, o ventre; o pássaro, o elemento procriado. Cultuadas na representação de *Iami Oxorongá* (pássaro africano de grito pavoroso, de onde vem seu nome (*ìya* = mãe; mi = minha; *oṣó* = feiticeira; *ró* = emitiu um grito; n = ação progressiva; *ga* = alto).

IGNA: Número 9 entre o povo cigano que, como todos os demais números, possui seu significado simbólico.

INCORPORAÇÃO: Momento em que a entidade espiritual toma o médium (cavalo) e comunga com seu espírito para transmitir mensagens, proceder a curas, orientar etc.

INICIAÇÃO: Cerimônia em que o neófito se coloca à disposição de um(a) dirigente para assentamentos específicos referentes a um determinado segmento ritualístico ou filosófico.

INICIADO: Pessoa que "fez o santo" ou "fez a cabeça". O que recebeu seu orixá e tem determinadas obrigações.

INICIANDO: Pessoa que está sendo iniciada.

INVOCAÇÃO: Quando é dada a abertura dos campos vibratórios.

IOMBA: Indivíduo dos iorubas, povo negro do grupo sudanês, da África Ocidental.

IROKO: (ior.) *Ìrokó*; teca africana ou *maogani* (*Chlorophora excelsa — morácea*); no Brasil, substituída pela gameleira-branca (*Ficus doliaria M*); árvore consagrada às *Iami*.

IRUEXIM: (ior.) *irù* = rabo; *ẹsin* = (exim) cavalo. Instrumento simbólico de Iansã; uma espécie de chibata cerimonial de rabo-de-cavalo com cabo de metal, madeira ou osso, com a qual ela fustiga os *eguns*. Também conhecido como *irukerê* (*ìrukèrè* = chibata cerimonial = ìrù = rabo; kèrè = de pouca importância). No Brasil o *irukèrè* é um dos símbolos de Oxossi e Iansã, que usa instrumento igual.

ITURI: Região de pigmeus no Congo.

IÚCA: *Aiuasca*, erva alucinógena.

IYÓ: (ior.): Sal.

JICARILLA: Índios apaches.

JUKI: Tribo africana.

JUREMA: *Pithecolobium tortum Mart*; planta leguminosa-mimosácea, utilizada em cultos afro-ameríndios como alucinógeno. Bebida feita com a casca, raízes ou frutos dessa planta. Também nome de uma entidade feminina (cabocla Jurema). Sinônimo ainda de mata, domínio e morada dos caboclos.

KACHINAS: Bonecas *hopi* para representar um espírito dos antepassados (da vegetação, da vida animal) desejado em ritual.

KAKU: Chefe de tribo cigana.

KALI: Aqui como o elemento fogo, com quem polariza, é uma das qualidades na polaridade de Iansã. A força feminina em todos os sentidos. Kali sempre se manifestou para aniquilar os poderes dos machos endemoninhados e para restabelecer a paz e o equilíbrio, principalmente quando as forças malignas oprimem o mundo. Sempre adorada pelos puros e pelos pecadores. Sempre estará restaurando a verdade, sua missão, e restabelecendo em nossa natureza a feminilidade divina que perdemos. É um poder divino que encarna a unidade do transcendental. Sua dança é semelhante à do orixá Iansã.

KANZO: *Canzo, hounsi-kanzo; kâzo*; Segundo grau de iniciação do culto vodu, o que passou pela prova de fogo. Também se refere ao coro de *canzô*, dirigido pelos *hounsi* em ritual.

KIVAS: Santuários circulares dos antigos anazasi, templos navajos (período Basket-Makers), toda uma cidade no interior de rochas escarpadas com terraços, que levam também o nome de *Kiwa*.

KRIS: Justiça cigana.

KUKULCÁN: Serpente emplumada, homenageada em Chichén Itzá, nome dado pelos maias ao culto à Quetzalcoatl. No México (Chichén Itzá), tem seu santuário, que duas vezes por ano, em 21 de março e 22 de setembro, recebe a visita do deus maia, o qual se manifesta sob a forma de uma serpente de luz que desce ao longo da escadaria principal. Um verdadeiro espetáculo de sons e luzes. Seu templo é localizado no coração da cidade, na frente do Templo dos Guerreiros (ou Templo Kulkulkán). Serpente adorada mesmo depois da conquista espanhola.

LAHINIS: Povos da Era Glacial.

LEGBA: *Elegbá*; Exu; *Ka-Fu* = dono das encruzilhadas; *Papai Legba, Legba Ati-bon*. Um dos principais e mais venerados e importantes *Lwa*, o guardião dos portais e das barreiras do mundo dos espíritos, guardião e protetor dos caminhos e encruzilhadas, intermediário entre os homens e os deuses. É quem primeiro abre os portões para as saudações em qualquer cerimônia. Filho mais jovem de *Mawu* e *Lisah* simbolizado por um falo. Em outros aspectos: *Ati-G-Bô Legba, Bòcò Legba, Lihsah Legba*. Principal *Lwa* dos Petro. Sempre descrito como um homem que carrega uma muleta. Em outra encarnação, é *Maître Carrefour*. Simbolizado por um leão ou por uma ovelha branca.

LEGIÃO: Agrupamento de diversas falanges espirituais, exército de seres espirituais correspondentes a determinada "linha" na umbanda.

"LINHA": Faixa de vibração correspondente a um elemento da natureza, representada e dominada por uma potência espiritual cósmica. Reconhecida na umbanda como sete vibrações que começaram com os orixás essenciais, e no nível terra, como sete linhas de força diferenciadas em seus pólos negativos e positivos, atuando como estímulo dos seres em sua evolução.

LISAH: Lisa; Lissa; mulher de Mawu, deus supremo, criadores do universo. Lisa é a parte masculina do ser supremo no Daomé, atual Benin.

LOKO: *Loko-atissou*: divindade africana de origem daomeana. Filho de Mawu e Lisa. No Haiti, deus das florestas e das árvores, protetor dos templos e dos altares. É a *Lwa* dos curandeiros.

LWA: *Loa*; divindade, mistério ou espírito vodu; equivale ao orixá ioruba. Ligados ao culto dos mortos no Haiti. Entram no "cavalo" com um sopro na nuca ou pelas pernas, e no início travam verdadeira batalha com a pessoa que cambaleia ao redor de si mesma, em círculos. Fazem o corpo do "cavalo" tremer, os músculos dobrar e freqüentemente provocam espasmos na espinha. Depois de um tempo, entram em harmonia com o "cavalo" e manifestam-se com suas características. Conforme a região no Haiti, é chamado também de *mystère*, *ange* ou *zange* (anjo). O panteão inteiro de *Lwa* é enorme, com centenas de orixás. Muitos desses *Lwa* são simplesmente um aspecto de outro *Lwa*, e podem ter muitos nomes diferentes. O panteão pode se expandir para incluir um *Lwa* novo na forma de divindade local e espíritos ancestrais. Há duas categorias principais de *Lwa*: *Rada* e *Petro*, mas os *Lwa* "montam" ou possuem seus devotos.

MAGIA: Arte oculta, impossível de ser ensinada porque a sabedoria está dentro de cada um. Não se trata de invocar forças fora de nós e estranhas ao nosso mundo, e, sim, desenvolver qualidades que já existem, e por meio das quais as possibilidades possam fazer-se presentes. É quando as forças espirituais internas se relacionam com as forças universais, transformando sensações em vibrações; quando cada agente intermediário universal vibra ao mesmo tempo em nossos movimentos e formas. Fundamenta-se nas naturezas: humana, natural — material ou elementar.

MAGISTA: Médium iniciado na magia. Para manipular as forças, é preciso adquirir ordens no conhecimento como: nobreza, submissão, nome iniciático, título simbólico, lealdade, fidelidade, caráter, honradez, posse de um regente divino e total integração com a criação. Ativa por meio de cantos, mantras, encantamentos, rezas, pontos riscados, oferendas específicas, fixações etc. O grau de mago existe na tradição. Mágico = movimentação de energias; magístico = ativação de processos mágicos.

MAISON DU TEMPLIERS: Casa dos Templários, localizada na França (Grimaud). Rua e casa do mesmo nome, que ainda conserva em seu interior alguns objetos da época dos templários, inclusive com a passagem até a igreja, no alto da montanha mantida intacta.

MAMAN: *Ountor; ountogri*; o maior dos tambores da bateria *Rada*, grupo ritualístico do Haiti.

MAMAN HOUGNO: Uma das assistentes do *houngan* ou da *mambo*, que ajuda o noviço durante iniciação quando em roncó (*djévo*) no Haiti.

MAMBO: *Mam'bo*; sacerdotisa vodu.

MANGUES: Povos de Malaca.

MANIMÊ: Quando o cigano perde a identidade.

MARAE: Antigos povos habitantes do continente polinésico.

MARASSA: Gêmeos divinos, identificados na crença religiosa haitiana com os santos Cosme e Damião. Possuidores de um elemento andrógino catalítico, que intervém para evitar o dualismo macho/fêmea, formando a tríade *Marassa-Dossou-Dossa*.

MARINHEIRO: Espírito marinheiro, espírito de... São espíritos que incorporam e desenvolvem um trabalho que consiste em mergulhar na solidão mais profunda de cada ser, nos mistérios em que ninguém consegue chegar, dando consciência espiritual para se viajar dentro destes problemas contidos. Quando incorporados, balançam o corpo do médium, uma característica da "linha" e também devido à utilização das águas que conduz essa energia para devolver, aos que se conectam com eles, a coragem e o equilíbrio. Outra função é a de "quebrar" toda a distância que existe entre duas pessoas. A energia marinha representa o espírito da Marinha, um plano que existe dentro das formas. Vem e se relaciona com as águas em todas as dimensões. Na umbanda, qualificados entre as "Linhas Auxiliares".

MAXTLA: Primeiro rei dos astecas. Berço da civilização mexicana, uma das mais importantes do Novo Mundo, construindo templos suntuosos, desenvolvendo a escrita em livros feitos à base de cascas de árvores.

MAWU: *Mavu*; ser criador, às vezes andrógino, às vezes feminino. Principal divindade daomeana, a qual, com sua mulher Lisah, criou o universo.

MÉDIUM: "Um meio"; intermediário entre os dois planos da vida, que passa por todo um aprendizado e conscientização. É um sacerdócio.

MEDIUNIDADE: Habilidade reconhecida pela fé e pela ciência, já aderindo com várias interpretações. Movimentos involuntários que indicam haver uma energia diferente manifestando-se. Percepção de abrir o contato para o transe; fenômeno que desafia o conhecimento e a base de muitas religiões. Todo ser é médium e pode ou não desenvolver sua mediunidade. Ele apresenta sua mediunidade sem um perfil específico, e em qualquer idade pode estar aberto para a manifestação do fenômeno. Por meio de vários métodos: psicofonia (médium de fala), clarividência, psicografia, vidência, premonição, pensamentos recorrentes, telepatia, retrocognição, pressentimento, milhares de manifestações, e nem todas conhecidas ou reconhecidas. O National Institute of Health (EUA) passou a recomendar tratamentos espirituais por meio de passe ou do toque pelas mãos para complementar tratamentos médicos. O DSM (Diagnostic and Statistical Manual of Mental Disorders) declarou que: "Os médicos devem tomar cuidado para diagnosticar como psicóticas as pessoas que dizem ouvir os mortos, porque trata-se de admissão antropológica de mediunidade". Muitos médicos estudam a integração do cérebro, da mente e do espírito que acreditam ser um atributo biológico. Cientistas falam como místicos e vice-versa. Patrick Druot (físico do Instituto Monrou, EUA) reconcilia a ciência moderna e a tradição espiritual: "Não é possível dizer que a mediunidade não existe". A ciência sabe como o cérebro funciona quimicamente, mas não sabe ainda o que o faz funcionar. Seria a alma a fonte de estímulos e reações cerebrais? Até afirmação ao contrário... O médium, queiram ou não, é um porta-voz de um mundo que as pessoas querem que exista. Ele pode, por meio de um desenvolvimento mediúnico, atender às necessidades emocionais que a ciência deixa de lado. O conflito entre os estudiosos, crentes e céticos pode continuar, mas nunca ninguém poderá confirmar se um pensamento é seu ou de outro espírito no momento do fenômeno. O médium em transe perde a noção do tempo. Existem muitos tipos de mediunidade, mas nem todos são médiuns de incorporação. Não basta querer. É preciso ser.

MENSAGEIROS DA PAZ: Guerreiros da paz. Manifestantes que representam antigos magos do Oriente. No livro, um mensageiro romeno que dirige e antecipa o futuro e o que virá como missão.

MERENGUE: Dança popular da Martinica, onde o povo, entre uma canção e outra, conta piadas dos estrangeiros enquanto bebem rum branco com melado de cana, casca de limão e gelo. O merengue está inserto nas letras das canções que falam também dos três grupos étnicos básicos que formam o povo da ilha: indígena, branco e negro.

MERLE: Nome francês do pássaro melro, que só dá seus vôos na primavera. No verão, surgem imigrados. Quando chega o inverno é o moineau quem surge, da mesma cor.

MÈT-TÈT: Mestre de cabeça no rito haitiano. O *Lwa* guardião de uma pessoa.

MICOCOULIERS: Árvores frondosas que crescem nas regiões temperadas e quentes no sul da França, principalmente em Grimaud.

MITTENS: Montanha, como uma torre de pedra do Canyon, onde vivem os pueblos dos navajos, situada no Monument Valley.

MONTADO: Termo popular para designar o momento em que o iaô recebe sua entidade.

MONTE PELÉE: Situado na Martinica, motivo de um grande caos, acontecido em 8 de maio, ao desabar sobre Saint-Pierre devastando um décimo da ilha, que se perdeu em um mar de lava.

MONUMENT VALLEY: Vale imortal, tido como berço dos homens bravos. O vale dos deuses.

MUTETO: Ato de balançar a cabeça e o médium quando em transe.

MUZENZA: (ior.) *mu* = ser animado; *nzenza* = estranho; nome ritual na Angola, dado à dança, saída pública dos iniciados (iaô), curvados, após uma obrigação, uma camarinha. Em muitas casas, são dadas de duas a três saídas.

NAVAJO: A maior tribo indígena dos Estados Unidos. Vive na maior reserva, que cobre três estados, em 17 milhões de acres, localizados nos "Quatro Cantos "do sudoeste. As áreas incluem: Arizona, Novo México, Utah e uma pequena parte do Colorado. A população chega a 250 mil e é uma das tribos mais ricas do país. De acordo com evidências arqueológicas, eles migraram do norte por volta de 1025 d.C., e os primeiros bandos apaches chegaram cerca do ano de 825 d.C. Foram chamados de apache pelos espanhóis para distingui-los dos Apaches.

Pronuncia-se *Navahro* (*Navarrô*), e é uma palavra pueblo que designa uma extensão de terra no sudoeste. Em sua língua original, eles se auto-identificam como *dine* ou "o povo", e chamam sua terra natal de *dinetah*. Residem em abrigos chamados *hogans* e as paredes são feitas de pedra e tijolos adobe.

NAVAJO TRIBAL PARK: Parque onde se localiza a reserva navajo.

OAXACA: Local onde se encontram várias ruínas mexicanas.

OBA: (ior): *obá*. Orixá polêmico. Poucos compreendem sua natureza. Manipula os poderes femininos da *iyàmi* por um pacto. Simples por sua força, é noturna, e seu período de atuação é entre a meia-noite e as cinco horas da manhã. Saindo das lendas, obá é um orixá cósmico, e seu elemento original é a terra. Atua muito no campo religioso; telúrica por excelência, absorve a essência vegetal e assume características duais. É encontrada nos minerais, nos cristais. É o encontro, a realização e a fixação. Entre as qualidades: *Yurú, Guirielú, Obalubbe*.

OBALUAÊ: (ior.): *oba* = rei; *olú* = dono, supremo; *wa* = nosso; *ayé* = mundo, terra, humanidade = "O Rei da Terra". Um dos orixás mais velhos do panteão, chamado de "O Velho", simbolizando prestígio, autoridade e poder que a idade lhe confere. Um orixá da terra, das doenças, das pragas, da cura e da morte. Propicia a fartura das colheitas. Orixá que atua na evolução e na transformação dos seres.

OFERENDA: Obrigações. A oferenda serve para a restituição de axé. Reposição por meio de determinadas substâncias que contém axé especiais para cada matéria básica (orixá gerador), e que fazem parte dos três reinos da natureza, incluídas em três cores-símbolos fundamentais: branco, vermelho e preto.

OGUM: (ior.) *ogoun*; Poderoso clã de divindades, prenome de qualquer *Lwa* dessa família. *Lwa* de guerreiros da espada, ferro e metais (*Ferraille*), do raio (*Shango*), do trovão (*Tonnere*), *Badagris* (deus da guerra e do relâmpago — aspecto fálico), Protetor das palmeiras (*Panama*), general militar (*Baba*), *Lwa* de Alquimia (*Bhathalah*). Outros aspectos: *Ashadah, Balisère, Bha Lin Dyo, Bha Tha Lah, Can-Can Lata de Ni, Dan Pethro, Palama, Y-ser-San*. Sua cor é o vermelho, e o sacrifício normalmente é um touro.

OMI: (ior.): Água.

OPHIR: Ancestrais de *Gondwana* (tribos que ocupavam o mundo no início).

ORENDA: Droga alucinógena; força que vem do espírito para os índios americanos (a mesma que os peruanos chamam de *huaca*). Uma forma de pensar por meio da qual estarão mais próximos da verdade, porque a intuição das "forças ocultas" os mantém livres para enxergar amplas perspectivas de significado à sua volta.

ORÍ: *orí odé* = cabeça física, a matéria, confiada a *Òsọnyìn* e *Ògún*, ao saber médico; *orí inú* = cabeça interior, ser espiritual do homem; é imortal e ligada a Ifá e aos *òrìṣà*, saber divino. De denominação dada também à cabeça física, à parte mais proeminente e vital do corpo humano. Contém o cérebro (morada da sabedoria e da razão), os olhos (luz que ilumina os passos do homem), os ouvidos (para escutar e reagir aos sons), a boca (come e mantém o corpo e a alma juntos).

É todo axé que uma pessoa tem, e sua sede é na cabeça. Vem primeiro ao mundo e abre caminho para trazer o resto do corpo. É diferente de orixá. O *orí* é uma divindade que serve apenas a uma pessoa e os orixás dão apoio a muitas pessoas. O *orí* é o intermediário entre o homem e seu orixás. A sobrevivência de uma pessoa depende de um bom *orí*. Aquilo que não for sancionado pelo *orí* não poderá ser feito pelo orixá. Cada ser escolhe seu *orí* quando nasce e este se tornará símbolo de sucesso ou fracasso na vida.

ORMUS: Príncipe da luz entre os persas.

ÒRUN: (ior.) Céu.

OSSAIM: (ior.) *Òṣọnyìn; ọ̀son* = luz diurna; *yìn* = glorificado; *ossâim, ossonhe, ossāe, ossanha, ossânhim, aroni*; orixá das folhas litúrgicas e medicinais, considerado o orixá da medicina, das folhas, das plantas e das ervas. Orixá contido nos demais.

OSUN: (ior.) Símbolo de ancestrais femininos.

OSÙN ẸLÉDÈ (ior.): Urucuzeiro; pó vermelho tirado do urucu ou urucum, fruto do urucuzeiro, arbusto bixáceo (Bixa orellana L). Usado em rituais como veiculador do axé ligado a essa cor.

OTIM: (ior.) Cabaça.

OTIN: (ior.) *Ọ́tí*; aguardente, cachaça, marafo.

OXALÁ: (ior.) *Òòṣàálá*; Orixá responsável pela criação da humanidade, um dos orixás primordiais, criados por *Eledunmare* para que pudessem existir o mundo e os homens. Enquanto Ifá tem o axé do destino, Oxalá é o responsável pela figura, pela pessoa que é modelada e nasce.

OXOSSI: (ior.) *Òṣóòsì*; orixá que tem poder absoluto sobre a caça, também chamado Odé (caçador).

OXUM: (ior.) *Òṣun*; orixá que garante a abundância dos descendentes e dos frutos da terra. Divindade da gestação e do nascimento.

OYÁ: Orixá do rio Niger cujo nome no Brasil, entre outros, é Iansã. Seu significado: "A gente está *mimando* ela". Entre as qualidades; *Ọya Tope* (*Ọya* merece todo o amor), *Ọya Lele* (*Ọya* tem honra), *Ọya de Ariwo* (*Ọya* chegou: gritem), *Oyamésàn* (as nove; *Ọyas*), *Ọya de Ọya* (*Ọya* chegou: trema interiormente com sua presença), Ogúnìta, *Ọya onígbó* (*Ọya* dona da floresta), *Lanumo, Ata, Funkó, Obinidoddo, Mimú* etc.

OYIN: (ior.) Mel.

PAJÉ: *Payé, piai*. Em tupi-guarani, magia, feitiçaria, feiticeiro. Feiticeiro e curandeiro dos antigos indígenas tupi-guarani = chefe de culto.

PALENQUE: Local onde se localiza o Templo Tolteca das Inscrições (em seu interior há a passagem secreta e a cripta), um dos mais antigos, construído pelo primeiro grande rei *Pacal*, com o objetivo de fazer nele seu próprio túmulo e de erguer um monumento em sua memória e na de sua estirpe, com altar de sacrifícios e

Pedras Negras (615 e 800). Zona que se encontra entre a planície pantanosa da Baía de Campeche e as primeiras colinas do planalto de Chiapas. São templos piramidais. É um complexo rico em edifícios situados sobre uma plataforma e reunidos ao redor dos pátios. Nele encontra-se a única pirâmide-tumba do Novo Mundo.

PAPANOKUE: Língua dos espíritos quando manifestos nos navajos. O mesmo que *Ijudice,* língua falada entre as entidades quando incorporadas.

PASSE: Dar passe; ato de a entidade, através do médium incorporado, emitir vibrações que anulam os efeitos de más influências sofridas pelo consulente; após o passe, os caminhos podem estar "abertos". Ato realizado em sessão de consulta. Também pode ser chamado de atendimento ou aconselhamento espiritual.

PATRIN: Código secreto dos ciganos; sinais sagrados de rota, de tempo.

PÉ: *kpé;* altar de um templo vodu.

PEJI: (ior.): *pé* = reunir, chamar, convidar; *jì* = dar presente; *pèjẹ* = dar presente; altar sagrado onde se localizam os símbolos, *ọtás* (pedras), fetiches, (símbolos, espadas etc.), comidas, atabaques e todos os assentamentos de um templo. Na umbanda, composto de materiais africanos (quartinhas = potes de barro; *inxés* = mistérios; *àṣẹ* = força), que representam a força e o mistério de cada templo, santos cristãos que sincretizam os orixás e alguns objetos de influência indígena. Todo *peji é consagrado a alguma coisa.*

PEMBA: Lápis do santo; de origem africana (originalmente confeccionado com uma substância chamada *caulin* — equivale à argila pura de cor branca, barro branco ou barro forte — quando importada da África em estado natural; no Brasil, foi substituída por outras substâncias como o calcário e a tabatinga); trata-se de um instrumento ritualístico de alto significado na umbanda e no candomblé, utilizada para o médium ou para a entidade incorporada que, depois de consagrada, serve para riscar sinais (Ponto Riscado) quando vai estabelecer contato vibratório com energias cármicas. Entra em todos os rituais mágicos da umbanda, e o conhecimento de seu uso depende do grau de evolução do iniciado. O fundamento místico de sua utilização está relacionado à pedra. Entre a pedra e a alma existe uma ligação estreita. Encerra os quatro elementos naturais em suas manifestações. Quando bem seca, dá-se a forma cilíndrica, como é conhecida na religião.

PERISTYLE: *Mitan; poteau-mitan;* poste (totem), situado no centro do peristilo ou *tonelle* de um templo vodu, em torno do qual são realizadas as danças e demais cerimônias rituais. O *poteau* é a via dos espíritos, o caminho por eles utilizado para "baixar" à terra e regressar aos céus.

PÉ-SAVAN: *Père-Savanne;* pessoa que, sem ser um sacerdote, participa das cerimônias do culto vodu, lendo ou recitando textos e orações católicas.

PETRO: *Pethro;* rito vodu distinguido pela energia violenta e praticada entre os *Petro Lwa;* leva o nome nos tambores — atabaques — dos ritos de Petro. O *Petro* são os *Lwa* negros, equilíbrio para as forças brancas do *Rada.* Mais poderosos e rápidos que os *Rada*. Mais violentos, sempre enfatizam a morte e a vingança. Fazem grandes curas, executam trabalhos pesados e só trabalham para pessoas que prometem alguma coisa, as quais, não cumprindo o combinado, sofrem a vingança. Usam roupas vermelhas e aceitam sacrifícios de cabras, ovelhas, vacas, cachorros, corpos mortos tirados das tumbas. O sacrifício mais comum é o do porco. Seus rituais são fora do *hounfort*. Os principais *Lwa* de *Petro*, são: *Legba, Erzulie, Samedi* e *Guedé*.

PEUPLIER: Árvore muito grande que cresce também rapidamente, em uns cinco anos. Surge em terrenos frescos e úmidos, nas regiões temperadas da França.

PIERRE TONNERRE: Pedra do trovão pelos haitianos; pedra sagrada que confere a quem a possui o poder do relâmpago.

PÓLEN: *Pollen path*; espécie de areia colorida com que os navajos trabalham para a cura; formam desenhos quando vão caindo ao solo na frente do consulente.

PONTOS CANTADOS: Letra e melodia de cântico sagrado, diferente para cada ato do ritual. Há pontos para várias atividades dentro dos cultos (de chamada, de subida, de descida, de abertura dos trabalhos, de fechamento dos trabalhos, de defumação etc.).

PONTO RISCADO: Cabala ou traços que as entidades riscam no chão quando se manifestam, ou no crente, para proceder às curas. Na umbanda é feita com a pemba branca ou colorida. Os navajos trabalham com o pólen, o arenito, de onde surgem desenhos que apontam nos traços o local em que a pessoa está doente. A cabala até hoje tem sua origem disputada (O Livro Egípcio dos Mortos — A Chave do rei Salomão — Os Livros de Enoch — Mutus liber — I Ching — Sephirot).

POSSESSÃO: Em vodu, verdadeira comunhão com o divino, que chamam de: "a mão da graça do divino". É o ato do *Lwa* que se desloca temporariamente — *grosbon-ange* —, tornando-se a força que anima o corpo. Dão instruções, exercitam sua autoridade, um fenômeno muito comum em vodu e que acontece com freqüência, considerado perfeitamente legal por médicos da religião. Todo devoto de vodu não só tem contato direto com o mundo dos espíritos, mas de fato recebem-nos em seus corpos.

POTEAU MITAN: Posto de centro do *peristyle* sagrado à *Legba*, e ao redor, onde as cerimônias acontecem no mundo dos *Lwa*.

POW-ROW: Feira das tribos navajos onde é vendida uma variedade de artigos feitos por membros das tribos navajos.

PUEBLOS: Povos ou localizações navajos.

QUENDA: (ior.) Matar, passagem.

QUETZAL: Pássaro-deus mexicano.

QUETZALCÓATL: Chefe tolteca, um dos deuses mais poderosos das religiões mesoamericanas, ou "Serpente Emplumada", *Kukulcán*, na cultura maia pós-clássica. Um rei-sacerdote histórico — *Topiltzin Ce Ácatl Quetzalcóatl*, um dos quatro filhos do casal divino, *Ometéotl*, padroeiro dos Toltecas, das escolas astecas de estudos superiores, os *Colmécacs*. Deus mexicano asteca da luz e da sabedoria, também personificado por seres humanos depois sacrificados a ele. Chefe Tolteca que fez os maias dominar os *Xiúes* (*Tutul Xiú* estabelecidos em Yucatán por muitos séculos, fundadores de Uxmal, guerreiros mais interessados nas armas do que nas artes da paz), que ao morrer foi divinizado, sendo chamado pelos maias de Kukulcán.

QUÍCHUA: Língua indígena falada pelos descendentes dos incas que se encontram no Peru, considerados os "Filhos-do-Sol", portadores de uma luz pela qual não pode passar nenhum mau pensamento ou energia; eles garantem que a droga *cactus* foi trazida por extraterrestres.

RADA: Principal rito do vodu haitiano, de origem daomeana, distinguido pela benevolência do *Lwa* de *Rada* e marcado um tipo particular de tocar tambor e cantar. Seguem padrões africanos mais tradicionais. Seus adeptos usam a roupa toda branca, e em seus rituais o fogo é sempre muito grande tendo o *Lwa Ogou* sempre presente. Em seus sacrifícios utilizam galinha e pombo, raramente touros e cabras. Executam os pedidos feitos e não prometem vingança se não pagarem o que pedem.

RITUAL: Conjunto de cerimônias religiosas com gestos e atos determinados que diferem em cada religião. Os ritos e objetos litúrgicos representam a forma objetiva e dinâmica do fenômeno da comunicação entre o plano físico e o plano espiritual. Para tudo existe ritual, a diferença está entre a teoria e a prática. Com o ritual é possível fazer a conexão entre o éter e o mundo das formas, envolver, estimular e consagrar num mesmo nível vibratório mental todos os seus adeptos. Não precisa ter uma religião definida. Utiliza-se uma dinâmica natural que, por si só, estabelece qual ritual deve ser feito. A combinação ritualística é uma combinação rítmica do movimento interior (*eledá*), com a dinâmica exterior (*aliaxés*). Entre eles: culto aos ancestrais, aos mortos, às divindades ou orixás, às forças e aos elementos da natureza etc. Na umbanda, na prática, utilizam a imposição das mãos, passes magnéticos, curas espirituais, desobsessões, magia, incorporações e emissão de oráculos.

RITUAL NAVAJO: Feito com canções, e o que mais preocupa aos velhos xamãs das tribos é a continuidade da tradição porque, desde o início, todas as forças necessárias para as curas foram concebidas com cantigas, e os jovens nem sempre seguem a hierarquia dos cânticos, o que se tornou a preocupação maior dos chefes das tribos. Os cânticos são repetidos inúmeras vezes e quem puxa não pode errar uma só palavra. A cada ritual participam os membros mais velhos para verificar se os novatos não estão errando ou esquecendo uma só palavra. Tudo é passado oralmente. Invocam boa sorte, tiram o medo de sonhos ruins, protegem os rebanhos, curam loucura ou efeitos pré-natais de uma eclipse. São vários os rituais utilizados onde contatam com forças superiores e promovem a bondade para atrair a santidade. Entre eles: *Ritual da Bênção*: ritual dos índios navajos que permite ao homem entender que o sofrimento é parte integral da vida humana e que um bloqueio pode ocorrer quando aumenta o sofrimento. Por meio do ritual, o homem será capaz de suportar, principalmente quando não tem um propósito aparente; *Ritual do Caminho dos Jogos*: este ritual é para os dias de caça aos animais sagrados: urso, veado, águia, antílope etc.; *Ritual do Caminho dos Ventos*: *Chiricaua*; o iniciado não pode ser atingido nem ficar próximo de nenhum raio ou visualizar algo que se assemelhe e terá de permanecer sem expor a cabeça ao tempo no mínimo por sete dias; *Ritual do Caminho da Prostituição*: para tirar desejos de prostituição; *Ritual do Caminho da Beleza*: para retirar infecções de mordida de serpente, garganta dolorida, problemas de estômago, pés doloridos, garganta seca, confusão mental; *Ritual do Caminho da Águia*: para evitar pernas inchadas, vômitos, coceiras; *Ritual do Caminho da Vida*: ritual dos índios navajos para a cura de ferimentos causados por acidentes, cortes e queimaduras, junto com a libertação. Um ancestral divinizado se manifesta e os nativos se aproximam para consultas e benzimentos; *Ritual do Canto da Noite*: ritual dos índios navajos em que os "chamados" descem à terra dos mortos por um período que poderá durar cinco anos até cumprirem as determinações dos deuses. Os que voltam são recolhidos para o "*Ritual de Purificação*" antes de voltarem para a sua aldeia.

RODA DE ASHOCK: Roda das carroças do povo cigano; representa a evolução permanente da humanidade; ou os 24 raios e as horas do dia; ou as 12 tribos e 12 crenças.

RONCÓ: (ior.) *Aliaché*, *orokó*, rondeme; *ró = mostrar o caminho, iniciar; n = p.pr.; kó =* ensinar o caminho. Camarinha, quarto sagrado, claustro onde os iaôs (iniciantes) são recolhidos por determinado tempo para aprendizado dos segredos e rituais do culto, e onde se submetem a cerimônias iniciáticas.

RUTUBURI: *Yumari*. Danças dos índios *tarahumaras* do México, para conseguir boas colheitas. Homens e mulheres separados durante a dança, ao som da maraca do xamã, pedem aos deuses nos passos do veado ou peru que não falte nada no ano. Tradição que passa de pai para filho. Quando a semente brota, o *tesvino* — dono da casa — agradece dançando por algum tempo.

SAUT-D'EAU: Queda de água situada ao norte de Porto Príncipe, capital do Haiti. Um dos mais sagrados locais de culto e onde se realizam grandes festividades que atraem multidões de peregrinos.

SECOND: *Moyen, grondé, ountogui*; segundo; o tambor médio da bateria Rada, do vodu haitiano.

SEPHIROT: Plural de *Sephirah*. Quando Deus se imiscuiu na criação do mundo, produziu dez (10) "Emanações", que denominou de *Sephirot* e foi então que fez surgir "*Sefirote*", relacionado com o grego *Sphaira*, a esfera, que representa o primeiro escalão mais próximo da divindade. A eles se juntam as 22 letras, que são as derivações, assemelhando-se a uma árvore e apresentando-se como três colunas. Foi feito o trabalho da Criação. A "Árvore da Vida" (*Otz Chaim*) é composta por dez *Sephirot* que são "estados" e não lugares. Repousa sobre uma abstração aritmética do número 2 ao número 12, daí porque são contados como dez que são os Dez Círculos ou "Emanações" de Deus. Um diagrama gnóstico que representa a Criação como descida da Divindade última até o Reino da Terra. A coluna da esquerda representa a Justiça (princípio masculino *Yang*), a coluna da direita representa a Misericórdia (princípio feminino *Yin*), a do centro representa o equilíbrio, o Divino em que somos conduzidos ao eixo do mundo em relação ao Cosmos. Representam em si os membros do homem primordial e muitas vezes as diversas partes do corpo humano. A "Alma" começa sua viagem para baixo, avançando através de dez esferas e terminando no corpo terreno. A volta dá-se desprendendo do corpo terreno.

SIMÃO: Índio de tribo do alto do Xingu que recebeu esse nome (seu nome verdadeiro é: "Acorda Cedo") para viver em minha família durante dez anos, ensinando a arte indígena, o valor das ervas para a cura, a comunicação pela fumaça, os mitos cultivados pelo seu povo, os rituais aos ancestrais.

SOUTH KAIBAB TRAIL: Trilha inclinada a 1.500 metros de altitude das águas do rio Colorado.

TAMOHANCHÁN: Céu para os mexicanos.

TAP-TAP: Coletivo típico da Martinica, Haiti, pintado em cores vivas, lotado de gente, animais e carga.

TARAHUMARAS: Índios mexicanos conhecidos pelas danças *rutuburi* e *yumari*, ensinadas por animais. Trabalho cansativo, mas válido pela certeza da boa colheita.

TCHUR: Amuleto cigano.

TEMPLÁRIOS: Ordem dos Templários ou Cavaleiros Templários, ordem militar religiosa fundada em 1119 em Jerusalém para proteger os peregrinos cristãos dos ataques muçulmanos. Ainda existe muito mistério em torno de suas igrejas circulares.

TEMPLO DOS GUERREIROS: Localizado em Chichén Itzá, México, possui Mil Colunas que pela dimensão e complexidade são consideradas a máxima expressão arquitetônica daquele sítio. Alcança 12 metros de altura e possui um baseamento quadrado de 40 metros de cada lado, e é formado por quatro corpos sobrepostos em aclive e painéis onde são representados, em baixo-relevo, guerreiros, águias e tigres que devoram corações humanos.

TENOCHTITLÁN: Capital de Cemanahuac, Asteca, uma porção de água cercada de terra. Localizada em Tlalxico ou "Umbigo da Terra", do qual se estendiam quatro quadrantes, Nauhcampa, as quatro direções do Vento (Leste = Tlacopán — Local da Aurora; Norte = Mictlampa — Região Subterrânea; Oeste = Cihuatlampa — região de Mulheres; Sul = Huitzlampa — região dos Espinhos; Centro = Tlalxico — Umbig). Os astecas concebiam viver no Quinto Sol ou Idade de Nahui Ollin, precedendo quatro idades universais: Sol de Jaguar, Sol do Vento, Sol da Chuva, Sol do Fogo e Sol da Água. Cada idade governada por uma das grandes divindades: Tezcatlipoca, Quetzalcóatl, Tlaloc, Chalchuihuitlicue, primeiro rei dos astecas.

TEZCATLIPOCA: Espelho fumegante. Um dos deuses criadores, modelado como o antagonista sobrenatural de Quetzalcóatl. Possui vários aspectos: Itztli, Deus do

211

Calendário, Deus do Castigo etc. Seu principal equipamento era um feitiço mágico sobre o rei tolteca, Topiltzin Quetzalcóatl, resultando na queda do reino e na reintrodução do sacrifício humano nas práticas cerimoniais.

THOLO: Tribo ancestral do Quênia.

THULE: Antigos povos habitantes do continente polinésico.

TI-BON-ANGE: *Petit-bon-ange*; aspecto da alma responsável por criar caráter, força de vontade e individualidade entre os haitianos. Conforme a crença, cada indivíduo possui duas almas, o *ti-bon-ange* (alma) e o *gros-bon-ange* (poder de controlar os atos).

TLALÓC: *Chac* entre os maias, deus da chuva fertilizante, concebido em formas quádruplas e quíntuplas — *Tlaloques: Opochtli — Nappatecuhtli — Yauhqueme — Tomiauhtecuhtli*. Manifestava seu poder no raio, no trovão, na neve e nas doenças do frio que ameaçavam a comunidade. Deus das massas.

TLATELOLCO: Reino asteca rival de Tenochtitlán.

TOLTECAS: Provenientes de Tula no México Central, chegaram em Chichén Itzá trazendo o culto de Quetzalcoatl que os maias chamaram *Kukulcán*.

TON TON MACOUTE: Nome dado à guarda secreta (polícia) do presidente do Haiti durante seu reinado (Dr. François Duvalier — 22/10/57 a 21/04/71, seguido por seu filho Jean Claude Duvalier de 22/04/71 a 08/02/86).

TRUCK: Camionetas coloridas dos navajos que transportam de tudo ou ficam estacionadas em frente às casas de adobe.

URURA-WHENUA: Entrar na terra ou tornar-se dela. Cerimônia de oferenda aos espíritos da terra estranha feita pelos maoris da Nova Zelândia. Acontece quando a pessoa pela primeira vez subiu uma montanha, atravessou um lago ou entrou em um distrito nunca atravessado. Geralmente, a cerimônia é feita junto de uma árvore ou rocha situada no caminho percorrido para chegar ao distrito.

UXMAL: Localizada a sudoeste da península de Yucatán, sobre as colinas *Puuc*, dão nome a esta região que tem um trabalho de pedra esculpida colocando em destaque a máscara de *Chac*, o deus da chuva. Abandonada talvez por causa dos invasores toltecas *Itzá* que ocuparam *Chichén Itzá*, dominando a península que veio à luz no século 20.

VÈVÉ: *Vever; vevey*; "ponto riscado" do vodu haitiano. Com a invocação, os cantos e os toques do tambor têm por função chamar a divindade, para que esta se manifeste. No início de cada cerimônia, o sacerdote, após soprar fubá ou farinha de trigo em direção aos quatro pontos cardeais, invoca a divindade escolhida e começa a desenhar o seu *vèvé*, com o material e as cores dela preferidos, usando apenas o polegar e o indicador para espalhar o pó contido em uma gameleira, enquanto o coro entoa os cânticos apropriados. Existem *houngans* e *mambos* muito famosos no Haiti pela habilidade em traçar *vèvés*. Uma vez começado o traço, não deve mais ser corrigido nem apagado e refeito. É um desígnio simbólico que representa um *Lwa* a ser invocado e serve tanto como um ponto central para as orações quanto um altar para as oferendas.

VODU: *Vodou; vaudou; vaudoux, vudu; voudou; voudoo; vodun*; da palavra daomeana *vodun*, que significa deus, espírito. Um sistema religioso formado no Haiti e fundamentado principalmente em convicções e práticas trazidas da África, mas que também incorpora componentes católicos; religião popular do Haiti e Antilhas. Seus adeptos tanto freqüentam a Igreja Católica como os *Péristyle* (templos) vodu. Um mundo povoado de espíritos (*Lwa*) que governam campos como o cemitério, mar, mata, encruzilhadas, pedreiras, e espíritos ancestrais que incluem mortos recentes. Os rituais são dirigidos por um *houngan* — sacerdote — ou *mambo* — sacerdotisa que se concentra na invocação dos *Lwa* pelos *vèvé* ("pontos riscados" — diagramas mágicos), canções e orações que misturam seus nomes aos dos santos cristãos de quem os *loa* não se distinguem com muita nitidez. Os membros do grupo entram em transe sendo possuídos pelos *Lwa* convidados, que são recebidos muito bem por quem solicitam favores. Os rituais são transmitidos oralmente e variam entre os grupos. Segundo sua concepção, os vodus não consideram que a morte termine com a vida. Podem ser mudanças de atitudes, de uma condição para outra. De acordo com a convicção vodu, um ser humano é composto de cinco componentes: o cadáver (parte física que se deteriora depois da morte); o espírito da carne (*n'âme*) que permite que o corpo tenha uma função enquanto vivo e passa como energia na terra depois da morte; a estrela do destino que reside nos céus, a parte do corpo que não tem muita importância para a convicção vodu (*z'étoile*); os componentes mais importantes dos humanos que são as duas partes da alma: *gros-bon-ange* (grande anjo bom, mantém o corpo vivo e sensível, e depois da morte passa atrás no reservatório de energia no cosmo; sem ele uma pessoa perde o alicerce) e o *ti-bon-ange* (pequeno anjo bom, a fonte de personalidade, que representa o acúmulo do conhecimento de uma pessoa; pode deixar o corpo em sonhos, ou quando possuído por um *Lwa*).

XAMÃ: Conhece a energia e como ela funciona tanto no meio ambiente como no corpo humano. Reconhece o poder inerente em toda a natureza e sente sua ligação com este poder. Tem conhecimento do espírito do corpo e sabe comunicar-se com ele para cura e obtenção de energia extra. Aprende a relaxar seu corpo físico, de forma a estar mais receptivo e eficiente, capaz de tranqüilizar-se para poder ouvir, ver ou sentir melhor a mensagem interna. Utiliza o poder de sua imaginação para viajar para o conhecimento e informação vital. Trabalha com imagens e símbolos naturais de seu interior e sabe como interpretá-los a fim de superar obstáculos. Tem um pé em ambos os mundos e abandona a crença sobre a limitação da mente humana. Lutador disciplinado e persistente em suas tentativas de adquirir o poder e utilizá-lo para o bem comum.

XANGÔ: (ior.) *Şòngó*; um orixá que tem com a falsidade o maior problema. Quando se manifesta, tudo que é falso (ior.: *èké*) se afasta e foge de sua presença. É o orixá da justiça e atua na razão.

213

YECHIDAH: Vontade — Origem de tudo o que nasce. A descida da "Árvore da Vida" em seus três planos, de onde flui a energia e a força do homem.

YONI: Povos habitantes do deserto de Gobi.

YUCATÁN: Golfo do México. Há cento e cinqüenta milhões de anos, esta península era submersa pelas águas. Corais, plantas e sedimentos marinhos acumularam-se e transformaram-se em rocha calcária. O nível das águas baixou, deixando a península parcialmente seca. A cultura maia povoou a península no decorrer dos últimos quatro mil anos. Um processo que criou estalactites, estalagmites, colunas e depósitos de incrustações de carbonato de cálcio. São as águas mais límpidas do mundo. Porta de acesso para o universo das antigas cidades maias.

ZUMBI: Corpo que foi reavivado da morte e pode tornar-se um escravo. São criados por um feiticeiro da magia negra (*bokor*) mediante drogas muito poderosas (substâncias de vários animais tóxicos e plantas, inclusive as secreções da glândula de uma rã — *bouga* —, um sapo que é cem vezes mais potente que os demais e que contém um alucinógeno; *millipedes*, tarântulas, *peles de rã de árvores venenosas*, sementes e folhas de plantas venenosas, restos humanos, quatro tipos de peixe de *puffer* que contenha tetradotoxin, uma das substâncias mais venenosas do mundo); fazem a pessoa parecer morta por intoxicação, reduzindo seus movimentos completamente. Quando reavivado, seu cérebro está totalmente danificado e não consegue lembrar o que era antes, o que fazia, e muito menos quem é sua família. Só assim ele pode ser controlado por um *bokor* que cria um zumbi poderoso, envenenando uma pessoa viva para começar o processo. Esse veneno é tão tóxico que tem de ser absorvido pela pele. Depois da administração do veneno, a vítima é toda paralisada e entra em coma. Às vezes permanece consciente e testemunha seu próprio enterro. O *bokor* cria a vítima depois de um dia ou dois e administra uma mistura alucinógena ("pepino do zumbi") que reaviva a vítima já sem nenhum poder da fala, com seu juízo entorpecido e de fácil controle, tornando-se seu escravo. É possível voltar à vida com um feiticeiro mais poderoso que administra o "sal do zumbi" na vítima para restabelecer seus poderes de fala e gosto e ativa um instinto de querer voltar para casa, mandando a magia para o túmulo onde fora sepultado, desde que bem longe de influência de um *bokor*.

ZUMBIFICAÇÃO: O uso mais famoso de um morto em vodu. O zumbi astral é o *ti-bon-ange*, a alma que está sendo controlada, a alma morta sem um corpo. O *Lwa* barão do cemitério deve ser invocado para tirar a alma morta do túmulo. Durante o período em que o *ti-bon-ange* paira em cima do corpo, depois de sua morte, ele pode capturar um *bokor* que se transforma em zumbi astral, em contraste com um zumbi que é um corpo morto sem alma. Para não se tornar um escravo de um *bokor*, a pessoa deve ser morta novamente, tendo seu coração apunhalado ou sendo decapitado. Sementes especiais colocadas no caixão também previnem maquinações de um *bokor*, como mechas de cabelo ou unhas cortadas do morto.